ARMÉE FRANÇAISE.

HISTOIRE
DU
2ᵉ RÉGIMENT D'INFANTERIE
LÉGÈRE.

PUBLIÉE PAR ORDRE DE

S. A. R.

FEU Mgr LE DUC D'ORLÉANS.

PARIS.
IMPRIMÉ PAR BÉTHUNE ET PLON,
RUE DE VAUGIRARD, 36.

1845

HISTOIRE

DU

2ᵉ RÉGIMENT D'INFANTERIE

LÉGER.

ARMÉE FRANÇAISE.

HISTOIRE

DU

2ᵉ RÉGIMENT D'INFANTERIE

LÉGÈRE.

PUBLIÉE PAR ORDRE DE

S. A. R.

FEU Mgr. LE DUC D'ORLÉANS.

PARIS.

IMPRIMÉ PAR BÉTHUNE ET PLON,
RUE DE VAUGIRARD, 36.

1843.

2ᵉ RÉGIMENT D'INFANTERIE LÉGÈRE.

CHAPITRE PREMIER.

Création des chasseurs à pied. — Nouvelle organisation de ce corps. — Chasseurs royaux de Provence. — Conquête de la Savoie et du Piémont. — Prise des abîmes du Mians, par le 2ᵉ bataillon de chasseurs (ci-devant de Provence). — Kellermann. — Le 2ᵉ bataillon des chasseurs au Mont-Genèvre. — Prise du Mont-Blanc. — Escalade du Mont-Cenis. — Le 2ᵉ bataillon de chasseurs forme la 2ᵉ demi-brigade légère. — Armée de Sambre-et-Meuse. — Mort de Marceau. — La 2ᵉ légère à l'armée d'Italie. — Elle fait partie de la division Masséna. — La 2ᵉ légère à Feltre, à Bellune. — Passage du Tagliamento. — Chiusa, 5,000 prisonniers sont les trophées de cette bataille. — La 2ᵉ légère à l'avant-garde. — Combat de Tarvis. — Lettre du général Bonaparte à l'archiduc. — Combats de Neudeck, Hundsmarck. — La division Masséna est la seule engagée. — Préliminaires de Léoben. — Traité de Campo-Formio.

Une ordonnance du 18 août 1784 donna lieu à la création de 12 bataillons de chasseurs à pied : le but primitif de ces corps était d'être attachés aux chasseurs à cheval ; mais cette première organisation ne subsista que quatre ans. En 1788, on en forma des corps spéciaux qui devaient agir et s'administrer séparément. Le 2e bataillon de ces chasseurs à pied, qui reçut à son origine le nom de chasseurs royaux du Dauphiné, et qui le changea, pendant la République, contre celui de 2e demi-brigade légère, est la glorieuse tige dont sortit le 2e léger actuel.

On était en paix avec l'Europe, et aucune action guerrière n'avait pu encore illustrer le régiment dont nous écrivons l'histoire, lorsque la révolution française éclata : 3 ans avaient suffi pour ébranler jusque dans sa base le vieil édifice monarchique : le roi avait vu successivement toutes les prérogatives de la couronne passer aux mains du peuple en attendant que lui-même passât aux mains du bourreau. Ce sanglant défi jeté aux souverains de l'Europe leur fit comprendre que la cause de l'un était celle de tous, et le roi Frédéric-Guillaume et l'empereur Léopold donnèrent, en signant, le 29 août 1791, la ligue de Pilnitz, le premier exemple de cette coalition à laquelle allaient bientôt accéder toutes les puissances de l'Europe.

La mort de l'empereur, arrivée 6 mois après la signature du traité, et l'acceptation de la constitution par Louis XVI avaient retardé les hostilités, lorsque l'assemblée nationale, renvoyant aux souverains la menace qu'ils lui avaient faite, décréta solennellement, le 20 avril 1792, que la guerre était déclarée à François II, roi de Bohême et de Hongrie. La Prusse et l'Autriche renouvelèrent alors leur traité; et comme depuis un an ces deux puissances préparaient une invasion, elles n'eurent qu'à réunir les forces considérables qu'elles avaient mises sur pied et à les pousser vers la frontière : ainsi, deux mois après qu'elle eut déclaré la guerre, la France, dont l'armée ne montait pas à 100 000 hommes, qui avait vu émigrer presque tous ses officiers et chez laquelle aucun service n'était organisé, la France se vit menacée sur trois points à la fois, la Flandre l'Alsace et la Champagne.

Les premières rencontres nous furent funestes, mais le vieux Luckner vengea bientôt la déroute de Marquain par la prise de Courtray. Ce fut le signal d'une série de victoires; au bout d'un an la France, qui s'était vue exposée à la honte d'une invasion, avait reporté la guerre sur le territoire ennemi : la

Belgique tout entière était subjuguée, nos soldats mesuraient de l'œil les montagnes de la Savoie, qu'ils allaient bientôt franchir, et l'Autriche, menacée du côté de l'Allemagne, allait encore être attaquée en Italie.

Il est vrai qu'au cri de détresse poussé par François II et par Frédéric-Guillaume, trois nouveaux ennemis s'étaient levés contre nous; l'Angleterre, l'Espagne et la Hollande : les anciennes ligues qui avaient mis la vieille monarchie à deux doigts de sa perte menaçaient la jeune république; mais la *Marseillaise* avait enfanté des soldats, et sept armées faisaient face à la fois aux ennemis du dehors et aux ennemis du dedans.

Voyons ce qu'était devenu, dans ce grand bouleversement des hommes et des choses, le 2ᵉ régiment des chasseurs royaux du Dauphiné.

D'abord il avait perdu, le 1ᵉʳ janvier 1791, son épithète aristocratique et son vieux nom de province, pour prendre celui de 2ᵉ bataillon de chasseurs, et il échangea son drapeau contre le drapeau tricolore; puis appelé, le 1ᵉʳ juillet 1792, de Vaissons, où il était cantonné, et où il faisait partie de l'armée du Midi, pour former la ligue des Alpes, son 2ᵉ bataillon se trouvait sous la conduite du général Dagobert à l'avant-garde du camp du Var, commandé par le général Anselme. Le 10 août de la même année ce bataillon était cantonné à Orange, en septembre il passait au camp Barrault; enfin, le 24 du même mois il passait en Savoie par les ponts de Beauvoisin et de Sessel.

Cette armée allait prendre part à la guerre allumée déjà depuis plus d'un an dans le Nord; les Prussiens envahissaient la Champagne, et les Autrichiens, en pénétrant par la Flandre, avaient enfin donné au roi de Sardaigne la confiance de se joindre à la coalition et de mettre son armée sur le pied de guerre. Inquiet de ces démonstrations hostiles, le gouvernement avait envoyé le général Montesquiou en observation dans le Midi. Ce fut là que ce général, convaincu que la France pouvait compter désormais le roi de Sardaigne au nombre de ses ennemis, envoya au conseil exécutif le plan de l'invasion de la Savoie; après de grandes difficultés, suivies même d'une disgrâce momentanée, le général Montesquiou reçut l'ordre de mettre ses projets à exécution :

aussitôt il transporta son camp de Cenieux aux Abrestes, ordonna au général Anselme, qui commandait, comme nous l'avons dit, le camp du Var, de faire ses dispositions pour entrer, vers la fin de septembre dans le comté de Nice, et de combiner ses mouvements avec ceux de la flotte qui, sous le commandement de l'amiral Truguet, s'organisait dans le port de Toulon. Ce fut alors que le 2ᵉ régiment de chasseurs fit, pour obéir aux ordres du général en chef, les mouvements que nous avons indiqués.

De leur côté les Piémontais à la vue de nos préparatifs d'invasion, s'étaient hâtés de se mettre en défense : 3 redoutes avaient été élevées, l'une près de Champareillars, et les deux autres aux abîmes de Mians. Montesquiou laissa les travaux grandir, les retranchements s'achever, puis au moment où il apprit que les Piémontais allaient y conduire du canon, il lança pour les tourner, le maréchal-de-camp Laroque avec le 2ᵉ bataillon de chasseurs et quelques grenadiers. Les Piémontais, qui n'étaient point en mesure complète de se défendre, n'essayèrent pas même de résister, et nous abandonnant les ouvrages qu'ils venaient d'achever avec si grande peine, prirent la fuite sans même tirer un coup de fusil. L'évacuation des ponts des Marches de Bellegarde, de Notre-Dame, de Mians et d'Apremont fut le résultat de cette retraite. Le même jour le général en chef fit avancer 20 pièces de canon accompagnées de quelques troupes; le lendemain une brigade de cavalerie et deux brigades d'infanterie firent une pointe vers le centre de l'armée piémontaise, qui se trouva coupée par cette manœuvre si rapide que l'ennemi ne put ni la prévoir, ni s'y opposer : une partie de l'armée piémontaise se porta sur l'autre et sur Montmélian, qui ouvrit ses portes le 23; en outre, partout l'esprit public, longtemps comprimé par l'occupation sarde, se faisait jour de tous côtés, les Français étaient accueillis en libérateurs, les Piémontais fuyaient au milieu des acclamations qui saluaient leurs vainqueurs. Des députations de tous les villages venaient au-devant du général Montesquiou, sa marche était un triomphe. Le 23, des députés vinrent au-devant de lui jusqu'au château des Marches pour lui apporter les clefs de Chambéry; et le lendemain, avec une escorte de 100 chevaux, 8 compagnies de grenadiers et 4 pièces de canon il faisait son entrée dans la ville, où l'attendait un grand repas offert par le conseil municipal aux officiers et aux soldats qui l'avaient accompagné. Dès lors la Savoie fut incorporée à la France sous le nom de département du Mont-Blanc, qu'elle conserva jusqu'en 1814.

Cette première conquête s'était faite par la seule supériorité des manœuvres du général français sur ses adversaires, et sans tirer un seul coup de fusil.

Pendant ce temps le général Anselme s'emparait du comté de Nice et ajoutait à la France le département des Alpes-Maritimes, lequel fut bientôt augmenté du territoire de la principauté de Monaco.

Mais là s'arrêta l'invasion française : la guerre civile rugissait à l'intérieur, et l'échafaud réclamait sa part de sang. Le général Montesquiou, proscrit par la Convention, parvint à gagner la Suisse et à y trouver un asile. Anselme, arrêté, paya de sa tête la conquête de Nice : Biron le remplaça dans son commandement et lui succéda bientôt sur l'échafaud. Enfin, Kellermann, nommé général en chef à son tour, vint prendre ce poste que la suspicion rendait plus dangereuse que la mitraille. Mais bientôt Kellermann se trouve entre l'armée piémontaise et Lyon, qui se révolte : il jette les yeux alternativement vers l'Italie et vers la France, sépare sa petite armée en deux, en laisse une portion sous les ordres du général Brunet, et conduit lui-même l'autre sous les murs de Lyon. Le 2e bataillon de chasseurs reste parmi les élus qui feront face à l'ennemi.

Aussitôt après le départ de Kellermann les Piémontais profitent de la réduction des troupes françaises et fondent sur elles au nombre de 25,000 hommes ; mais pendant 18 jours cette poignée de braves résiste, combattant sans cesse, ne reculant que pas à pas, ne perdant que 20 lieues de pays et sauvant tous ses magasins.

Pendant cette retraite le 2e bataillon de chasseurs eut ses Thermopyles. Chargé de défendre le passage du Mont-Genèvre, il tint tout un jour contre 5,000 hommes et ne se mit en retraite que lorsqu'il reçut, dans la nuit, l'ordre de rétrograder.

C'est dans ces combats de détail qu'éclate particulièrement le courage individuel si familier aux Français qu'une affaire générale condamne à rester à leur rang. Nous en citerons deux exemples que nous fournit, à trois ou quatre jours de distance l'un de l'autre, le régiment dont nous écrivons l'histoire.

30 Piémontais emmenaient prisonniers 23 volontaires; un sous-officier du 2e bataillon de chasseurs, nommé Janeira, les aperçoit de loin, fait un détour, s'embusque sur leur passage et, au moment où ils passent devant lui, se lève en criant : « A moi: chasseurs, à moi! délivrons nos camarades! » Étonnés de cet appel inattendu, les Piémontais s'arrêtent et regardent de tous côtés ; pendant ce moment d'hésitation, Janeira s'élance sur eux en criant: « Amis, vous êtes libres! » tue le premier qu'il rencontre, en attaque un second en répétant toujours : « A moi, chasseurs! à moi, chasseurs! » Alors les prisonniers se révoltent ; chacun saisit le Piémontais qui se trouve le plus proche de lui : le désarme : 7 de ces derniers se sauvent, mais 16 demeurent prisonniers et sont ramenés à leur tour aux avant-postes français sans avoir vu arriver ces chasseurs que Janeira appelait à grands cris et qui les ont tant intimidés.

Dans un de ces moments de terreur panique qui s'emparent quelquefois des soldats, notre arrière-garde, poursuivie par les Piémontais, abandonnait un défilé qu'il était de la plus haute importance de défendre, puisque c'était le seul passage par lequel l'ennemi pût poursuivre l'armée; alors, le chef de bataillon Balason, vieux soldat qui a vu Fontenoy et compte cinquante ans sur les champs de bataille, appelle à lui 10 hommes de bonne volonté. Ces 10 hommes se présentent: avec eux, il s'élance dans le défilé; avec eux, il contient plus d'une heure l'ennemi. Au bout d'une heure il reçoit un renfort, et contraint à son tour l'ennemi de rétrograder.

Cependant le général Brunet ne pouvait résister plus long-temps. Il fait connaître sa position à Kellermann. Kellermann quitte le siége de Lyon, accourt à l'armée, conduisant un renfort de 3,000 hommes qui portent la totalité de ses forces à 8,000 hommes; 300 gardes nationaux sont placés par lui en seconde ligne, et avec ces faibles moyens il reprend l'offensive le 13 septembre 1793.

Son plan d'attaque, parfaitement combiné par lui, et non moins bien exécuté par ses lieutenants et ses soldats, eut un succès complet; et dès le 9 octobre suivant les ennemis étaient chassés de Faucigny, de la

Tarentaise et de la Maurienne. Repoussés de position en position, les Piémontais voulurent enfin tenir dans celle de Saint-Maurice, où ils avaient établi plusieurs pièces de canon. L'avant-garde y arriva le 4 octobre à sept heures du matin ; la canonnade dura jusqu'à dix heures, moment où le gros de l'armée parut avec l'artillerie : aussitôt, et pendant que les canons français font taire la batterie ennemie, Kellermann donne l'ordre au 2e bataillon de chasseurs de tourner la gauche des Piémontais. Habitués à la guerre de montagnes, les 800 hommes qui le composent s'élancent à travers les rochers, traversent les précipices, se suspendent au-dessus des abîmes et abordent enfin les Piémontais avec une telle impétuosité qu'ils ne peuvent soutenir leur choc et fuient en désordre abandonnant St-Maurice. De ce village que l'ennemi vient de quitter, Kellermann écrit à la Convention :

« Le Mont-Blanc a été envahi il y a quelques jours par un ennemi nombreux, et le Mont-Blanc est évacué aujourd'hui ; la frontière de Nice à Genève est libre, et la retraite des Piémontais de la Tarentaise nécessitera celle de la Maurienne : la prise du Mont-Blanc a coûté 2,000 hommes à l'ennemi et une immense quantité d'argent. »

La récompense de Kellermann fut un décret d'arrestation et l'ordre de comparaître devant la Convention. Pendant qu'il allait rendre compte de ses victoires, le général Dumas revint prendre sa place à l'armée des Alpes, et continua au sommet des montagnes et dans les gorges des vallées cette guerre où les Français luttaient à la fois contre le sol, contre le climat et contre une armée trois fois plus nombreuse qu'eux.

Le général Alexandre Dumas était à la fois homme d'aristocratie et soldat de fortune ; fils du marquis Davy de la Pailleterie, commissaire général de l'artillerie, il s'était, à la suite d'une querelle avec son père, engagé sous le nom de Dumas, qui était celui de sa mère. Sept ans, de 1784 à 1791, il était resté simple soldat ; pendant les deux ans qui venaient de s'écouler, il avait passé par tous les grades et arrivait enfin à l'armée des Alpes comme général en chef.

Son premier soin fut de reconnaître les lignes de l'ennemi, et de rétablir les communications entre l'armée des Alpes et l'armée d'Italie ; tout en s'occupant de ces premières opérations, il envoya un plan de campagne à la Convention ; ce plan fut adopté.

Le Mont-Cenis était le nœud stratégique de ce plan, le pivot sur lequel toutes les manœuvres devaient tourner. Le Mont-Cenis était imprenable, disait-on, à cause de ses neiges éternelles, de ses abîmes sans fond et de ses chemins impraticables ; le général Dumas s'apprêta à le prendre.

Il avait pour le seconder, il faut le dire aussi, des hommes habitués depuis un an à une guerre de montagnes, et qui n'avaient jamais reculé que devant l'impossible : maintenant c'était l'impossible qu'il fallait vaincre ; il fallait que les soldats passassent là où jamais montagnard n'avait passé, il fallait que le pied de l'homme foulât une neige qui ne connaissait encore que le sabot du chamois et la serre de l'aigle.

Le général Dumas fit faire 3,000 crampons de fer qu'il distribua à ses soldats, et avec lesquels ils commencèrent à s'habituer à passer dans les endroits les plus difficiles. Trois mois furent employés à ces préparatifs.

Le printemps arriva, et avec lui la possibilité d'agir ; mais, de leur côté, les Piémontais s'étaient mis sur une terrible défensive: le Mont-Cenis, le Valaisan et le petit Saint-Bernard étaient hérissés de canons. Le général en chef décida que l'on commencerait par s'emparer du Saint-Bernard et du Valaisan. Les ennemis qu'il fallait atteindre bivouaquaient au-dessus des nues, c'était une guerre de Titans.

Dans la nuit du 24 avril le général Bagdelaune reçut l'ordre d'escalader le Saint-Bernard, afin de se trouver au point du jour prêt à l'attaquer. Le général Dumas s'était réservé le mont Valaisan.

Le général Bagdelaune se mit en marche à huit heures du soir; le 2e bataillon de chasseurs formait son avant-garde. Pendant dix heures il marche dans des précipices, sans suivre aucun chemin frayé et sur la foi de guides qui plus d'une fois, trompés eux-mêmes par l'obscurité, égarent nos soldats; enfin, à la pointe du jour, il parvient à la redoute, l'aborde avec le courage et l'impétuosité dont les hommes qu'il commande ont déjà tant de fois fait preuve; mais la redoute est terrible. La montagne semble un volcan enflammé. Trois fois Bagdelaune ramène à la charge ses soldats repoussés trois fois; tout à coup les bouches des canons de la redoute du mont

Valaisan changent de direction ; une pluie de boulets écrase les défenseurs du Saint-Bernard : le général Dumas a réussi dans son entreprise, il tourne contre les Piémontais leurs propres canons. Le mont Valaisan, qui devait défendre le Saint-Bernard, le foudroie. Les Français qui reconnaissent le secours inattendu qui leur arrive, s'élancent alors une quatrième fois; les Piémontais, intimidés par cette puissante diversion, n'essaient même plus de résister, de tous côtés ils fuient : le général Bagdelaume lance à leur poursuite deux bataillons de nouvelles levées de la Côte-d'Or et le 2e bataillon de chasseurs. Pendant trois lieues, les Piémontais sont poursuivis et relancés à la trace du sang; les deux plus importantes positions des Alpes savoyardes sont en notre pouvoir : 20 pièces de canon, 6 obusiers, 13 pièces d'artillerie de montagne, 200 fusils et 200 prisonniers sont les trophées de cette double victoire.

Quinze jours après, le drapeau républicain flottait au sommet du Mont-Cenis.

Ce fut vers ce temps que le 2e bataillon de chasseurs, ex-chasseurs royaux du Dauphiné, changea encore une fois de dénomination et prit celle de 2ᵉ demi-brigade légère.

Alors, avec sa dénomination nouvelle, le théâtre de la guerre change, et nous retrouvons la 2ᵉ demi-brigade à l'armée de Sambre-et-Meuse, dans la division du général Marceau, chargé de contenir les Autrichiens et de faire le blocus de la forteresse d'Ehreinbrestein, où fut blessé à l'assaut le capitaine Schramm de la 2ᵉ demi-brigade légère, qu'il commanda plus tard, et pendant près de dix ans, avec le titre de colonel. Ce fut là que le jeune général reçut l'ordre de rejoindre l'armée. Il leva aussitôt le siége, arriva avec 6 ou 8,000 hommes dont la 2ᵉ demi-brigade légère faisait partie, et rejoignit Jourdan derrière la Lahn.

Le secours appelé par Jourdan arrivait à temps; l'archiduc, vainqueur à Wurtzbourg, nous poursuivait sans relâche. L'armée était acculée aux défilés d'Altenkirchen, Marceau fut chargé par le général en chef de contenir l'ennemi. Il prit le commandement de l'arrière-garde. Marceau était adoré des soldats; aussi sa vue seule fit-elle renaître la confiance, et le mouvement rétrograde s'arrêta. L'archiduc soupçonna qu'il était arrivé un renfort aux Français, et s'arrêta de son côté.

Marceau profita de ce moment d'hésitation pour prendre ses dispositions. Jetant les yeux autour de lui pour voir quel parti il peut tirer du terrain, il aperçoit deux mamelons qui dominent la sortie de la forêt : il ordonne d'y mettre en batterie 6 pièces d'artillerie légère, fait avancer le gros de ses troupes pour soutenir son arrière-garde, et, afin de mieux examiner l'ennemi, part au galop accompagné du capitaine de génie Souhait, du lieutenant-colonel Billy, et de deux ordonnances. Arrivé presque à la lisière de la forêt, Marceau s'arrête montrant du doigt à Souhait un hussard de l'empereur qui caracole devant lui : en ce moment un coup de carabine part ; et au milieu de la fumée qui ressort d'un buisson, on voit un chasseur tyrolien qui se retire en rechargeant son arme. La balle avait porté juste : Marceau fait encore quelques pas en avant, la main sur sa poitrine ; le lieutenant-colonel Billy s'aperçoit qu'il chancelle, court à lui et le reçoit dans ses bras. « Ah! c'est toi, Billy, lui dit Marceau en tombant ; je crois que je suis blessé à mort. »

Jourdan est prévenu de cet événement :

aussitôt il accourt, s'informe, et voit Marceau porté sur un brancard; alors il se jette en pleurant dans ses bras, mais Marceau l'arrête. « Jourdan, lui dit-il, tu as quelque chose de plus important à faire que de pleurer ma mort; tu as à sauver l'armée. » Jourdan répond par un signe de tête, car il ne peut parler, prend le commandement de l'arrière-garde, et ordonne de transporter Marceau à Altenkirchen.

L'armée franchit le défilé sans être atteinte : le soir, Jourdan rejoint le blessé, fait, avant de le voir, appeler les chirurgiens, et apprend que non-seulement il n'y a aucun espoir de sauver Marceau, mais encore que le moindre mouvement hâterait sa mort. Alors il entre dans la chambre où le jeune général est étendu sur son lit d'agonie, et le voyant, tout pâle et mourant qu'il était, sourire encore à sa vue, comme d'habitude, il ne peut s'empêcher de pleurer, lui, vieux soldat des premières guerres, qui avait vu tant d'hommes tomber sur les champs de bataille. Marceau fit un effort et lui tendit la main; puis s'adressant à tous ceux qui l'entouraient : « Mes amis, dit-il, je suis trop regretté; pourquoi donc me plaindre ? ne suis-je pas heureux ? je meurs pour notre pays ! »

Le lendemain l'armée dut quitter Altenkirchen : ce fut l'heure terrible ; il était évident qu'aucun pouvoir humain ne pouvait rappeler Marceau à la vie. Jourdan écrivit aux généraux autrichiens pour recommander le blessé à leur loyauté ; puis Jourdan se retira avec l'armée, laissant près du lit mortuaire 2 officiers d'état-major, 2 chirurgiens, et 2 hussards d'ordonnance.

Une heure après la retraite des troupes françaises on annonça le général Hawick, commandant de l'avant-garde autrichienne.

Après le général Hawick vint le général Kray, le vétéran de l'armée ennemie.

Puis, après le général Kray, pour qu'aucun honneur ne manquât à l'agonie du jeune général républicain, apparut l'archiduc Charles lui-même ; il amenait son propre chirurgien pour qu'il unît ses efforts à ceux des chirurgiens français.

Tout fut inutile : Marceau expira le 27 septembre 1796, 6 vendémiaire an v, à cinq heures du matin, pleuré par les officiers ennemis comme il l'avait été la veille par ses camarades.

C'était, depuis Bayard, la première fois que pareille scène se renouvelait.

A peine Marceau fut-il mort que les officiers qui étaient restés près de lui demandèrent à l'archiduc que son corps fût rendu à ses compagnons d'armes; non-seulement l'archiduc y consentit, mais encore il ordonna que le cadavre fût accompagné jusqu'à Neuwied par un nombreux détachement de la cavalerie autrichienne : puis il demanda à son tour, comme une faveur, qu'on lui fît connaître le jour où Marceau serait enseveli, afin que l'armée impériale pût se réunir à l'armée républicaine dans les honneurs qui lui seraient rendus.

Quatre jours après, l'archiduc Charles fut averti que l'enterrement de Marceau aurait lieu le lendemain.

L'armée impériale occupait alors la rive droite du Rhin, en même temps que l'armée républicaine la rive gauche; mais pour toute la journée les hostilités furent suspendues, Français et Autrichiens renversèrent leurs armes, et les canons ennemis répondirent par des salves égales aux canons français tout le temps que dura la funèbre cérémonie.

Le corps de Marceau fut conduit à Coblentz, et déposé en avant du fort qui, jusqu'en 1814, porta son nom, et qui depuis 1814 a pris celui de l'empereur François.

Cette mort fut suivie d'un événement de non moins grande importance. Jourdan, lassé de recevoir du Directoire des plans de campagne tout faits, auxquels il était obligé de se conformer, et qui lui ôtaient les ressources que l'homme de guerre peut tirer des fautes de son adversaire ou de son propre génie, donna sa démission, et fut remplacé par le général Beurnonville, qui bientôt après céda lui-même la place au général Hoche.

L'armée voyait arriver le nouveau chef avec une grande joie. La pacification de la Vendée, qu'il venait d'opérer, l'avait fait connaître non-seulement comme un grand général, mais encore comme un habile administrateur. Il trouva cette belle armée de Sambre-et-Meuse, qui avait fait tant et de si belles choses, à peu près démoralisée par une suite de revers qui avaient commencé à Wurtzbourg et qui n'avaient cessé que derrière la ligne du Rhin. En effet, chose incroyable ! quoique l'archiduc, suivant sa tactique habituelle, après avoir forcé Jourdan à la retraite, se fût retourné contre Moreau, et quoique, pour opérer ce mouvement, il eût été obligé d'affaiblir l'armée autrichienne d'une trentaine de mille hommes, l'armée française, cantonnée depuis Dusseldorf jusqu'à Coblentz, s'était contentée de garder la première de ces places à la tête du pont de Neuwied, poste qui lui donnait la facilité de repasser sur la rive droite du Rhin, quand son général en chef jugerait opportun de reprendre l'offensive. Or, du moment où ce général en chef se nommait Hoche, il était évident que le temps perdu allait promptement être réparé.

Mais c'était sous un chef plus jeune et plus illustre encore que celui qui venait de succéder à Beurnonville, que la 2e demi-brigade devait continuer son illustration : Bonaparte venait d'appeler en Italie le général Bernadotte et sa division, de sorte que la 2e demi-brigade, qui faisait partie de cette division, abandonna bientôt le Rhin pour se porter sur le Tagliamento; elle y arriva vers la fin de février 1797, et fit sa jonction avec les vainqueurs de Montenotte et de Rivoli, après cette courte allocution du général Bernadotte.

« Soldats de l'armée de Sambre-et-Meuse, songez que l'armée d'Italie vous regarde; rendez-vous dignes de combattre dans ses rangs. »

L'Autriche au reste, à cette heure, était fort déchue de son ancienne puissance; le Piémont réuni à la France, les républiques lombarde et cispadane établies, la puissance de Venise annihilée, Rome, Parme, Gênes, Naples soumises par des traités, étaient autant d'ébranlements portés à la puissance des césars : en outre Colli, Vurmser, Provera et Alvinzi avaient été battus et chassés au delà du Tyrol; et l'archiduc Charles, accourant à marches forcées du Rhin, était le dernier espoir de la monarchie autrichienne, menacée dans ses propres États par le nouveau plan de Bonaparte. Plan gigantesque; car après avoir franchi une première fois les Alpes pour se jeter en Italie, il allait les franchir une seconde fois pour se porter au delà de la Drave et de Muer, dans la vallée du Danube, et s'avancer sur Vienne. Pour accomplir ce plan, il fallait braver un grand péril; car il fallait laisser derrière soi l'Italie, qui, après s'être ouverte comme une mer pour laisser passer le futur Pharaon, pouvait se refermer, non pas sur lui, mais derrière lui.

Avec le secours que venait de recevoir Bonaparte, il comptait 40,000 hommes qui, joints à 40,000 hommes à peu près de troupes auxiliaires, pouvait former un total de 80,000. De son côté, l'archiduc avait précédé, en venant rallier les débris de ses devanciers battus, un renfort de 40,000 hommes détachés de l'armée du Rhin; il s'approchait rapidement, et l'on apprenait qu'il avait successivement campé à Inspruck et à Goritz. Bonaparte résolut de marcher à lui sans perdre de temps, et de l'écraser avant que ses soldats du Rhin n'eussent eu le temps de le rejoindre. Au contraire, en perdant seulement quelques jours en hésitation, il se trouverait avoir 90,000 hommes à combattre, plus Venise en cas de revers.

En effet, Venise était la pierre d'achoppement de cette campagne; Venise faisait des armements considérables, Venise emplissait ses lacunes de soldats. Venise, république depuis le ve siècle, semblait atteinte de vertige, avoir hâte de jeter à la mer le bonnet de ses doges avec l'anneau du Bucentaure. Bonaparte fit tout pour la faire revenir de son aveuglement; Venise était marquée du doigt de Dieu; elle devait disparaître du nombre des nations, elle écouta l'Autriche et ferma l'oreille à la France.

Bonaparte laissa 10,000 hommes en Italie pour contenir Gênes et Venise, et marcha contre l'archiduc avec 50,000 soldats comme la France n'en avait jamais eus : il comptait battre séparément les deux armées; celle que l'archiduc avait rejointe d'abord, puis ensuite celle qui allait rejoindre l'archiduc.

Le prince autrichien avait concentré ses forces sur Trieste et placé deux corps d'armée, l'un à Bellune, l'autre dans les montagnes du Tyrol. Joubert, à la tête d'un corps de 18,000 hommes, fut chargé de gravir le Tyrol; Masséna, avec 10,000 hommes, desquels faisait partie la 2ᵉ demi-brigade légère, marcha sur Feltre et Bellune, tandis que Bonaparte, avec 25,000 hommes, devait traverser la Piave et le Tagliamento, pousser devant lui l'archiduc, rejoindre Masséna au col de Tarvis, s'unir à Joubert dans la Vallée de la Drave, et marcher sur Vienne à la tête de leurs forces réunies.

Le 10 mars 1797, l'armée française s'ébranla pour accomplir cette grande conception stratégique.

Masséna, dont la 2ᵉ demi-brigade légère forme l'avant-garde, joint le centre de l'armée ennemie, le culbute, et s'empare de Feltre et de Bellune; puis il remonte la Piave dans la direction de Cadore, atteint l'arrière-garde du général Lusignan, l'enveloppe avec ses troupes légères, et la somme de se rendre : le général forme sa troupe en carré, essaie de se faire jour ; mais on ne passe pas ainsi sur le corps aux vieux soldats du Rhin et de l'Italie. La colonne autrichienne, repoussée de tous côtés, met bas les armes après avoir perdu 100 hommes.

Le 14, Masséna se rabat sur Spilimberg dans l'intention de se jeter, en marchant par Gemona, sur la droite de l'armée autrichienne. Arrivé dans cette dernière ville sans avoir rencontré l'ennemi, il lance la 2ᵉ demi-brigade légère jusque dans les gorges du Tagliamento : cette manœuvre avait pour but de gagner toujours la droite de l'archiduc. Bientôt il est en vue de Chiusa : son fort fait mine de résister, par un coup de main il s'en empare ; l'ennemi veut lui disputer le passage de Casasola, le passage est forcé, et l'ennemi se met en retraite sur

Pontiba : 4,000 prisonniers ont été faits à Chiusa.

Pontiba est occupé le 21 sans coup férir par la 2e demi-brigade légère, qui tient toujours la tête de l'avant-garde. La brigade Deskay, poursuivie au delà de Tarvis, laisse 600 prisonniers en notre pouvoir, et nous abandonne tous les magasins de vivres établis dans la contrée. Sur ces entrefaites, l'archiduc arrive à Krainburg; apprenant l'occupation de Tarvis par notre avant-garde, il ordonne sur-le-champ au général Gontreuil de la reprendre. Gontreuil traverse le col d'Ober-Preth, se présente devant Tarvis avec des forces triples des nôtres, parvient, après un combat de deux heures, à repousser les avant-postes français jusqu'à Sacfuitz, c'est-à-dire près d'une lieue en arrière; mais au moment où il croit avoir ouvert le chemin au reste de la colonne et sauvé les parcs autrichiens, Masséna réunit toutes ses forces, l'attaque, le culbute, le rejette à son tour à 5 lieues de Tarvis, et atteint à Naibal l'avant-garde du général Bayalich, dont Guyeux harcelle l'arrière-garde. Prise en tête et en queue, cette division tout entière met alors bas les armes : 4 généraux, 4,000 hommes, 25 pièces de canon, 400 chariots de bagages tombent en notre pouvoir.

Le combat de Tarvis, comme un magnifique spectacle donné à l'Europe, a été livré au-dessus des nuages, sur un plateau qui domine à la fois l'Allemagne et la Dalmatie. En plusieurs endroits nos soldats marchaient sur trois pieds de neige, et la cavalerie chargeait au milieu des glaces. Ici encore la 2ᵉ légère occupait le poste d'honneur, c'est-à-dire l'avant-garde. Cette demi-brigade qui prit la part la plus importante au combat de Tarvis, perdit au moins 300 hommes.

Alors Masséna fait sa jonction avec Bonaparte. Le 28 mars, les trois divisions Masséna, Serrurier et Guyeux sont sur les bords de la Drave; et le général Zayonscheck est envoyé en éclaireur pour apprendre, en remontant la vallée, quelque nouvelle de Joubert, qui opère pendant ce temps dans le Tyrol. En attendant, comme le prince Charles, repoussé de tous côtés, a depuis vingt jours perdu plus de 20,000 hommes, Bonaparte essaie d'engager avec lui des négociations qui n'amènent à aucun résultat. Le refus du prince Charles inquiéta Bonaparte. Comme nous l'avons dit, il n'avait point de nouvelles de Joubert. Joubert avait eu à traverser le pays le plus difficile et à vaincre le peuple le plus brave ; il pouvait avoir été battu. Mais le lendemain il fut rassuré sur ce point. Joubert avait vaincu les Autrichiens à Cembra, à Neumarck, à Clauzen, à Diristein et à Hunsdmarck ; Kerpen, qui commandait en chef l'armée qui lui était opposée, était en pleine retraite sur Vienne : quelques jours encore, et Joubert, comme Masséna, serait au rendez-vous donné.

En conséquence de cette nouvelle, l'armée reçut, le 1" avril, l'ordre de marcher sur Brisach ; mais à peine avait-elle fait une lieue, qu'un aide-de-camp du prince Charles se présenta à l'avant-garde et se fit conduire à Bonaparte. Cet aide-de-camp était porteur d'une seconde lettre du prince Charles ; cette lettre demandait une suspension d'armes. Bonaparte réfléchit un instant à cette contradiction du général autrichien, mais bientôt tout lui fut parfaitement intelligible. Le prince Charles avait appris les victoires des Français dans le Tyrol, le général Kerpen avait manœuvré de manière à se rapprocher de l'armée de l'archiduc ; il lui fallait un jour ou deux encore pour opérer sa jonction avec le gros de l'armée autrichienne, et le prince Charles désirait gagner quarante-huit heures : Bonaparte, à son tour, refusa et pressa la marche de ses troupes.

Le lendemain, la division Masséna, qui formait tête de colonne, se trouva en face de l'ennemi renforcé des quatre divisions qui venaient de lui arriver enfin des bords du Rhin. A peine la 2ᵉ demi-brigade légère l'aperçut-elle, qu'elle se précipita sur lui, attaqua les avant-postes, les culbuta et se jeta ensuite à droite et à gauche sur les flancs de la position ; alors le combat s'engagea et dura une heure à peu près sans avantage marqué de part ni d'autre. Voyant cette résistance, Masséna réunit les grenadiers des 18ᵉ et 32ᵉ demi-brigades en colonnes serrées, se met à leur tête, et va donner dans les grenadiers autrichiens qui arrivent du siège de Kehl, où ils se sont fait une réputation ; mais les grenadiers ne peuvent soutenir le choc de nos vétérans, ils reculent, se rompent, et vont en désordre chercher un abri derrière les barricades de Neudeck : mais au moment où ils atteignent le village, la 2ᵉ légère les gagne de vitesse, attaque ce poste et l'emporte au pas de charge. Les troupes autrichiennes sont alors rejetées sur Neumarck ; mais une seconde colonne de grenadiers, poussée en avant par l'archiduc, parvient à arrêter le mouvement rétrograde de ses troupes et à contenir les vainqueurs jusqu'à la chute du jour. Les Français passent la nuit sur le champ de bataille, et le prince profite de l'obscurité pour opérer sa retraite sur Hundsmarck. Seul engagé dans toute cette affaire, Masséna a fait des merveilles. L'ennemi a perdu 400 tués et 600 prisonniers. La 2e demi-brigade a commencé et fini le combat. Ce combat ouvrit à l'armée les portes de Léoben.

Cette fois, ce fut l'empereur lui-même qui fit demander une suspension d'armes; car les dernières défaites du prince Charles avaient promptement retenti jusqu'à Vienne, dont on n'était plus qu'à 20 lieues. La cour délibérait même déjà si elle ne se retirerait pas en Hongrie, lorsqu'enfin l'empereur, secouant tout à coup l'influence de l'Angleterre et se rappelant les ouvertures faites quelques jours auparavant par le général Bonaparte, se décida à envoyer les généraux Bellegarde et Merweld au quartier-général de l'armée française pour faire des propositions d'armistice : Bonaparte ne les accepta que comme acheminement à la paix. Ils demandaient dix jours de trêve : Bonaparte en accorda cinq, à la condition que les avant-postes de l'armée française resteraient dans la position qu'ils occupaient le jour même.

Bonaparte transféra aussitôt son quartier-général dans la petite ville de Léoben; Serrurier fut placé à Gratz, Bernadotte resta campé en avant de Saint-Michel, Joubert s'échelonna de Willach à Klagenfurt, enfin Masséna s'avança jusqu'à Bruck, des hauteurs de laquelle il apercevait les clochers de Vienne. L'armée française, ainsi disposée, pouvait agir de concert, et par un mouvement unique et spontané; et quoique la ligne française n'occupât pas plus de 20 lieues, elle coupait cependant toutes les communications avec l'Italie.

Le 7 avril, au soir, la suspension d'armes suivante fut conclue.

« Le général Bonaparte, commandant en chef l'armée française en Italie;

» Et S. A. R. l'archiduc Charles, commandant en chef l'armée impériale;

» Voulant faciliter les négociations de paix qui vont s'ouvrir;

» Conviennent :

» Art. 1er. Il y aura une suspension d'armes entre les armées française et impériale, à compter de ce soir, 7 avril, jusqu'au 13 avril au soir... »

Les conférences furent longues et orageuses : on discuta au bruit du tambour ; enfin, la paix fut signée le 17 oct. 1797.

La France eut la ligne du Rhin et Mayence.

L'Autriche eut Venise.

Bonaparte revint à Paris le 5 décembre 1797 ; il était resté absent deux années. Pendant ces deux années, il avait fait 160,000 prisonniers, pris 170 drapeaux, 550 pièces de canon, 600 pièces de campagne, 5 équipages de pont, 9 vaisseaux de 64 canons, 12 frégates de 32, 12 corvettes et 18 galères ; de plus, après avoir emporté, pour tout trésor militaire, 2,000 louis, il avait, à plusieurs reprises, envoyé en France plus de 50 millions. Contre toutes les traditions antiques et modernes, c'est l'armée qui a nourri la patrie.

Mais avec la paix, Bonaparte a vu arriver le terme de sa carrière militaire ; ne pouvant rester en repos, il tourne ses regards ambitieux vers l'Orient.

C'est là, disait-il, que se forment tous les grands noms.

Le Directoire le nomma général en chef

de l'armée d'Angleterre ; mais pendant qu'il était sur les côtes de la Bretagne et de la Manche, et qu'on le croyait occupé à étudier les moyens propres à faciliter une descente dans les îles britanniques, nouveau Cambyse, c'était la conquête de l'Égypte qu'il rêvait.

Ainsi il lui faut atteindre ou dépasser toutes les grandes renommées : il a déjà fait plus qu'Annibal, il fera autant qu'Alexandre et César ; et son nom manque aux Pyramides, où sont inscrits ces deux grands noms.

Le 12 avril 1798, Bonaparte fut nommé général en chef de l'armée d'Orient.

La 2ᵉ demi-brigade légère fut désignée pour accompagner le nouveau Richard Cœur-de-Lion dans cette nouvelle croisade.

De 1786, époque de l'organisation des corps de chasseurs à pied, jusqu'en 1792, le 2ᵉ bataillon (chasseurs royaux du Dauphiné), fut commandé par M. De Lesser, lieutenant colonel. De 1792 à 1793, il eut pour chef M. Nazelles du Goulot. De 1793 à 1794, il fut sous les ordres de M. Martimpré de Roméćourt.

Devenu 2ᵉ demi-brigade légère, ce corps eut pour chef de brigade M. d'Apremont ; après quoi il passa sous le commandement du chef de brigade Desnoyer.

CHAPITRE II.

Armée expéditionnaire d'Égypte. — La 2e légère fait partie de la division Kléber. — Prise de Malte. — L'armée aborde en Égypte. — Kléber à Alexandrie. — La 2e légère monte à l'assaut. — Marche dans le désert. — Bataille des Pyramides. — Dugua prend le commandement de la division Kléber. — Entrée des Français au Kaire.

L'armée expéditionnaire quitta le port de Toulon le 9 mars 1798 ; et après avoir échappé miraculeusement à Nelson, et avoir pris Malte en passant, elle arriva le 30 juin en vue de la côte d'Égypte : le 1er juillet, à la pointe du jour, on signala la tour des Arabes, et, vers les 8 heures 1/2 du matin, la flotte tout entière put découvrir les minarets d'Alexandrie. C'était le quarante-troisième jour depuis le départ de Toulon et le dix-neuvième après la prise de Malte. Bonaparte fit aussitôt distribuer la proclamation suivante :

« Bonaparte, membre de l'Institut national, général en chef de l'armée d'Égypte...

» Soldats !

» Vous allez entreprendre une conquête dont les effets sur la civilisation et le commerce du monde sont incalculables : vous porterez à l'Angleterre le coup le plus sûr et le plus sensible, en attendant que vous puissiez lui donner le coup de la mort.

» Nous ferons quelques marches fatigantes, nous livrerons plusieurs combats, nous réussirons dans toutes nos entreprises : les destins sont pour nous.

» Les beys mameloucks qui favorisèrent exclusivement le commerce anglais, qui ont couvert d'avanies nos négociants et tyrannisent les malheureux habitants des bords du Nil, quelques jours après notre arrivée n'existeront plus.

» Les peuples avec lesquels nous allons vivre sont mahométans, leur premier article de foi est celui-ci : « Il n'est pas d'autre dieu que Dieu, et Mahomet est son prophète. » Ne les contredites pas et agissez avec eux comme vous avez agi avec les Juifs et les Italiens ; ayez des égards pour leurs muphtis et leurs imans, comme vous en avez eu pour les rabbins et les évêques ; ayez pour les cérémonies que prescrit l'Alcoran, pour les mosquées, la même tolérance que vous avez eue pour les couvents, pour les synagogues, pour la religion de Moïse et de Jésus-Christ.

» Les légions romaines protégeaient toutes les religions : vous trouverez ici des usages différents de ceux d'Europe, il faut vous y accoutumer.

» Les peuples chez lesquels nous allons traitent les femmes différemment que nous; mais dans tous les pays celui qui viole est un monstre.

» Le pillage n'enrichit qu'un petit nombre d'hommes : il nous déshonore, il détruit nos ressources, il nous rend ennemis des peuples qu'il est de notre intérêt d'avoir pour amis.

» La première ville que nous allons rencontrer a été bâtie par Alexandre : nous trouverons à chaque pas de grands souvenirs dignes d'exciter l'émulation des Français.

» BONAPARTE. »

Cette proclamation distribuée, le général en chef donna l'ordre du débarquement.

Ce n'était point une entreprise facile,

et la crainte d'être surpris par les Anglais, auxquels on avait échappé si heureusement jusque-là, pouvait seul motiver une pareille imprudence, que les marins blâmaient hautement : la mer en effet était houleuse, et allait se briser violemment sur la côte. Çà et là de larges franges d'écume indiquaient les récifs à fleur d'eau, qui, même pendant le calme, rendent l'approche du rivage d'Égypte si dangereux. Mais Bonaparte pensait que Dieu ne l'abandonnerait pas, après l'avoir conduit jusque-là pour ainsi dire par la main; et quelques observations qu'on pût lui faire, l'ordre donné fut maintenu.

La division Desaix devait débarquer au Marabou, flanquée à la droite de celle du général Menou et à la gauche de celle du général Reynier; la division Kléber, dont était, comme on se le rappelle, la 2° demi-brigade, et la division Bon devaient descendre dans des chaloupes et se rallier autour d'une des galères prises à Malte, qui serait montée par Bonaparte : ainsi le général en chef restait en observation avec ces deux divisions sous la main, et pouvait se porter avec elles partout où les circonstances rendraient sa présence nécessaire. Au moment où le général en chef passait de son vaisseau sur cette galère, on signala une voile à l'ouest, cette voile pouvait appartenir à l'avant-garde de la flotte anglaise et alors tout était perdu : un instant la confiance, à cette vue, abandonna le prédestiné lui-même ; et levant au ciel ce regard profond qui semblait interroger jusqu'à Dieu : « Fortune, murmura-t-il, m'abandonnerais-tu, quand je ne te demande plus que quatre ou cinq jours ! » Mais on reconnut bientôt que le bâtiment signalé n'était autre que la frégate la Justice; et l'œil de l'aigle, levé vers le ciel avec l'expression du doute, reprit toute la sérénité de l'espérance et de la conviction.

La division Menou fut la première qui toucha le sol antique des Ptolémées, et qui mit à terre une partie de ses troupes.

Les divisions Desaix et Reynier, qui, par leur position, avaient le vent tout à fait contraire, éprouvèrent plus de difficultés.

La demi-galère qui portait le général en chef s'avança à travers les brisants le plus près possible du Marabou; vers la tombée de la nuit les embarcations où se trouvaient les divisions Bon et Kléber, qui devaient, comme nous l'avons dit, lui servir d'escorte, se réunirent à elle : sur ces entrefaites, un pilote d'Alexandrie, amené dans la journée par le consul français, prit la tête des embarcations et les dirigea vers la plage où les attendaient les trois quarts de la division Menou et une partie de la division Reynier. A une heure du matin Bonaparte, accompagné des généraux Berthier, Dommartin, Caffarelli et plusieurs autres officiers de l'état-major général, descendit dans les canots de débarquement, et gagna la terre à son tour à quelque distance du Marabou.

A trois heures du matin, le général en chef passa en revue les troupes débarquées : aucune division n'était au complet.

La division Menou, la plus nombreuse, formée des 22ᵉ légère, des 13ᵉ et 69ᵉ de bataille, avait 2,500 hommes.

La division Bon, formée des 4ᵉ légère, 18ᵉ et 32ᵉ de bataille, ne comptait encore que 1,500 hommes.

La division Kléber, formée de la 2ᵉ légère et des 25ᵉ et 75ᵉ de bataille, n'avait guère que 1,000 hommes.

Enfin la division Reynier, formée des 19ᵉ et 85ᵉ, était la moins complète de toutes, et ne comptait pas 300 hommes.

Quant aux chevaux, à l'artillerie et aux

bagages il n'en était pas question, et tout cela était encore sur la flotte.

Bonaparte donna l'ordre à Reynier et à ses 300 hommes de garder le point d'atterrage ; il envoya un messager au reste de la flotte pour hâter le débarquement général, et, à pied, mêlé aux tirailleurs de l'avant-garde, accompagné des généraux Berthier, Alexandre Dumas, Dommartin et Caffarelli, il s'avança sur Alexandrie, qu'il était important de surprendre, à la tête des trois divisions Menou, Kleber et Bon, tout incomplètes qu'elles étaient.

Disons quelques mots des causes qui avaient amené cette guerre, et voyons quels hommes nous allons combattre.

Depuis long-temps la Porte n'avait plus qu'une autorité fictive en Égypte, son pacha Seid-Abou-Beker était plutôt captif dans la citadelle du Kaire que commandant de la ville. La puissance réelle était aux beys Mourad et Ibrahim : le premier émir El-Hadji, ou prince des pèlerins, et le second Cheik-El-Belad, ou prince du pays.

Il y avait vingt-huit ans que ces deux hommes si opposés l'un à l'autre se partageaient l'Égypte, comme un lion et un tigre se partagent une proie; comme un lion et un tigre, l'un enlevait bien par force et l'autre par ruse quelque lambeau de ce riche pays à son allié ; mais jamais la querelle n'était longue. Aux rugissements de joie que poussaient les autres beys témoins de leurs dissensions, ils revenaient à leurs intérêts véritables et faisaient face ensemble au danger commun. Une fois ils avaient essayé (ce conseil politique avait été donné par Ibrahim) de se faire reconnaître par la Porte-Ottomane, et par conséquent ils avaient député un de leurs fidèles au grand-seigneur avec des chevaux, des armes, des étoffes, en signe de tribut volontaire. Mais voyant qu'on avait donné à leur agent le titre de velhel, c'est-à-dire de lieutenant du sultan en Égypte, et celui-ci à son tour leur ayant raconté les offres qui lui avaient été faites pour les espionner, ils craignirent qu'un autre envoyé, moins loyal, ne leur rapportât un jour, en échange de leurs présents, quelque poignard caché ou quelque poison subtil ; ils cessèrent donc de ménager la Porte, et le premier signe d'indépendance qu'ils donnèrent fut de ne plus lui envoyer de tribut. Dès lors, résolus qu'ils étaient d'échapper entièrement, en se prêtant un appui mutuel, à la puissance du grand-seigneur, il y eut entre ces deux hommes un pacte de rapine et de sang, que rien ne fut plus capable de rompre. A partir de ce moment, tous deux se gorgèrent d'or : Ibrahim par ses extorsions basses et honteuses, Mourad par ses expéditions au grand jour et ses violences publiques; mais chacun d'eux employa l'or selon son caractère. Ibrahim entassa son butin dans ses caves; Mourad le jeta à poignée à ses mameloucks, couvrit ses femmes de perles, ses chevaux de broderies et ses armes de diamants. Maîtres de l'Égypte du Delta à la troisième cataracte, ces deux hommes l'affamaient à leur gré ; puis ils ouvraient aux spéculateurs leurs magasins, qui regorgeaient de riz et de maïs. Ces extorsions amenaient des révoltes. C'était encore ce que voulaient Mourad et Ibrahim, car ces révoltes amenaient à leur tour des contributions. Ces contributions, réparties avec un sentiment de justice tout arabe, tombaient également sur les Égyptiens et sur les étrangers. Les négociants français ne furent pas plus épargnés que les autres. Ils en appelèrent au consul, le consul se plaignit au Directoire, et le Directoire profita de cette plainte pour envoyer une armée française en Égypte. L'expédition, qui n'avait qu'un seul prétexte, avait deux résultats : d'abord, de venger l'honneur national insulté, en obtenant satisfaction des avanies faites à nos compatriotes; et ensuite de ruiner le commerce de Londres avec Alexandrie et de mettre une garnison à Suez, que Bonaparte, dans ses projets gigantesques, avait déjà désignée comme le futur relais de l'Inde.

C'était donc dans ces circonstances que venait d'avoir lieu le débarquement de l'armée française. Mourad et Ibrahim, qui n'y croyaient point, n'avaient pas eu le temps de s'y opposer, et le débarquement s'opéra sans résistance. Bonaparte avait compris qu'en marchant droit sur Alexandrie il pouvait s'en emparer par un coup de main.

Un désert de trois lieues le séparait de la ville. Il divisa sa petite troupe, composée de 4,300 hommes à peu près, en trois colonnes. La colonne du général Menou longeait la mer, la colonne du général Kléber marchait au centre, et la colonne du général Bon formait la droite.

Après une demi-heure de marche, quelques coups de fusil se firent entendre à l'avant-garde et un capitaine tomba. En ce moment le jour en se levant découvrit une centaine de cavaliers arabes. On lança les tirailleurs sur eux, mais ils ne nous attendirent pas et se retirèrent dans la direction d'Alexandrie. A une demi-lieue de la ville, une autre troupe de 300 hommes ne se montra, comme la première, que pour disparaître aussitôt. A 8 heures du matin, Alexandrie fut investie et l'escalade résolue.

Bonaparte avait établi son quartier général au pied de la colonne de Pompée, et ce fut de là qu'après une sommation inutile, faite à la garnison, il donna l'ordre de monter à l'assaut. Le général Bon devait marcher sur la porte de Rosette et l'enfoncer à coups de hache; Menou, à la tête de la colonne de gauche, devait s'emparer de la tour Triangulaire; enfin Kléber, qui formait le centre, partant du pied même de la colonne de Pompée, devait escalader la muraille.

Conduites par leur brave général, la 2ᵉ demi-brigade et les 25ᵉ et 75ᵉ de bataille se lancèrent au pas de course et, malgré la fusillade assez vive que les janissaires dirigèrent sur elles, franchirent le fossé. Arrivé au pied de la muraille, Kléber montrait de la main à ses soldats l'endroit qu'ils devaient escalader, lorsqu'une balle vint le frapper au front et le renversa. Les soldats, qui le virent tomber et qui le crurent mort, s'excitèrent alors par des cris de vengeance. Emporté par son courage et par sa colère, chacun fit de son mieux. En moins de dix minutes, la muraille fut escaladée, les janissaires qui la défendaient furent égorgés ou mis en fuite, et la division Kléber se répandit dans la place, où elle était entrée la première.

Bon avait le même succès à la porte de Rosette. Menou, arrêté un instant au château Triangulaire, et renversé du haut des murailles, restait étourdi comme Kléber dans le fossé; mais ses soldats, comme ceux de Kléber, vengeaient avec toute l'impétuosité française cet échec d'un instant, en pénétrant par une brèche dans l'enceinte de la ville voisine de la mer.

Pendant le premier tumulte qui suivit la prise de la place, le scheik d'Alexandrie fit partir un message pour le Kaire. Il était chargé d'apprendre à la fois à Mourad et à Ibrahim le débarquement des Français et la chute d'Alexandrie.

A cette double nouvelle, le caractère des deux chefs se révéla, comme toujours, de deux façons parfaitement opposées. Ibrahim éclata en reproches contre Mourad, qu'il accusa d'avoir attiré les Francs. Mais Mourad, au lieu de lui répondre, sauta sur son cheval de bataille, ordonna lui-même aux muezins d'annoncer à toute la ville, du haut des minarets, la nouvelle qu'il venait de recevoir, et dit que c'était bien, et que, s'il avait attiré les Français en Égypte, il saurait les en chasser.

Mourad, à son ignorance près de l'art de la guerre, était, par son activité et son courage, un rival digne de nous. Aussi, à partir de cette heure, il n'y eut plus pour lui ni repos ni trêve; son imagination ardente et sauvage s'exalta, et il marcha à la hâte au-devant de nous avec ce qu'il put ramener de mamelouks, de Cophtes et de fellahs. Une flottille de djermes, de canjes et de chaloupes canonnières descendait le Nil en même temps que lui. Quant à Ibrahim, fidèle à son caractère, il resta au Kaire pour emprisonner les négociants français et piller leurs magasins.

De son côté, Bonaparte, convaincu que le succès de l'expédition consistait surtout dans la rapidité avec laquelle elle serait conduite, après avoir arrêté le plan des ouvrages à construire pour mettre la ville conquise à l'abri d'un coup de main, laissait Kléber blessé avec une demi-brigade et trois compagnies d'artillerie pour défendre Alexandrie, et, donnant le commandement de sa division à Dugua, marchait immédiatement sur le Kaire. Cette division eut ordre de jeter garnison dans le fort d'Aboukir, de s'emparer de Rosette et de remonter la branche gauche du Nil jusqu'à Ramanieh pour protéger la navigation d'une flottille composée de chaloupes canonnières et de bateaux du pays chargés de vivres et de munitions. Le 8, toutes les divisions étaient réunies à Damanhour, à l'exception de la division Kléber qui, forcée, en vertu des ordres reçus, de faire un long détour, n'arriva que le 11 après avoir exécuté sa mission avec autant de promptitude que de ponctualité.

Ce fut à Ramanieh que Bonaparte apprit que les mameloucks s'avançaient à sa rencontre. Le général Desaix, qui, depuis Alexandrie, formait l'avant-garde, écrivit le 14, du village de Minich-Salame, qu'un détachement de 12 à 1,400 chevaux manœuvrait à trois lieues de distance et que 150 mameloucks s'étaient présentés le matin aux avant-postes. Bonaparte remontait le fleuve.

accompagné d'une flottille, comme Mourad le descendait. Le 15 ils se rencontrèrent, et les premières troupes de l'Orient et de l'Occident se trouvèrent en présence.

Le choc fut rude : djermes, canjes et chaloupes se heurtèrent, proue à proue, flancs à flancs. Mameloucks et Français se joignirent à la pointe de la baïonnette, au tranchant du sabre. Cette milice couverte d'or, rapide comme le vent, dévorante comme la flamme, chargeait jusque sur nos carrés, dont elle hachait les canons de fusil avec ses sabres de Damas; visitait au galop tous ces angles de fer dont chaque face lui envoyait sa volée, et lorsqu'elle voyait toute brèche impossible elle fuyait enfin, comme une ligne d'oiseaux effarouchés, laissant autour de nos bataillons une ceinture mouvante encore d'hommes et de chevaux mutilés, et elle allait se reformer plus loin pour revenir tenter une nouvelle charge, meurtrière et inutile comme l'autre.

Au milieu de la journée, les mameloucks se rallièrent une fois encore; mais, au lieu de revenir sur nous, ils prirent la route du désert et disparurent à l'horizon dans un tourbillon de sable. Ils allaient porter à

Mourad, qui nous attendait à Embabeh, la nouvelle de sa première défaite.

Ce fut à Gyseth que Mourad apprit l'échec de Chebreisse. Le même jour, des messagers furent envoyés par lui au sayd, au fayoum, au désert, partout. Beys, cheiks, mameloucks, étaient convoqués contre l'ennemi commun. Chacun devait venir avec son cheval et ses armes; six jours après Mourad avait autour du lui 6,000 cavaliers.

Toute cette multitude accourue au cri de guerre vint camper en désordre sur la gauche du Nil, en vue du Kaire et des Pyramides, entre le village d'Embabeh, où elle appuyait sa droite, et Gyseth, la résidence favorite de Mourad, où elle étendait sa gauche. Quant à celui-ci, il avait fait planter sa tente sous un sycomore gigantesque dont l'ombre couvrait 50 cavaliers. C'est dans cette position qu'après avoir essayé de mettre un peu d'ordre dans sa milice il attendit l'armée française avec la même impatience que celle-ci avait de le joindre. Quant à Ibrahim, il avait rassemblé ses femmes, ses trésors, ses chevaux, et se tenait prêt à fuir dans la Haute-Égypte.

Mais, quel que fût le désir de son chef

d'en arriver à une action générale, l'armée française s'avançait lentement, car la marche était difficile et les privations commençaient à se faire sentir. Le 16, elle atteignit le village de Schabar; le 17, elle s'arrêta à Kom et Schérif; le 18, elle bivouaqua au village d'Alkan; le 19, on poussa jusqu'à Abou-Neehabeth : enfin, le 20, les divisions Bon, Menou et Dugua, dont faisait partie la 2ᵉ légère, s'arrêtèrent à Wardam, où elles séjournèrent pendant la journée du 21. On parvint à se procurer du blé, des lentilles et quelques légumes. Les soldats broyèrent le maïs entre deux pierres, à la manière des Arabes, et firent cuire sous la cendre une espèce de galette. Les blessés et les malades eurent seuls du pain.

A Omedinor, Bonaparte fut informé que Mourad et les mameloucks l'attendaient en face du Kaire avec une troupe innombrable de Cophtes et de fellahs, la ville était le prix de la bataille : Bonaparte fit visiter les armes.

Le 28, au lever du soleil, Desaix, qui continuait de tenir l'avant-garde, aperçut un parti de 500 mameloucks, envoyés en reconnaissance, qui se replièrent, sans cependant cesser d'être en vue. A quatre heures du matin, de grandes acclamations se firent entendre : c'était l'armée tout entière qui battait des mains à la vue des Pyramides.

« Soldats, dit Bonaparte, vous allez combattre aujourd'hui les dominateurs de l'Égypte ; songez que du haut de ces monuments quarante siècles vous contemplent ! »

A six heures, les deux armées se trouvaient en présence.

Que l'on se figure le champ de bataille : c'était le même que Cambyse, l'autre conquérant qui venait de l'autre bout du monde, avait choisi pour écraser les Égyptiens. Deux mille quatre cents ans s'étaient écoulés depuis ce jour ; le Nil et les Pyramides étaient toujours là : seulement le sphinx de granit, dont les Perses mutilèrent le visage, n'avait plus que sa tête gigantesque hors du sable ; le colosse dont parle Hérodote était couché ; Memphis avait disparu ; le Kaire avait surgi. Tous ces souvenirs, distincts et présents à l'esprit des chefs français, planaient vaguement au-dessus de la tête des soldats, comme ces oiseaux inconnus qui passaient autrefois au-dessus des batailles et présageaient la victoire.

Quant à l'emplacement, c'était une vaste plaine comme il en faut à des manœuvres de cavalerie ; un village, nommé Bilksit, s'élevait au milieu ; un petit ruisseau la limitait en avant du village de Gyseth et s'étendait sur le front des Pyramides. Mourad et toute sa cavalerie étaient adossés au Nil, ayant le Kaire derrière eux.

Bonaparte voulait non-seulement vaincre les mameloucks, mais encore les exterminer ; il développa son armée en demi-cercle, formant de chaque division des carrés gigantesques au centre desquels était placée l'artillerie. Desaix, toujours habitué à marcher en avant, commandait le premier carré placé entre Embabeh et Gyseth ; puis venaient la division Reynier, la division Kléber, dans les rangs de laquelle marchait la deuxième légère ; puis la division Menou, commandée par Vial ; enfin, formant l'extrême gauche, appuyée au Nil et la plus rapprochée d'Embabeh, la division du général Bon.

Tous ces carrés devaient se mettre en mouvement, marcher sur Embabeh en se rapprochant l'un de l'autre, et, villages, chevaux, mameloucks, retranchements, tout jeter dans le Nil.

Mais Mourad n'était pas homme à attendre derrière quelques buttes de sable que les Français vinssent l'y chercher. A peine les carrés eurent-ils pris place, que les mameloucks sortirent de leurs retranchements en masses inégales, sans choisir, sans calculer, et se ruèrent sur les carrés qu'ils trouvèrent le plus près d'eux : c'étaient les divisions Desaix et Reynier.

Arrivés à portée de fusil, les assaillants se divisèrent en deux colonnes : la première marchait tête baissée sur l'angle gauche de la division Reynier; la seconde sur l'angle droit de la division Desaix. Les carrés les laissèrent approcher à quinze pas, puis ils éclatèrent; chevaux et cavaliers se trouvèrent arrêtés par une muraille de flamme. Les deux premiers rangs de mameloucks tombèrent comme si la terre tremblait sous eux. Le reste de la colonne, entraîné par sa course, arrêté par cette muraille de fer et de feu, ne pouvant ni ne voulant retourner en arrière, longea toute la face du carré Reynier, dont le feu à bout portant le rejeta sur la division Desaix, qui, se trouvant alors prise entre ces deux tempêtes d'hommes qui tourbillonnaient autour d'elle, leur présenta le bout des baïonnettes de son premier rang, tandis que les deux autres s'enflammaient, et que ses ang'es en s'ouvrant laissaient passer une grêle de boulets.

Il y eut un moment où ces deux divisions se trouvèrent complétement entourées, et où tous les moyens furent mis en œuvre pour ouvrir ces carrés impassibles et mortels ; les mameloucks chargeaient jusqu'à dix pas, recevaient le double feu de la fusillade et de l'artillerie, puis faisant faire volte-face à leurs chevaux, qui s'effrayaient à la vue des baïonnettes, ils les forçaient d'avancer à reculons, les faisaient cabrer et se renversaient avec eux en arrière, tandis que les cavaliers démontés se traînaient sur les genoux, rampaient comme des serpents et allaient couper les jarrets de nos soldats. Il en fut ainsi pendant trois quarts d'heure que dura cette horrible mêlée ; nos soldats, à cette manière de se battre, ne reconnaissaient plus des hommes ; ils croyaient avoir affaire à des fantômes, à des spectres, à des démons passant au milieu de la fumée et des flammes sur des chevaux fantastiques comme eux. Enfin, mameloucks acharnés, cris d'hommes, hennissements de chevaux, flamme et fumée, tout s'évanouit, et il ne resta, entre les deux divisions, qu'un champ de bataille sanglant, jonché de morts, de mourants, hérissé d'armes et d'étendards, se plaignant et remuant encore, comme après la tempête une houle mal calmée.

Les trois autres carrés regardaient l'arme au bras et mêche allumée cette horrible lutte, attendant que leur tour vînt de détruire ou d'être détruits. Lorsque leur parvint le signal de l'attaque générale, les divisions Bon, Menou et Dugua reçurent l'ordre de détacher les première et troisième compagnies de chaque bataillon, et de les former en colonne, tandis que les deuxième et quatrième, gardant la même position, resserraient seulement les carrés qui, de cette manière, s'avanceraient pour soutenir l'attaque, ne présentant plus que trois hommes de hauteur.

Cependant cette première colonne de mameloucks dispersée, évanouie, s'était dirigée vers le petit village de Bilksit, où elle comptait se reformer; mais une circonstance bizarre faisait que ce village était en ce moment au pouvoir des Français, et que les mameloucks, au lieu d'y trouver un abri, allaient y chercher un nouvel échec.

Les divisions Desaix et Reynier étant arrivées, comme nous l'avons dit, les premières à leurs postes, s'étaient placées entre les redoutes d'Embabeh et le village de Bilksit; quelques soldats eurent alors l'idée que ce village pouvait contenir de l'eau et des vivres, et demandèrent au général Desaix la permission de s'y rendre : comme la supposition n'était point impossible, et que d'ailleurs il était bon d'éclairer un point couvert d'où l'ennemi pouvait déboucher à l'improviste, cette permission leur fut accordée. Desaix, pour régulariser le mouvement, ordonna donc à quatre compagnies de grenadiers et de carabiniers, à une compagnie d'artillerie du 4ᵉ régiment et à un détachement de sapeurs d'occuper le village, sous le commandement des chefs de bataillons Dorsenne et Peige, et d'enlever les vivres qui s'y trouveraient. Nos fourrageurs ne s'étaient point trompés dans leur prévision; et ils étaient à l'œuvre, lorsqu'ils entendirent pétiller la fusillade et gronder au-dessus d'elle les roulements du canon.

Au premier bruit de l'attaque, le commandant Dorsenne jugeant que le renfort qu'il porterait aux deux divisions serait de peu d'importance, craignant d'ailleurs d'être enveloppé avec ses six compagnies, les avait dispersées derrière les murs des enclos, dans les maisons et sur les terrasses. Les mameloucks arrivèrent droit sur le village, comme une volée de perdrix qui s'abat; mais à peine la tête de la colonne fut-elle entrée dans la rue, que les enclos, les maisons, les terrasses pétillèrent à leur tour. Cependant les mameloucks ne reculèrent pas. La colonne, comme un immense serpent, se déroula au galop dans la rue, ressortit par l'extrémité opposée, toute mutilée et toute sanglante, et s'en alla, formant un demi-cercle immense, longer les rives du petit ruisseau, et reparaître à la droite de la division Desaix.

En ce moment même, les cinq carrés s'avançaient enfermant Embabeh dans leur cercle de fer. Tout à coup, la ligne arabe s'enflamma à son tour : 37 pièces d'artillerie, tonnant en même temps, croisèrent leur réseau de fer sur la plaine. La flottille bondit sur le Nil, secouée par le recul de ses bombardes; et Mourad, à la tête de 3,000 cavaliers, s'élança de sa redoute pour

voir s'il ne pourrait pas mordre enfin su
ces carrés infernaux. La colonne qui ava
donné la première, revint alors à la charge
et laissant à Mourad les carrés Dugua, Me
nou et Bon, se rejeta sur les divisions Desai
et Reynier.

Alors on vit une chose merveilleuse; c'es
à-dire 6,000 cavaliers, les premiers d
monde, montés sur des chevaux dont le
pieds ne laissaient point de trace sur le sa
ble, tournant comme une meute autour d
ces carrés immobiles et enflammés, le
étreignant de leurs replis, les enveloppar
de leurs nœuds, cherchant à les étouffe
quand ils ne pouvaient les ouvrir, se di
persant, se reformant pour se disperse
encore, en changeant de face comme de
vagues qui battent un rivage, puis revenai
sur une seule ligne et pareils à un serpe
gigantesque dont on voyait parfois la tête
conduite par l'infatigable Mourad, se dre
ser jusqu'au-dessus des carrés. Cela dur
une heure ainsi, chaque carré, envelopp
et combattant pour son compte, ignorar
ce que devenait le reste de l'armée. Ma
les batteries des retranchements changè
rent tout à coup de direction; les mame
loucks entendirent tonner contre eux leu

canons et se virent enlever par leurs propres boulets; puis bientôt leur flottille, heurtée par la nôtre, prit feu et sauta. Tandis que Mourad et ses cavaliers usaient leurs dents et leurs griffes de lions contre nos carrés, les trois colonnes d'attaque s'étaient emparées des retranchements; et Marmont, commandant la plaine, foudroyait, des hauteurs d'Embabeh, les mameloucks acharnés contre nous.

Alors Bonaparte ordonna une dernière manœuvre, et tout fut fini : les carrés s'ouvrirent, se développèrent, se joignirent et se soudèrent comme les tronçons d'une chaîne; Mourad et ses mameloucks se trouvèrent pris entre leurs propres retranchements et toute la ligne de bataille française. Mourad vit que la bataille était perdue; il rallia ce qui lui restait d'hommes, et, entre cette double ligne de feu, au galop aérien de ses chevaux, tête baissée, il s'élança dans l'ouverture que la division Desaix laissait entre elle et le Nil, passa comme un tourbillon, s'enfonça dans le village de Gyseth, et reparut un instant après à l'extrémité opposée, se retirant vers la Haute-Égypte, avec deux ou trois cents cavaliers, reste de sa puissance.

Quant à Ibrahim, il n'avait point pris part au combat, qu'il avait regardé de l'autre côté du Nil; à peine vit-il la journée perdue qu'il rentra dans le Kaire.

Mourad avait laissé 3,000 hommes sur le champ de bataille, 40 pièces d'artillerie, 40 chameaux chargés, ses tentes, ses chevaux, ses esclaves en abandonnant cette plaine, toute couverte d'or, de cachemires et de soie, aux soldats vainqueurs, qui firent un butin immense; car les mamelouks étaient couverts de leurs plus belles armures, et portaient sur eux tout ce qu'ils possédaient en bijoux et en argent.

Bonaparte coucha le même soir à Gyseth, dans la maison de plaisance de Mourad.

Pendant la nuit, Ibrahim se dirigea sur Belbéis, capitale de la province de Charkich, emmenant avec lui Seid-Abou-Beker, le représentant du grand-seigneur.

Le lendemain, dans la journée, des négociants français vinrent au quartier-général et annoncèrent cette nouvelle à Bonaparte. Celui-ci résolut de prendre possession du Kaire le soir même, et envoya l'adjudant-général Beauvais au général Bon, à Embabeh, pour lui ordonner de détacher, avec les compagnies de grenadiers de la 32e brigade, le général Dupuy, investi du commandement du Kaire. Dupuy rassembla les élus qui devaient l'accompagner, commença immédiatement ses opérations de passage, et s'apprêta tranquillement à aller, avec ses 200 hommes, occuper une ville de 300,000 âmes. Ses instructions portaient de profiter de la nuit pour pénétrer jusqu'au quartier franc et s'y retrancher. Sur les huit heures du soir, le passage du Nil s'opéra d'Embabeh à Boulacq.

La nuit était close lorsque la petite troupe arriva devant les murs du Kaire; elle trouva les portes fermées mais sans gardes pour les défendre. Les Français n'eurent qu'à les pousser; elles cédèrent et s'ouvrirent, laissant apercevoir une ville sombre et muette. On eût cru entrer dans les tombeaux des califes.

Le général Dupuy ordonna que le tambour battît, afin que ceux qui marchaient à la queue de la colonne ne s'égarassent point au milieu de ces rues tortueuses et inhospitalières. L'ordre fut accompli, et ce bruit nocturne et inusité, loin de tirer les Arabes de leur léthargie, leur inspira encore une terreur plus profonde.

Cependant trouver le quartier franc au

milieu d'une ville inconnue, où le jour on a peine à se diriger sans guide, n'était pas chose facile pour nos soldats : aussi s'égarèrent-ils, non pas individuellement, mais en masse. A une heure du matin, et après une marche de trois heures sur le sol inégal et rocailleux des rues du Kaire, le général Dupuy, fatigué, fit faire halte et ordonna d'enfoncer les portes d'une grande maison en face de laquelle on était arrivé. Le hasard fit qu'elle appartînt à un chef de mameloucks qui avait suivi Mourad, de sorte qu'elle était inhabitée. Les Français y entrèrent, s'y établirent en attendant le jour, et, après avoir disposé des sentinelles, s'y endormirent aussi tranquillement que s'ils eussent été au milieu de Paris, au quartier Popincourt ou dans la caserne de Babylone.

Tel fut le premier acte de la prise de possession du Kaire. Le lendemain, 23, Bonaparte fit à son tour son entrée dans la capitale de l'Égypte ; et le même soir la proclamation suivante fut affichée à la porte de toutes les mosquées.

« Peuple du Kaire, je suis content de votre conduite : vous avez bien fait de ne point prendre parti contre moi ; je suis venu pour détruire la race des mameloucks, protéger le commerce et les naturels du pays. Que tous ceux qui ont peur se tranquillisent; que tous ceux qui se seront éloignés rentrent dans leurs maisons; que la prière ait lieu aujourd'hui comme à l'ordinaire, comme je veux qu'elle continue toujours : ne craignez rien pour vos familles, vos maisons, vos propriétés, et surtout pour la religion du prophète, que j'aime.

» Comme il est urgent que la tranquillité ne soit pas troublée, il y aura un divan de sept personnes qui se réuniront à la grande mosquée; il y en aura toujours deux près du commandant de la place, et quatre seront occupés à maintenir la tranquillité publique et à veiller à la police. »

La garnison du Kaire fut formée d'une partie de la division Bon et de la division Kléber, que commandait, comme nous l'avons dit, par intérim le général Dugua, et dont on se rappelle que la 2ᵉ demi-brigade légère faisait partie.

Pendant cette période de la guerre d'Égypte, la 2ᵉ demi-brigade légère eut pour commandant le chef de brigade Desnoyer, le même qui avait été nommé à la création (1794). Elle eut pour général de brigade Verdier, et pour général de division Kléber

CHAPITRE III.

Administration du Kaire. — Dévouement du carabinier Maillard, de la 2ᵉ légère. — Politique de Bonaparte avec la Porte et la Syrie. — Lettre à Djezzar. — Expédition de Syrie. — Kléber reprend le commandement de sa division. — La 2ᵉ légère à El-Arich. — La 2ᵉ légère fait partie de l'avant-garde. — La division Kléber égarée dans les déserts de la Palestine. — Combat de Gaza. — Prise de Jaffa. — Investissement de Saint-Jean d'Acre. — La 2ᵉ légère monte plusieurs fois à l'assaut.

Les premiers soins du général en chef, à son arrivée au Kaire, furent donnés à l'administration du pays et à la sûreté de la capitale. Le général Verdier, qui était campé à Gyseth, fut envoyé aux grandes Pyramides avec la deuxième demi-brigade pour y protéger la construction d'une redoute étoilée pouvant contenir cent hommes et deux pièces de canon. Cet ouvrage était destiné à protéger les environs des Pyramides contre les incursions des Arabes, et à faciliter aux savants et aux curieux l'examen des monuments éternels.

Le général Verdier commença par faire connaître aux tribus voisines, à l'aide d'une proclamation distribuée dans les villages par les Arabes qui venaient apporter des vivres aux travailleurs, que le général en chef était disposé à sévir rigoureusement contre ceux qui refuseraient de vivre en bonne intelligence avec les Français : mais, malgré ces menaces, quelques soldats étant allés moudre du grain au village d'El-Bothoun, on entendit bientôt des coups de fusil retentir dans la direction de ce village; et comme on ne fit aucun doute que le détachement n'eût été attaqué, une des compagnies de carabiniers de la deuxième légère reçut l'ordre de se porter au secours de ses camarades.

La compagnie s'élança au pas de course, animée par la fusillade qu'elle entendait. Mais la chaleur était grande, on entrait dans le sable jusqu'aux genoux; ces deux inconvénients ralentissant la marche, il en résulta que le secours devait arriver trop tard si un carabinier, nommé Maillard, soldat vigoureux et endurci à la fatique n'eût devancé ses compagnons de plus de cinq cents pas et, se précipitant seul dans le village, n'eût attaqué les Arabes avec tant d'intrépidité, que ceux-ci, ne pouvant croire qu'ils n'avaient affaire qu'à un seul homme, et s'attendant à voir paraître immédiatement le reste de la compagnie, prirent la fuite à son aspect. Lorsque la compagnie arriva, elle trouva les Arabes disparus et Maillard au milieu des malheureux que, grâce à son courageux dévouement, il venait d'arracher à la mort.

Cependant Bonaparte, en partant pour l'Égypte, avait emporté la promesse du Directoire qu'il ne serait point troublé dans son expédition par l'intervention de la Turquie. En effet, l'Égypte enlevée aux beys ne causait à la Sublime-Porte qu'un dommage assez faible pour qu'il fût facile de le compenser. Mais Bonaparte parti, la négligence du Directoire laissa les Russes et les Anglais maîtres de l'Orient. Sélim III, cédant à leur influence, avait fait arrêter et conduire aux Sept-Tours tous les membres de la légation française, et un manifeste plein d'outrages et de menaces avait été répandu avec profusion en Égypte, en attendant que le gouvernement du grand-seigneur montrât son hostilité contre les Français d'une manière encore plus directe et plus efficace.

Bonaparte avait prévu cette négligence du Directoire, quoiqu'il ne lui fût pas venu à la pensée qu'elle dût aller jusqu'à un si profond oubli. Il avait donc songé à tout hasard à se faire un ami d'Achmeth Djezzar, pacha d'Acre en Syrie : et pour engager le visir à conserver de bonnes relations avec l'armée française, il lui avait envoyé le chef de bataillon Beauvoisin, officier de son état-major, avec une lettre écrite de sa main pour lui offrir paix et alliance. Mais, malgré l'envoi de cette lettre, Beauvoisin ne put être admis en présence du pacha. Bien plus, Djezzar donna à peine à l'envoyé du général en chef quelques heures pour remettre à la voile ; le menaçant, s'il restait dans le port dix minutes après l'heure indiquée pour son départ, de le faire pendre comme un espion. Le chef de bataillon Beauvoisin ne profita pas même du délai accordé ; il partit aussitôt cette menace faite, et revint au Kaire rapporter à Bonaparte cette insolente réponse.

Vers le même temps le manifeste du grand-seigneur arriva en Égypte : il n'y avait plus de doute, une guerre avec la Porte était imminente; et Djezzar n'avait montré tant d'audace que parce qu'il se sentait soutenu par elle, tout rebelle qu'il lui avait été jusqu'alors.

Dès ce moment une expédition de Syrie fut résolue, qui devait avoir deux résultats: le premier de disperser les mameloucks d'Ibrahim, le second de punir l'insolence du pacha. Cependant cette nouvelle guerre ne devait être entreprise que dans l'impossibilité de faire autrement; Bonaparte résolut de tenter une dernière démarche près de Djezzar, il lui écrivit une seconde lettre qu'il lui fit porter par deux Arabes.

Cette seconde lettre, comme la première, demeura sans résultat. Bonaparte à son tour avait menacé Djezzar d'aller à Acre: cette menace ne devait pas être vaine, et tous les préparatifs furent faits pour qu'elle fût mise à exécution.

D'abord le village de Katich fut occupé par un détachement de la division Reynier: c'était un excellent poste militaire situé à trois journées de marche de Salahieh, sur le chemin qui conduit de la province de Chargieh, en Syrie, en passant par El-Arich. A peine fut-il en notre pouvoir, que le chef de brigade du génie Sanson fut envoyé au Kaire pour y construire un fort capable de mettre 500 hommes à l'abri d'une attaque de vive force. Ce fort en outre devait contenir deux magasins d'approvisionnement et deux fours pour la confection du biscuit.

De son côté, Djezzar, comme pour répondre à notre défi, s'empara du fort d'El-Arich, situé sur le territoire égyptien, vers les frontières de la Syrie.

A peine Bonaparte eut-il appris cette occupation, qu'il s'empressa de réunir les troupes qu'il comptait emmener avec lui dans l'expédition de Syrie : c'étaient quatre divisions d'infanterie et un détachement de 900 chevaux. Reynier, Bon, Lannes et Kléber devaient commander chacun une de ces divisions ; Murat devait marcher à la tête de la cavalerie.

La 2e légère se trouva faire partie de la division du général Kléber, qui était composée en outre des 25e et 75e de ligne.

Enfin les généraux Caffarelli et Dommartin avaient la direction du génie et de l'artillerie, qui se composaient de 4 pièces de 12, de 3 pièces de 8, de 5 obusiers et de 3 petits mortiers de 5 pouces ; en outre chaque division d'infanterie traînait avec elle 2 pièces de 8, 2 obusiers de 6 pouces et 2 pièces de 3 : les guides à cheval et à pied du général en chef avaient 4 pièces de 8 et 2 obusiers de 6 pouces, et la cavalerie du général Murat 4 pièces de 4.

Les quatre divisions réunies, y compris les 900 chevaux, formaient un total de 13,000 hommes à peu près.

Quant à l'artillerie de siége, qu'il était impossible de conduire à travers le désert, elle devait être transportée par mer, sur *la Junon*, *la Courageuse* et *l'Alceste*. Ces trois frégates avaient ordre de croiser sur les côtes de Syrie et de se mettre en communication avec l'armée de terre, dont l'arrivée à Jaffa était calculée avec cette précision qui était le cachet particulier des connaissances du jeune général en chef.

Le général Reynier avait été désigné pour former avec sa division l'avant-garde de l'armée expéditionnaire ; il partit en conséquence le 23 janvier pour se rendre à Salahieh : le 6 février toutes ses troupes étaient réunies à Katieh et se mirent en marche pour traverser le désert qui conduit à El-Arich.

Le 14, le général Kléber et sa division

arrivèrent devant cette place; ils y trouvèrent le général Reynier, qui, après s'être emparé du village, assiégeait alors le château: quatre jours après toute l'armée expéditionnaire était réunie sur ce point.

Les assiégeants campèrent sur des monticules de sable entre le village et la mer : l'artillerie, mise en batterie le même jour, commença à foudroyer le château ; deux jours après la brèche était praticable.

Bonaparte savait de quel prix allait devenir pour lui l'existence de chacun de ses hommes; au lieu d'ordonner l'assaut, comme il l'eût fait en toute autre circonstance, il se contenta donc de faire sommer Ibrahim-Aga de se rendre. Ibrahim consulta sa garnison homme par homme, et, voyant que le sentiment de la majorité était pour une capitulation, il demanda quelles seraient les conditions du traité.

Ces conditions furent celles imposées d'habitude en Europe: Bonaparte demanda que la garnison déposât les armes et livrât ses chevaux et ses bagages. Mais en Orient, où les armes et les chevaux sont la seule propriété du soldat, une pareille proposition devait révolter les assiégés ; aussi, ses Arnautes et ses Mangrabins consultés, Ibrahim écrivit au général en chef qu'il ne pouvait adhérer à cette proposition.

Bonaparte comprit que son entêtement pour une formalité sans importance en elle-même, pouvait lui coûter la vie de quelques centaines de braves ; il consentit à laisser sortir la garnison avec armes et bagages. En conséquence, le lendemain, 19 février, la capitulation fut signée : elle portait que la garnison d'El-Arich en sortirait le même jour et se rendrait par le désert à Bagdad ; qu'un drapeau tricolore et un sauf-conduit, signé du général en chef, lui seraient accordés pour traverser les postes français ; que les chevaux et l'artillerie resteraient dans le fort, et enfin que les chefs des différents corps jureraient de ne point servir dans l'armée de Djezzar avant un an révolu. Le traité fut accepté.

L'exemple d'Ibrahim fut au reste suivi par une partie des Maugrabins, qui, ne voulant pas se rendre à Bagdad par le désert, préférèrent rester au service de la France, sous la forme d'une espèce de corps franc. Le surlendemain de la capitulation Bonaparte envoya au Kaire les drapeaux pris par Reynier dans le combat du 14, et les drapeaux trouvés dans le fort d'El-Arich.

L'armée resta quatre jours campée devant El-Arich, autant pour se reposer des fatigues qu'elle avait déjà éprouvées que pour remettre le fort en état de défense. En effet, El-Arich, par sa position sur les frontières d'Égypte et de Syrie et par son voisinage de la mer, était une place d'une grande importance, surtout en cas de revers.

Le 22, le général Kléber remplaça le général Reynier dans la conduite de l'avant-garde. En conséquence, vers les quatre heures du matin, accompagné de Murat et de sa cavalerie, et à la tête de sa division formée, comme nous l'avons dit, des deux premiers bataillons de la 2e légère et des 25e et 75e de ligne, il se mit en marche pour Kan-Younes, premier village de la Palestine, où, distance calculée, il devait arriver le soir même; mais, soit perfidie, soit ignorance, son guide s'égara et égara l'armée avec lui. Perdu ainsi avec ses 3,000 hommes, Kleber erra toute la journée dans le désert, enfonçant jusqu'aux genoux dans le sable, brûlé par un soleil de plomb, et dévoré par une soif ardente, qu'aucun moyen humain ne pouvait étancher. Aussi, en voyant le soir haletants et abattus ces hommes qu'il avait emmenés le matin joyeux et forts, Kléber fit fusiller, coupable ou non, le guide qui les avait ainsi égarés.

La nuit se passa à attendre et à craindre le jour ; un seul espoir restait au général, c'était de s'emparer de quelque Arabe, et de le forcer, bon gré, mal gré, de lui servir de guide jusqu'à Kan-Younes. Aussi au point du jour mit-il en campagne une cinquantaine de cavaliers, en leur ordonnant de battre le désert dans toutes les directions. La plupart étaient déjà revenus sans avoir trouvé personne, lorsque vers les onze heures on vit arriver quatre soldats qui ramenaient deux Arabes.

Les deux Arabes consentirent à conduire l'armée à Kan-Younes. On leur fit faire serment qu'ils seraient des guides sûrs ; on leur promit une forte récompense en cas de fidélité, on leur montra le cadavre de leur compatriote en cas de trahison.

Les Arabes, soit crainte, soit franchise, accomplirent fidèlement la mission dont ils étaient chargés ; mais le premier guide, en égarant la division, l'avait enfoncée vers le nord, il fallut donc marcher de nouveau, sans eau et sans vivre, toute la journée et une partie de la nuit : le lendemain, au point du jour, on aperçut une troupe d'hommes, de chevaux et de dromadaires qui entouraient un de ces tombeaux en forme de chapelle construits dans le désert et que l'on appelle *santons*. La première idée de tous fut que c'était un parti d'Arabes, mais à l'aide de sa lunette le général reconnut bientôt l'uniforme français ; il marcha droit au tombeau et y trouva le général en chef avec quelques guides à cheval, et un faible détachement du corps des dromadaires. Les deux troupes firent leur jonction, et, comme on n'était plus qu'à trois lieues de Kan-Younes, on renvoya les guides avec la récompense promise.

En deux ou trois heures les trois autres divisions arrivèrent ; les puits du santon furent mis à sec, on en creusa aussitôt deux autres. Mais, quoique ces puits ne produisissent qu'une eau saumâtre, l'armée en éprouva un grand soulagement ; elle venait de faire plus de 60 lieues dans le désert.

On passa la journée au santon. Le lendemain on marcha sur Kan-Younes, où l'on fit une halte ; puis on se remit en marche pour atteindre le camp d'Abdallah. Mais à la vue des Français celui-ci plia ses tentes, et battit en retraite vers Gaza; l'armée bivouaqua sur l'emplacement du camp abandonné.

Le lendemain les soldats, bien frais et bien reposés, se mirent en route au point du jour; ils suivaient le chemin suivi par leurs ancêtres les croisés : seulement eux venaient au nom de la liberté au lieu de venir au nom de la religion; et la Marseillaise retentissait aux mêmes lieux où, cinq cents ans auparavant, s'étaient fait entendre les cantiques de la foi. Entre ces chants religieux et ces chants patriotiques, un peuple s'était fait nation.

Vers les deux heures de l'après-midi, l'avant-garde, composée comme nous l'avons dit, de la 2e légère et des 25 et 75e de ligne, aperçut un corps ennemi placé sur une hauteur en avant de Gaza, elle s'arrêta, et fit annoncer au général en chef cette nouvelle.

Non-seulement l'armée s'était reposée la veille et la surveille, mais depuis le matin elle voyait un horizon de bois et de verdure succéder aux plaines sablonneuses où elle avait manqué d'être ensevelie; en outre une pluie abondante venait de tomber, le général en chef avait ordonné une halte, et chaque soldat, défaisant ses habits, avait reçu, comme autrefois les Israélites la manne, cette rosée bienfaisante qui semblait un miracle du ciel.

La nouvelle qu'on allait se trouver en face de l'ennemi fut donc accueillie par de grands cris de joie; aussitôt Bonaparte, suivant sa tactique ordinaire à l'égard des Orientaux, fit former ses hommes en carrés. La division Kléber, prenant la gauche, marcha sur la droite de l'ennemi, composée de mameloucks; la division Bon, placée au centre, s'avança pour heurter de front la ligne d'Abdallah; la division Lannes, formant notre gauche, se dirigea par les hauteurs pour tourner la droite du pacha; enfin Murat et sa cavalerie, escortés d'une batterie de 6 pièces d'artillerie légère, reçurent l'ordre de charger à fond les mameloucks.

Mais l'ennemi montrait autant d'hésitation que nos soldats laissaient voir de confiance; sa cavalerie, surtout, avançait et reculait avec une crainte visible. Les trois divisions sentaient encore leur courage s'augmenter de tous ces tâtonnements, et marchaient au pas de course; Murat et sa cavalerie se déployaient comme une écharpe mouvante dans l'espace qui séparait notre armée de l'armée ennemie; Kléber, le plus avancé de tous, menaçait déjà la gauche de la terrible baïonnette; la 2e légère venait de couper les tirailleurs ennemis, quand tout à coup, pareils à une volée d'oiseaux qui s'enlève, les mameloucks tournèrent bride et s'enfuirent au galop; le reste de l'armée égyptienne les suivit. Murat put à peine sabrer quelques attardés, et Kléber, tuer une vingtaine d'hommes.

L'ennemi avait abandonné Gaza si précipitamment, qu'il n'avait pas même pris le temps de jeter garnison dans le fort. L'armée française elle-même, acharnée à la poursuite de l'ennemi, avait traversé la ville sans s'y arrêter, et n'avait fait halte qu'une lieue au delà; enfin, perdant l'espoir de rejoindre les fuyards, elle prit position sur les hauteurs où, selon la Bible, Samson emporta les portes de sa prison : puis, la ville explorée, on vint annoncer au général en chef, qui transmit aussitôt cette bonne nouvelle à l'armée, qu'on venait d'y trouver 100,000 rations de biscuit, 16,000 livres de poudre, du riz et de l'orge en abondance, une grande quantité de cartouches et plusieurs pièces de canon.

En ce moment arriva une députation de la ville ; cette députation venait supplier le général en chef de la sauver du pillage. Bonaparte la rassura, lui dit que les Français venaient faire la guerre aux mameloucks, mais étaient amis des Syriens ; en effet, la discipline la plus sévère fut maintenue parmi les troupes, et Gaza, organisée à l'instar du Kaire, eut, comme la capitale de l'Egypte, un divan composé de ses principaux habitants chargés de rendre la justice au nom des Français.

L'armée se reposa à Gaza jusqu'au 27 ; le 28 elle apprit que l'ennemi rassemblait ses forces à Jaffa : l'ordre fut aussitôt donné de marcher sur cette ville. C'étaient de nouvelles souffrances à endurer ; le soldat savait qu'il avait une plaine immense de sable aride et mouvant à traverser, et que les chameaux eux-mêmes, ces habitants du désert, ne traversaient qu'avec effort et lenteur cet océan de poussière enflammée. Mais l'armée était pleine d'ardeur et de courage ; elle était enthousiasmée par ses débuts dans la campagne : elle partit en chantant ; et si pendant la route ces chants s'éteignirent, le soldat n'en fut pas moins un modèle de force et de volonté. Pendant

6 lieues on fut obligé de tripler les attelages de l'artillerie, pendant 3 lieues les pièces n'avancèrent qu'avec 6 hommes poussant à chaque roue.

Kléber et son infatigable division formaient toujours l'avant-garde. Le 3, elle arriva en vue de Jaffa; quelques postes de mameloucks, placés en observation en avant de la ville, se replièrent aussitôt et se mirent à l'abri derrière ses remparts. Kléber arriva jusqu'à demi-portée de canon de la place, reconnut qu'elle n'était défendue que par une muraille sans fossés, et en commença aussitôt l'investissement.

Le soir même, Bonaparte arriva avec les deux autres divisions. Pendant la nuit le général en chef apprit que les Naploùsins étaient descendus de leurs montagnes et s'apprêtaient à venir troubler les opérations du siége, il résolut alors de mettre entre eux et lui une muraille plus solide que celle qui défendait Jaffa; il ordonna à Kléber et à sa division de marcher au-devant d'eux,

Kléber abandonna au point du jour ses postes, où il fut aussitôt remplacé par les divisions Bon et Lannes, qui investirent, le premier la partie orientale, et le second la partie occidentale de Jaffa; puis remontant au nord, il alla se poster sur le torrent de la Moya, à 2 lieues environ de Saint-Jean d'Acre. Là il reçut la nouvelle de la prise de Jaffa, le carnage horrible qui en était la suite, et, dans sa franchise allemande, il écrivait à Bonaparte ces quatre lignes :

« Vous avez fait une fière brèche aux remparts de Saint-Jean d'Acre par la manière brillante dont vous venez d'emporter la place de Jaffa; recevez-en mes félicitations sincères. »

Dans cette même lettre, Kléber donnait au général en chef des détails sur sa situation. Les Naplousins continuaient à se montrer hostiles; les pachas de Syrie organisaient des forces pour accourir au secours de Saint-Jean d'Acre. Naplous semblait être le rendez-vous général des ennemis; en effet, Naplous, couverte par une forêt de chênes, la seule qui existe d'El-Arich à Damas, distante de 18 lieues de Jaffa, de 14 de Jérusalem et de 16 de Saint-Jean d'Acre, était un excellent centre d'opérations : aussi Kléber écrivait-il qu'il allait s'emparer de la forêt de chênes et marcher sur Naplous.

Mais cette résolution ne s'accordait pas avec les projets de Bonaparte : c'était Saint-

Jean d'Acre qu'il lui fallait pour accomplir sa gigantesque épopée orientale. Il écrivit au général Kléber pour lui donner l'ordre d'endormir les Naplousins par des négociations, au lieu de les attaquer.

Déterminé à marcher aussi rapidement que possible sur Saint-Jean d'Acre, il appela à lui le général Reynier et sa division, avec ordre de ne placer dans El-Arich, entièrement réparée et fortifiée à neuf, que la garnison strictement nécessaire pour la défendre. Le général Reynier se mit aussitôt en route et arriva après deux jours de marche. La veille de son arrivée les deux divisions de Lannes et Bon avaient déjà quitté Jaffa pour rejoindre l'avant-garde, et rallier Kléber en passant; ils le trouvèrent à Miski au moment où, menacé par l'ennemi, il venait d'envoyer une reconnaissance pour s'assurer de ses intentions. Les Naplousins présentaient un corps d'armée considérable, et l'on sut par un prisonnier qu'Abdallah-Pacha était sur le point de faire sa jonction avec eux. Un courrier fut aussitôt envoyé à Bonaparte pour lui porter cette nouvelle.

Le général en chef reçoit le message dans la nuit du 14 au 15. Le 15 au matin il presse sa marche sur Zeta ; à dix heures il fait sa jonction avec Kléber, Bon et Lannes. A midi, les gardes avancées ont connaissance d'un corps nombreux de cavalerie qu'on reconnait pour celui d'Abdallah. Aussitôt un mouvement à droite est ordonné par le général en chef. Il s'éloigne des bords de la mer, et fait ses dispositions pour attaquer le pacha.

Bonaparte ordonne aux divisions Kléber, Bon et Lannes de se former en carrés; Kléber et Bon marcheront au pas de charge sur la cavalerie d'Abdallah. La division Lannes appuiera sur la droite du pacha et manœuvrera de manière à le couper des Naplousins. Si les Naplousins fuient et rentrent dans leurs gorges, Lannes restera impassible et les laissera fuir.

Mais ni Turcs, ni Naplousins n'ont le courage d'attendre les vainqueurs d'El-Arich et de Jaffa. A peine les carrés arrivent-ils à la portée du fusil, que toute cette cavalerie, de si grande renommée et d'aspect si terrible, tourne bride et se sauve au grand galop de ses chevaux; de leur côté les Naplousins s'élancent dans leurs montagnes. Lannes veut arrêter ses troupes, mais emportées par leur ardeur elles n'entendent pas sa voix et s'engagent dans ces défilés que redoutait Bonaparte ! En effet sa crainte n'était point exagérée, à peine y sont-elles, que l'ennemi fait volte-face, attaque à son tour, fait rouler sur elles des rochers, les fusille de front, les écrase en flanc, les repousse, les poursuit et tue le chef de la 69ᵉ brigade Barthélemy et 50 ou 60 soldats. C'est un échec irréparable, non point pour la perte matérielle, mais pour l'impression morale. Aux yeux des Syriens nous avions reculé ; ils savaient bien que nous n'étions pas invulnérables, mais ils nous croyaient invincibles.

L'armée bivouaqua le 15 à la tour de Zeta ; le 16, elle s'établit à Nabata ; le 17, elle s'avança sur Saint-Jean d'Acre, s'empara d'un moulin abandonné qui, au bout de deux heures, se trouva en état de fonctionner : le même jour on construisit un pont pour traverser le Kerdanneh, et le 18, à la pointe du jour, le passage s'effectua. A peine de l'autre côté de la rivière, Bonaparte se porta sur une hauteur de laquelle on dominait Saint-Jean d'Acre ; il examina alors la ville avec attention. Tout autour il vit des soldats campés dans les jardins, retranchés dans les maisons, et au delà des murs de l'ancienne ville, dans la rade de Caïffa, les deux vaisseaux anglais le *Theseus* et le *Tigre* qui tournaient vers le rivage leur double rangée de canons, et se balançaient sur leurs ancres en attendant l'arrivée du reste de l'escadre.

Pendant que Bonaparte, immobile et pensif, embrassait l'horizon de son regard infini et profond comme lui, l'armée était venue le rejoindre sur la hauteur où il l'avait précédée. Un instant il demeura silencieux et inquiet, car il lui sembla reconnaître, dans les travaux qui environnaient Saint-Jean d'Acre, la trace d'une main européenne; mais le pli que cette pensée avait creusé sur son front s'effaça bientôt, et, se retournant vers Kléber, il lui ordonna d'attaquer les différents détachements qui défendaient les approches de la ville, et de les rejeter dans Saint-Jean d'Acre. Kléber lança sur eux la 2e légère; et après un combat d'une demi-heure, l'ordre du général en chef était exécuté. Pendant ce temps un détachement, tiré de la même division, occupait le château de Chefenner, clef des débouchés de la route de Damas.

L'armée était pleine d'ardeur, et l'aspect des murs de Saint-Jean d'Acre avait encore redoublé son enthousiasme. Aux regards de la multitude, Saint-Jean d'Acre n'était qu'une bicoque, comme El-Arich et Jaffa, qui devait être enlevée d'un coup de main comme ces deux villes. Bonaparte seul avait déjà prévu la lutte qui allait s'ouvrir, et causait avec Caffarelli et Dommartin des travaux à exécuter.

En effet, deux hommes étaient enfermés dans Saint-Jean d'Acre qui valaient à eux seuls une armée : ces deux hommes étaient le colonel Phelippeaux et le commodore Sidney-Smith.

Le génie de Bonaparte eût sans doute triomphé par la science de tous ces obstacles élevés par la science, si la flotille qui portait son artillerie de siége et ses munitions n'était point tombée au pouvoir des Anglais. Sur 9 bâtiments qui étaient chargés du matériel du siége, 7 furent forcés, par le *Tigre* et le *Theseus*, d'amener pavillon ; une corvette et une barque parvinrent seules à s'échapper. Dès lors, tout l'avantage fut à l'ennemi.

Cependant la confiance de Bonaparte ne parut point diminuée. Le 19 mars il fit une reconnaissance de la place avec les généraux Dommartin et Caffarelli. Le résultat de cette reconnaissance fut qu'on attaquerait le front est de la ville. En conséquence, le chef de brigade du génie Samson fut chargé de reconnaitre le soir même la contrescarpe.

La nuit venue, il se prépara à accomplir sa dangereuse mission; tantôt se trainant sur ses mains et sur ses genoux, tantôt rampant comme un serpent, il parvint, sans être aperçu, jusqu'au fossé. Là, au moment où il reconnaissait, en tâtonnant, au talus plus rapide que le fossé était sans revêtement, une sentinelle crut apercevoir quelque chose qui se mouvait dans l'ombre, et cria qui vive? Samson resta la main étendue, immobile comme une statue renversée de son piédestal; mais cette immobilité ne put entièrement tromper la sentinelle, un coup de fusil partit et la balle lui traversa la main. Malgré cette blessure Samson ne fit pas un mouvement, ne poussa point une plainte; de sorte que la sentinelle, après un moment d'observation, convaincue qu'elle avait tiré sur quelque tronc d'arbre, ou quelque fût de colonne, reprit sa marche sur le rempart, et Samson son exploration le long du fossé. Cependant l'obscurité était si grande, que, malgré le courage et le sang-froid dont il venait de donner une preuve, il ne put reconnaître ni la situation ni la hauteur de la contrescarpe.

Le 20, le général Caffarelli, en profitant des jardins des fossés de l'ancienne ville et d'un aqueduc qui traversait les glacis, parvint à ouvrir la tranchée à environ 150 toises à peine de la place. On se mit aussitôt aux batteries de brèche et aux contre-batteries; de plus, pour ne point perdre de temps, les communications couvertes ne furent point perfectionnées, de sorte que les soldats étaient obligés de marcher courbés pour n'être point vus.

Quant aux troupes, leur état était supportable. Avec cette active industrie qui leur est familière, elles s'étaient, non point bâti des maisons, mais creusé des baraques; ces baraques étaient tapissées de mousses et de feuillages, et couvertes de branches fournies par les petits bois qui couvraient les montagnes voisines : le Kerdenneh fournissait de l'eau à la gauche de l'armée, et le Tanauh à la droite. Les convois de vivres attendus d'Égypte n'étaient point venus; mais les magasins trouvés à Jaffa, à Caïffa et dans le fort de Chefenner avaient créé des subsistances à l'armée. Ensuite les Druses; ces vieux chrétiens qu'une hérésie seule sépare de l'Église, fidèles à leur origine, qui remonte aux croisés, et constants dans leur haine pour les musulmans, étaient accourus en foule au camp français, et, apportant des provisions de toute espèce, avaient approvisionné un marché à bas prix sur les bords du Kerdenneh.

Au milieu de ces Druses, il y avait un beau jeune homme de vingt-cinq à trente ans, à la taille haute et au regard auquel chacun obéissait comme à un chef, Bonaparte le fit venir et l'interrogea. Il apprit alors qu'il se nommait Daher, qu'il était fils d'un vieux scheik qui s'était révolté contre le pacha Djezzar, et qui, vaincu par les Turcs, avait eu la tête tranchée par la main du bourreau. Comme on le pense bien, Bonaparte accueillit non-seulement le jeune homme avec bienveillance, mais, calculant le parti qu'il pouvait tirer de la haine que le fils portait aux meurtriers de son père, il le combla de présents, promit de lui rendre l'ancienne puissance de sa famille, et, l'ayant fait prince de la Tibériade, il annonça sa nomination aux Druses par une proclamation solennelle.

Puis, sûr désormais d'avoir Daher pour ami et les Druses pour alliés, Bonaparte revint à la plus ardente de ses pensées, au siége de Saint-Jean d'Acre.

Au bout de sept jours, les batteries de brèche et les contre-batteries, quoique armées seulement comme à Jaffa de 4 pièces de 12, de 8 pièces de 8 et de 4 obusiers, n'attendaient que l'ordre de commencer le feu. Le 28, cet ordre fut donné. On démasqua les batteries et l'on battit en brèche la tour désignée pour être le point principal de l'attaque. Les assiégés avaient des canons d'un plus fort calibre; mais nos artilleurs avaient une expérience plus grande et un coup d'œil plus juste : de sorte que, malgré cette supériorité matérielle que les batteries ennemies avaient sur les leurs, ils parvinrent à les démonter. A trois heures du soir, la tour était éventrée.

La brèche avait été reconnue praticable, et elle l'était en effet; mais, comme nous l'avons dit, Samson blessé et perdu dans l'obscurité de la nuit n'avait pu reconnaître s'il existait ou non une contrescarpe : en tout cas et à tout hasard on avait poussé du côté où elle devait se trouver un rameau de mine destiné à la faire sauter. Le lendemain, à cinq heures du matin, cette mine joua ; on vit voler des débris de pierre, on crut la contrescarpe entamée : les soldats demandaient l'assaut à grands cris et promettaient, si on les laissait faire, d'emporter Saint-Jean d'Acre comme ils avaient emporté El-Arich et Jaffa. Bonaparte donna l'ordre de monter à la brèche.

A l'instant même, le capitaine d'état-major Mailly se met à la tête des grenadiers de la 69ᵉ demi-brigade et s'élance à la brèche ; mais, arrivé au fossé, on trouve une contrescarpe. La mine n'a eu d'autre effet que de creuser un entonnoir dans le glacis, le revêtement n'est point entamé.

Heureusement nos soldats ne sont point hommes à se laisser abattre pour si peu. A tout hasard, chaque escouade avait emporté une échelle : Mailly s'élance dans le fossé, les soldats le suivent ; le fossé est franchi malgré le feu terrible qui part des murailles et des maisons avoisinantes. Mailly atteint la brèche, y monte en se cramponnant avec ses pieds et ses mains, tant la pente en est rapide ; puis, aux trois quarts du trajet, se voyant à peu près seul, se retourne vers ses compagnons et les appelle en agitant son chapeau au bout de son sabre. En ce moment une balle l'atteint, lui brise le pied : Mailly tombe, mais tout en tombant il ne cesse d'appeler les braves grenadiers de la 69ᵉ, qui effectivement accourent à son aide et commencent à escalader la brèche.

La terreur qu'inspirait aux Turcs le souvenir des assauts d'El-Arich et de Jaffa était si grande, qu'en voyant s'approcher les grenadiers les soldats qui défendaient la tour avaient fui ; mais Djezzar-Pacha était accouru au milieu des fuyards, il avait reconnu le petit nombre des assaillants auxquels il avait affaire. Il avait lâché ses deux coups de pistolets en l'air en criant : « Lâches que vous êtes, comptez donc ces chiens de Français avant de fuir devant eux! » Alors les Turcs, en voyant leur pacha marcher de sa personne à la brèche, reprennent courage ; ils se pressent sur ses pas ; ils accourent ; ils voient 150 hommes à peine dans le fossé, séparés de leurs compagnons par toute la hauteur de la contrescarpe, et qui, dans leur ardeur d'escalader la tour, ont déjà dressé pour y monter les échelles qui leur ont servi à descendre : alors, par une de ces réactions si communes sur les champs de bataille, le courage revient aux assiégés ;

et après un combat d'une heure pendant lequel 150 hommes luttent contre toute la garnison, les assaillants sont repoussés, laissant les deux tiers des leurs dans le fossé de la ville.

CHAPITRE IV.

Le pacha de Damas généralissime des armées du grand-seigneur. — Marche de Junot vers Nazareth avec la 2ᵉ légère. — Combat de Loubé, surnommé des 400 braves, la 2ᵉ légère y prend une part glorieuse. — Junot tue en duel un des principaux agas. — Combat de Seid-Jerra, où la 2ᵉ légère fait des prodiges. — Kléber à Fouli. — Bataille du mont Tabor. — Siége de Saint-Jean d'Acre. — Mort de Caffarelli. — Dernier assaut, auquel prend part la 2ᵉ légère. — Levée du siége de Saint-Jean d'Acre. — Départ de Bonaparte pour la France. Kléber lui succède. — Combat de Menoudeah. — Combat de Lisbeh. — Mort de Kléber. — Supplice de Soleyman.

Cependant le pacha de Damas, que le grand-seigneur venait de nommer généralissime de ses armées, non-seulement rassemblait des troupes pour son propre compte, mais encore envoyait des messagers à tous les partisans que Djezzar pouvait avoir conservés en Syrie. Chaque jour, des courriers druses arrivaient au camp qui annonçaient que l'armée d'Abdallah, réunie à celle des Naplousins, se préparait à tenter un grand effort pour faire lever le siège ; entourée de tous côtés d'ennemis, ayant en face d'elle une ville qu'on avait cru emporter d'un coup de main et qui faisait mine de tenir, derrière elle le désert, à droite et à gauche l'escadre anglaise qui lui fermait la Méditerranée, l'armée française, forte à peine de 10,000 hommes, perdue comme un point dans cette immensité, commençait à se trouver dans une situation singulièrement critique. Bonaparte la mesura dans toute son etendue, et afin de remédier au plus pressé tout en poursuivant le siége, il résolut d'envoyer des détachements chargés de faire des pointes dans l'intérieur de la Syrie, et de reconnaître la force de ses ennemis, probablement un peu exagérée par l'emphase orientale, ainsi que les diverses positions qu'ils occupaient. En conséquence, le général Vial fut envoyé vers le nord pour prendre possession de l'ancienne Tyr ; Murat prit sa direction vers le nord-est pour s'assurer du poste de Zapheth, et le général Junot marcha vers Nazareth avec ordre de s'emparer de cette ville, et d'observer tout le pays au milieu duquel elle est située.

Nous allons laisser Vial et Murat accomplir leur mission qu'ils exécutèrent sans difficulté, et nous allons suivre Junot qui, général de brigade de Kléber, emmenait avec lui une partie de la 2ᵉ légère et du 19ᵉ de ligne, ainsi qu'une centaine de chevaux commandés par le chef de brigade Duvivier, du 14ᵉ de dragons.

Junot, selon les instructions qu'il avait reçues, s'enfonça dans l'intérieur des terres et marcha droit sur Nazareth. Il se faisait précéder dans sa marche, par le scheick Daher et son frère qui, à la tête de 70 cavaliers druses, lui servaient d'avant-garde. Depuis sa nomination par Bonaparte, le scheick Daher s'était montré constamment loyal et fidèle, et Junot se fiant à lui avait cru pouvoir, vu sa connaissance des localités, lui confier la charge d'éclaireur. Aucun ennemi ne parut sur la route, et Junot s'empara de Nazareth sans difficulté.

Le 16 avril, Daher étant en reconnaissance, aperçut, au moment où il entrait dans la plaine qui sépare les montagnes de Naplous de celle de Nazareth, une troupe de 500 cavaliers, qu'à leur costume il crut reconnaître pour l'avant-garde de l'armée de Damas. Trop faible pour tenter même de s'opposer à la marche de cette troupe,

Daher envoya un de ses hommes à Junot pour le prévenir de la rencontre qu'il venait de faire, et se jeta dans les montagnes d'où, sans avoir à craindre son attaque, il pouvait observer l'ennemi.

Junot, prévenu de ce qui venait d'arriver, partit le 8 de Nazareth avec 150 grenadiers de la 19ᵉ de ligne, 150 carabiniers de la 2ᵉ légère, et les 100 chevaux du chef de brigade Duvivier. A trois lieues de Nazareth, il fut rejoint par Daher et ses Druses. La petite troupe, avec le renfort, formait donc un total de 420 hommes à peu près.

A huit heures du matin, Junot était au village de Cana. Là, un nouveau renseignement lui arriva, apporté par le scheich Elbeled lui-même. Selon lui, l'ennemi venait de se répandre dans la plaine au nombre de 2,500 ou 3,000 chevaux. Junot ne s'en inquiéta point; avant de partir de Nazareth, il avait envoyé un courrier au général en chef pour le prévenir de ce qui se passait, et il n'hésitait pas à marcher au-devant de cette troupe six fois plus forte que la sienne, certain qu'aussitôt que Bonaparte apprendrait l'arrivée des Damasquins, il accourrait à son secours.

Arrivé à l'extrémité de la vallée de Cana

au moment où elle s'ouvre sur Loubé, Junot aperçut effectivement un gros de cavaliers divisés en plusieurs corps et faisant bondir leurs chevaux dans la plaine qui sépare Loubé du mont Tabor. Junot piqua des deux et gagna une hauteur du sommet de laquelle il embrassait tout l'horizon; mais à peine y était-il qu'il aperçut, venant du village de Loubé, une autre troupe composée de Turkomans, de Mameloucks et de Maugrabins. Les nouveaux venus pouvaient se présenter au nombre de 2,000 à 2,500; ce qui doublait le total des ennemis auquel le petit détachement allait avoir affaire. Au reste, contre l'habitude des Orientaux, la seconde troupe marchait en ordre, doucement et d'un pas réglé, et planant au-dessus des rangs, on pouvait voir flotter une grande quantité d'étendards, dont les plus apparents étaient portés devant les chefs.

Junot comprit aussitôt que ce qu'il y aurait de pis en pareille circonstance, serait de faire mine de battre en retraite; il n'était point à une assez grande distance de l'ennemi pour que son infanterie ne fût pas jointe au bout de quelques instants par la cavalerie turque. Il résolut donc de tenir ferme, fit faire halte, fit passer à sa droite sa cavalerie qui était à sa gauche, ordonna au troisième rang de son infanterie de faire demi-tour à droite, fit occuper par un détachement de grenadiers flanqué en potence, la place que venait de quitter la cavalerie, en opposant ceux-ci aux nouveaux venus, que Junot avait bien vite reconnus pour être les seuls dangereux, par la discipline qu'ils observaient, imposa le plus profond silence, défendit de faire feu avant que l'ennemi ne fût à 20 pas et attendit. Chaque soldat, au reste, qui sentait que la présence d'esprit de son chef secondée par une unité d'obéissance complète, pouvait seule le sauver, obéit sans dire un mot; Junot jeta les yeux sur sa petite troupe, lut la confiance sur tous les visages, et là où un autre eût désespéré, il prédit tout haut le succès.

Les deux troupes ennemies avaient echangé des messagers et étaient convenues d'attaquer en même temps et de deux côtés opposés: elles s'avançaient avec toute la confiance que leur inspirait leur supériorité numérique; à peine s'etait-il présenté à l'idée des Turcs et des Arabes qu'une pareille poignée d'hommes essayât de résister; ils comptaient sur une boucherie et non sur un combat.

Cependant les 400 braves tenaient ferme; muets, immobiles, la baïonnette en avant, l'œil sur l'ennemi, ils voyaient s'effacer la distance qui les séparait des deux hordes de barbares; l'une s'avançait sans ordre et avec de grands cris, l'autre serrée, gardant ses rangs, et comme si une main européenne avait façonné son indiscipline nomade. Toutes deux venaient avec la rapidité du vent, l'une sur la cavalerie, l'autre sur l'infanterie; à 20 pas de distance la fusillade éclata, rapide, serrée et pétillante comme un tonnerre qui gronde; 300 cadavres jonchèrent la terre, chevaux et cavaliers firent volte-face, et allèrent se reformer hors de la portée du fusil, car, si emporté qu'eût été l'élan des deux troupes, il avait été arrêté court par cette terrible décharge.

Junot jeta un coup d'œil sur sa troupe : pas un homme n'avait bougé, chacun était à son rang, on rechargeait les armes; la cavalerie seule était un peu ébranlée. Ne pouvant opposer à l'ennemi une fusillade aussi bien soutenue que celle de l'infanterie le choc avait été pour elle plus immédiat et plus terrible; Junot courut à elle, le peloton un moment disjoint se resserra. Il était temps, l'ennemi revenait à la charge; de nouveau la distance disparaissait sous le galop dévorant de ses chevaux; à la même distance, une seconde fusillade pareille à la première le reçut; une partie s'arrêta, l'autre, emportée par son élan, vint s'enferrer sur les baïonnettes des grenadiers et des carabiniers; tandis que s'engageait entre notre cavalerie et celle des Turcs un combat homérique, dans lequel chacun choisissait son adversaire comme dans un duel. Cependant un instant cette mêlée générale s'arrêta pour faire place à une lutte particulière : un maréchal-des-logis du 3e dragons s'était pris corps à corps avec un porte-étendard turc, auquel il voulait arracher son drapeau; tous deux étaient braves, forts et adroits; la victoire fut long-temps douteuse; tous deux à la fois, leurs chevaux s'abattirent et cela sans que ni l'un ni l'autre ait vidé les arçons; mais enfin, le maréchal-des-logis, plus leste que son adversaire, dégage sa main droite, la ramène en arrière et plonge son sabre jusqu'à la garde dans la poitrine de son ennemi, qui tombe sans lâcher son drapeau, que le vainqueur ne parvient à lui arracher que lorsqu'il est mort.

Cette seconde charge a le résultat de la première : les Turcs laissent 200 morts sur le champ de bataille et fuient. Une cinquantaine d'hommes, parmi lesquels deux ou trois chefs, s'acharnent seuls sur les invincibles. Alors sept ou huit carabiniers de la 2e légère s'élancent à leur tour hors des rangs, font aux Turcs un signe de défi accepté aussitôt, et des combats partiels, de ces combats comme Froissart en raconte et comme le Tasse en décrit, ont lieu à la vue des deux armées ; dans chacun de ces duels l'ennemi est vaincu ; 6 Turcs tués ou blessés à mort se couchent près de leurs camarades.

Pendant ce combat, Junot, entraîné lui-même par sa chevaleresque curiosité, s'est un peu écarté du gros de sa troupe, et a gagné une petite hauteur afin de mieux voir ; un aga, nommé Agoub-Bey, le reconnaît à son panache, et, suivi de son mamelouck, lance son cheval sur lui.

Junot les voit venir ; mais Junot, à la tête de ses braves soldats, ne refusera pas le duel qu'on lui présente ; il est vrai que les Turcs sont deux contre un, mais n'importe, seulement il appellera à son aide l'art où Saint-George seul est, non pas son maître, mais son égal.

Junot laisse pendre son sabre à la dragone, tire de ses fontes un excellent pistolet de Lepage, lève lentement la main sur l'aga qui, courbé sur sa selle, précède son mamelouck de cinq ou six pas, et, entre les deux oreilles de son cheval, lui loge une balle au milieu du front ; l'aga étend les bras, se renverse en arrière, vide les arçons et tombe.

Quant au mamelouck qui le suit, il reçoit un coup de sabre qui lui ouvre la tête, et rejoint tout sanglant ses camarades : la petite armée tout entière bat des mains. Elle est digne de son général et son général est digne d'elle.

Alors Junot ordonne à tout homme de rentrer dans les rangs et commence sa retraite en bon ordre, face à l'ennemi, sans faire un pas plus vite que l'autre, et laissant sur le champ de bataille plus de cadavres ennemis qu'il n'emmène de soldats ; de son côté il a perdu 12 hommes et a eu 48 blessés ; mais de ces 48 blessés un seul l'est assez grièvement pour ne point pouvoir suivre l'armée : c'est un carabinier de la 2^e

légère; ses camarades font un brancard et l'emportent à bras.

Cependant l'ennemi, honteux de voir cette petite troupe qui lui échappe, s'encourage, se rallie, se rassemble pour tenter un dernier effort; le général voit ces préparatifs hostiles, ordonne à chaque blessé de reprendre son poste, s'arrête et attend. Une troisième charge s'opère.

Comme les deux premières, celle-là encore vient se briser sur le feu de la fusillade et sur le fer des baïonnettes; l'ennemi y laisse 100 hommes, et nous n'avons que 2 blessés à ajouter à notre liste.

Enfin, tant de courage lasse les Damasquins : repoussés une troisième fois, ils reforment leurs rangs; et, lorsque les soldats s'attendent à les voir revenir une quatrième fois à l'attaque, ils passent seulement, comme dernière bravade, à la portée du fusil, se développent sur une longue ligne, et disparaissent aux yeux des 400 braves.

Le jour même, un second courrier part pour porter au général en chef le bulletin du combat de Nazareth : en le lisant Bonaparte pense qu'à un fait d'armes aussi extraordinaire il faut une récompense splendide. Il arrête qu'il sera fait au concours un tableau commémoratif de ce combat des *quatre cents braves*. En effet, un concours s'ouvrit en l'an ix; Gros, Hennequin, Meynier, Gérard, y apportèrent leurs esquisses : Gros remporta le prix; mais après avoir esquissé le tableau, après avoir même achevé la tête du général, Gros, on ne sait pas pourquoi, ne donna pas suite à son ouvrage.

Bonaparte comprend que ce n'est pas le tout que d'éterniser par la peinture les héros de Nazareth, mais qu'il faut encore les secourir. Le 8, pendant la nuit, Kléber, de la division duquel le détachement commandé par Junot fait partie, reçoit l'ordre de se mettre en marche et de joindre Junot en toute hâte : au point du jour, la première partie de cet ordre est mise à exécution.

Kléber bivouaque le soir même à Bedaoui, et arrive le lendemain à Nazareth; là il apprend de Junot que le corps auquel il a eu affaire dans la journée du 8 n'a point quitté sa position de Loubé, mais au contraire y a reçu de nouveaux renforts : alors Kléber décide que l'on marchera sur lui; et, le 11, les Français s'avancent jusqu'à la hauteur de Seid-Jerra, où ils rencontrent l'armée des pachas forte de 5,500 chevaux et de 1,000 fantassins. A peine les Français ont-ils été aperçus, que les Turcs, ardents à réparer l'échec qu'ils ont éprouvé trois jours auparavant à la même place, se mettent en mouvement, descendent dans la plaine et étendent leurs ailes pour envelopper leurs adversaires. Mais avant même que cette rapide cavalerie n'eût commencé le mouvement qu'elle projetait, Kléber lance la 2ᵉ légère sur le village de Sied-Jerra, où s'est renfermée l'infanterie turque, et, avec le reste de sa division formée en carré, charge la cavalerie. Le village est emporté, et les cavaliers culbutés, jetés en arrière, poursuivis, ne se rallient que sur les bords du Jourdain. Junot, qui a chargé à la tête de la cavalerie, a eu deux chevaux et un dromadaire tués sous lui.

Le 14, Kléber, qui s'est retiré à Nazareth en son quartier-général, apprend que les vaincus se sont non-seulement ralliés, mais encore que l'armée des pachas a fait sa jonction avec celle des Naplousins dans la plaine de Fouli, l'ancienne Esdrelon.

Kléber fit reconnaître l'armée ennemie : elle pouvait monter à une trentaine de mille hommes, dont 20,000 de cavalerie. Il écrivit aussitôt à Bonaparte pour l'informer de cette nouvelle et lui annoncer qu'avec ses 2,500 hommes il allait tourner cette masse dix fois plus considérable que sa troupe, et essayer de surprendre son camp; seulement, il terminait sa dépêche en ajoutant qu'il n'y aurait point de mal à renforcer sa division, pour donner à son mouvement plus de chance de succès : c'était la simplicité antique avec la chevalerie du moyen âge.

Trois jours après, Kléber, en réponse à la demande, avait reçu des munitions, quatre pièces de canon et un renfort de cavalerie.

Dès lors il n'hésite plus, le 15 il s'avance vers Fouli, pour surprendre l'ennemi, le lendemain à la pointe du jour; mais, égaré par ses guides, il erre une partie de la nuit et ne se trouve en vue du camp que le lendemain matin à six heures. Cependant sa vue porte la confusion parmi l'ennemi. Kléber en profite, jette dans un petit fort'n, qu'il enlève, une centaine d'hommes commandés par le chef de brigade Venoux; partage ses troupes en deux carrés, et, descendant dans la plaine, offre à l'ennemi, un contre dix, un combat que celui-ci accepte avec joie en voyant à quelle faible troupe il va avoir affaire.

Alors sortent des défilés, alors se précipitent des montagnes, alors surgissent de tous les points de l'horizon, des nuées d'Arabes; 11,000 cavaliers tourbillonnent autour de la petite division, tandis que 15 ou 1,800 fantassins viennent escarmoucher avec les tirailleurs que Kléber jette sur le front de ses carrés.

Là se renouvelle la même lutte qu'aux Pyramides ; mêmes attaques incessantes, acharnées, mortelles du côté de l'ennemi; même impassibilité courageuse de la part des Français : seulement l'ennemi est trois fois plus nombreux et les Français le sont trois fois moins qu'aux Pyramides.

Le combat dura trois heures. Ainsi, pendant ces trois heures, tout ce qu'il y avait de Turcs, d'Arabes, de Maugrabins, d'Arnaultes et de Damasquins à portée du bruit du canon, accourut au bruit. A dix heures du matin, 20 à 25,000 hommes en enveloppaient 2,500 ; et, malgré leurs charges presque insensées, pas un carré n'avait été entamé, pas un homme n'avait été tué hors de son poste.

A onze heures, Bonaparte arrive sur les hauteurs, d'où il peut voir la plaine de Fouli, dominée par le mont Tabor.

Là, il s'arrêta pour contempler, avec toute l'armée, un beau spectacle : c'était celui de Kléber et ses 2,500 hommes, tenant tête à 20 ou 25,000 Turcs, perdus au milieu de leurs vagues mouvantes comme un rocher au milieu de l'Océan, mais comme un rocher impassible et inébranlable.

A deux lieues au delà, au pied des montagnes de Naplous, on distinguait le camp des mameloucks.

Il n'y eut alors qu'un seul cri dans toute l'armée : Marchons !

Bonaparte se mit en marche ; mais au moment du départ, il ordonna de faire feu de ses 8 pièces d'artillerie. Au bruit de cette salve, le carré de Kléber tressaillit ; chacun leva la tête, et à l'horizon, au-dessus du rempart de cadavres que la mitraille et la fusillade avait amoncelé, on vit se mouvoir les deux masses sombres qui s'avançaient au pas de course ; le cri *Bonaparte! Bonaparte!* retentit dans les rangs. Aussitôt la *Marseillaise*, le chant tyrtéen des premiers jours de notre république, se fait entendre, s'élevant au-dessus du canon et de la mousqueterie : l'ennemi étonné s'arrête à ce nom qu'il connaît déjà et à ce chant qu'il ne connaît pas encore, et l'hésitation succède à l'acharnement qu'il a montré jusque-là.

Aussitôt Kléber prend à son tour l'offensive : le général Verdier, à la tête de 4 compagnies de grenadiers, se détache du carré et marche droit au village de Fouli, occupé par l'infanterie turque. Un groupe de 15 ou 1,800 hommes se forme et s'apprête à attaquer la petite troupe, Kléber ordonne à Junot de la soutenir avec un piquet de cavalerie : les Turcs, intimidés, s'arrêtent, reculent, la regardent passer ; et les 4 compagnies de grenadiers, après avoir traversé tout un champ de bataille où voltigent 20,000 cavaliers, atteignent le village, l'emportent à la baïonnette et menacent tout ce qui ne fuit pas.

Au moment où cette attaque s'opère avec un si étrange bonheur, Bonaparte arrive sur le champ de bataille. Le général Rampon, à la tête de la 32ᵉ demi-brigade, s'élance au pas de charge et prend à la fois l'ennemi en flanc et à dos. Vial, à la tête de la 18ᵉ, marche sur le village de Noure, pour jeter l'ennemi dans le Jourdain ; les guides et la cavalerie partent au galop et gagnent Dgenins, pour couper sur ce point la retraite à l'ennemi : 25,000 Turcs sont enveloppés par 6,000 Français.

Alors la mitraille, la fusillade, le sabre et la baïonnette fouettent cette masse indisciplinée qui, trop resserrée pour manœuvrer dans l'espace où elle est circonscrite, ne peut ni attaquer, ni se défendre, ni fuir. Chacun songe alors à son salut personnel, s'élance de son côté, se fie à la vitesse de son cheval, glisse entre les carrés et fuit dans la plaine ; coupé à Naplous et à Dgenins, l'ennemi va se heurter contre une muraille de fer, recule, se réunit de nouveau, et, fort de sa propre masse, écarte deux carrés, passe entre eux, se précipite derrière le Tabor, et gagne enfin, à la tombée de la nuit, le pont de Medjamet, qui met le Jourdain entre lui et ses vainqueurs ; encore, arrivés à ce pont, la terreur des fuyards est-elle si grande, qu'ils se pressent, se heurtent, succombent, se précipitent, et qu'un tiers disparaît dans le fleuve.

L'armée française reste sur le champ de bataille, harassée de fatigue. La division Kléber a combattu depuis le point du jour jusqu'à quatre heures de l'après-midi, et de quatre heures à sept elle a poursuivi les vaincus. La division Bon, qu'amène Bonaparte, partie à trois heures du matin, n'a fait que vingt minutes de halte à dix heures, et de midi au soir elle a combattu.

L'armée passe la nuit sur le champ de bataille, au milieu des cadavres des hommes et des chevaux : l'ennemi y a laissé 6,000 hommes, et nous 200.

Au milieu de cette élite de l'armée, la 2e légère avait soutenu sa réputation de brave parmi les braves : elle a été de tout de la prise du fortin, de la lutte dans le carrés, et de l'attaque du village de Fouli Elle a perdu 150 hommes et plusieurs officiers.

Le résultat moral de cette victoire fut immense : les musulmans, terrifiés au seul nom de la France, s'enfoncèrent dans les montagnes, se perdirent dans leurs déserts, et à partir de ce jour, disparurent comme si la terre se fût ouverte sous eux. Cependant, dans la crainte d'un nouveau rassemblement, Kléber resta à Nazareth, occupant les ponts d'Iagoub et de Medjamet, maître des forts de Tabarich et de Zaphet, et commandant toute la ligne du Jourdain Quant à Bonaparte, il reprit le chemin de

Saint-Jean d'Acre, et rentra dans ses lignes le 20 avril.

La division Kléber resta là jusqu'au 7 mai : le 6 on avait reçu une dépêche du général en chef qui ordonnait de brûler les magasins établis à Sour, Zaphet, Tabarich et Nazareth. L'ordre fut exécuté le jour même : le 7 au matin, Kléber et sa division se mirent en marche ; et le 9, avant le jour, ils arrivèrent au camp devant Saint-Jean d'Acre.

Depuis la bataille du mont Tabor, le siège avait pris une marche fatale. Caffarelli-Dufalga, blessé le 7 avril d'une balle qui lui avait fracassé le coude, avait été amputé le même jour et était mort le 27. La grosse artillerie qu'on attendait était bien arrivée, mais, pendant trois assauts successifs, les Français avaient été repoussés, laissant 500 morts dans les fossés de la ville et 200 prisonniers dans la principale morgue. Au nombre des morts étaient le général Bon, l'adjudant-général Foullo, le chef de bataillon Croisier, et les officiers d'état-major Nethervood, Pinault, Montpatris et Gerbault.

De plus, la peste s'était déclarée dans l'armée ; appelée par la putréfaction des cadavres turcs et français qui pourrissaient entassés pêle-mêle dans les fossés de la ville, et auxquels ni assiégés ni assiégeants ne pouvaient donner la sépulture : Bonaparte se décida donc à tenter un effort suprême, et se prépara à un dernier assaut.

En conséquence, les batteries ne cessèrent de jouer pendant la nuit du 9 au 10 mai : à deux heures du matin le général en chef descendit dans la tranchée et s'avança jusqu'au pied de la brèche, où il resta près d'un quart d'heure, immobile, à découvert et exposé au feu de l'ennemi. Un instant après, les éclaireurs des quatre divisions, les grenadiers des 75° et 19° demi-brigades et les carabiniers de la 2° légère se forment en colonne d'assaut, et, au signal donné, s'élancent sur la brèche conduits par le général Verdier.

Comme toujours, le premier choc fut terrible, tous les postes furent surpris et égorgés ; mais le premier rempart escaladé, on trouva, comme aux assauts précédents, cette seconde enceinte qu'avait fait élever Phelippeaux, et, comme aux assauts précédents, force fut aux braves assaillants de s'arrêter à cet obstacle : les soldats, écrasés par le feu de l'ennemi, furent forcés de rétrograder, et de regagner la tranchée.

Le feu des batteries continua; il avait pour but, non-seulement d'élargir la brèche, mais encore d'en chasser ses défenseurs; à cinq heures du soir, les grenadiers de la 25ᵉ demi-brigade de ligne, qui arrivaient de Nazareth avec Kléber, et n'avaient point encore pris part à ce siége, demandèrent à leur tour que le général en chef leur accordât la faveur de monter à l'assaut. Bonaparte permit encore cette dernière tentative : les grenadiers se serrèrent en colonne d'attaque; et le chef de brigade Venoux, en se mettant à leur tête, tendit la main à Murat, en lui disant : » Ou ce soir Acre est à nous, ou ce soir Venoux est mort. » Le soir Acre était toujours au pouvoir de Djezzar, mais Venoux avait tenu parole : il s'était fait tuer !

Le 15 mai Djezzar ordonna une sortie ; cette sortie avait un but étrange : c'était de jeter dans la tranchée une proclamation par laquelle on invitait les Français à la désertion; une attestation de Sidney-Smith, déposée au bas en forme d'apostille, garantissait que les promesses faites aux traités par Djezzar étaient garanties par l'Angleterre.

Ces proclamations trouvées dans la tranchée furent lues, par ordre du général en chef, à haute voix à toute l'armée, qui éclata en cris d'indignation: Chacun alors demanda l'assaut; et il y eut des blessés qui, entendant des cris de guerre, quittèrent leur lit d'agonie et de douleur pour venir se ranger une dernière fois près de leurs camarades.

Mais la résolution de Bonaparte était prise : assez de sang avait inutilement coulé; huit assauts repoussés avaient enfin fait douter César de sa fortune.

Trois jours après, l'armée leva le siége de Saint-Jean d'Acre après soixante jours de tranchée ouverte!

Le 14 juin l'armée rentra au Kaire.

Le 25 juillet l'armée française gagna la bataille d'Aboukir.

Le 22 août Bonaparte s'embarqua sur *le Muiron* pour revenir en France, laissant le commandement en chef de l'armée au général Kléber.

Le 14 septembre la 2ᵉ demi-brigade se trouva au combat de la fontaine de Menoudeah, et le 1ᵉʳ novembre au combat de Lisbeh, où le général Verdier, avec 1,000 hommes à peine de la 2ᵉ légère, passa 2,000 janissaires à la baïonnette, fit 800 prisonniers, enleva 32 drapeaux, 1 pièce de 24, et 4 autres pièces de campagne, avec tous leurs approvisionnements ; les Français de leur côté n'eurent qu'une trentaine d'hommes tués et 80 blessés. Au nombre de ces derniers, et malheureusement grièvement atteint, était le chef de la 2e demi-brigade, Desnoyers, qui mourut quelques jours après de ses blessures. Furent cités dans la 2e demi-brigade légère, comme s'étant distingués à ce combat : Geither, chef de bataillon ; Lacoste, capitaine des carabiniers ; René Goyot, lieutenant ; Dufour, *idem* ; Chavignac, sous-lieutenant ; Jacques Godin, adjudant sous-officier ; Henri, tambour-major ; Aubry, sergent-major ; Pierre Lebas, sergent ; Halot, *idem* ; Dubois, caporal ; Lubeaume, *idem* ; Breuvet, *idem* ; Kessen, *idem* ; Martel, carabinier ; Duteaux, chasseur ; Thomas, *idem* ; Moreau, tambour ; Bourgard, *idem*.

Chacun des militaires ci-après a enlevé un drapeau à l'ennemi :

Chauvatto, lieutenant ; Michel, sous-lieutenant ; L'Étang, caporal ; Chevot, carabinier ; Girard, *idem* ; Varingot, sapeur ; Millet, chasseur ; Bruisse, *idem* ; Blot, *idem*.

De plus, le général Kléber fit sur le champ de bataille, et toujours dans la 2ᵉ demi-brigade légère, les promotions suivantes :

Au grade de chef de brigade, le chef de bataillon Schramm, blessé pendant l'action ; au grade de chef de bataillon, le capitaine Lacoste ; au grade de capitaine, le lieutenant Goyot ; au grade de lieutenant, le sous-lieutenant Chavigna ; au grade de sous-lieutenant, l'adjudant sous-officier Godin ; au même grade, le sergent-major Aubry et le sergent Lebas.

Le 14 juin, le général Kléber, après avoir passé la revue de la légion grecque dans l'île de Boudah, vint au Kaire pour présider aux réparations que M. Protain, un des ingénieurs qui avaient suivi l'armée, exécutait à son palais, situé sur la place el Bekieh. Tous deux étaient attendus à déjeuner chez le chef de l'état-major de l'armée : plusieurs autres généraux devaient encore assister à ce repas, qui avait l'air d'une fête. Le général Kléber y fut très-gai, car tout réussissait sous son commandement. Les Turcs avaient été défaits à Héliopolis d'une façon aussi brillante qu'ils l'avaient été au mont Tabor et à Aboukir. La seconde révolte du Kaire avait été apaisée, et tout présageait que, frappée comme elle l'avait été du fouet de la vengeance française, la ville se tiendrait désormais tranquille. Enfin, l'administration habilement entendue, la justice impartialement faite, Mourad soumis et devenu allié fidèle de mortel ennemi qu'il était, tout faisait présager à la colonie militaire, que Bonaparte avait promis de ne pas oublier, quelques jours de repos en compensation de ses longues fatigues.

A deux heures de l'après-midi, Kléber prit congé de son hôte et des convives qui avaient aidé à le fêter; et prenant M. Protain avec lui, il retourna au palais, où, comme nous l'avons dit, des réparations urgentes attendaient la présence de l'architecte. Il y avait à peine cinq cents pas à faire pour se rendre de la maison du chef d'état-major chez le général en chef, et, pour accomplir ce petit trajet, on suivait une terrasse abritée par un berceau de vigne qui dominait la place el Bekieh. Le général et l'architecte marchaient lentement, ce dernier s'arrêtait de temps en temps pour tracer des plans sur le sable avec une baguette qu'il tenait à la main. Tout à coup un homme, vêtu à l'orientale, parut à quelques pas des deux interlocuteurs, s'approcha du général Kléber, et, le saluant en croisant les bras sur la poitrine, lui prit la main pour la baiser. Kléber était habitué à ces démonstrations; c'étaient celles dont se servaient habituellement les Arabes qui venaient lui demander justice. Il attendait donc que le jeune homme s'expliquât, quand celui-ci, avec la rapidité de l'éclair, tirant un poignard recourbé passé à sa ceinture, l'enfonça jusqu'à la poignée dans le côté gauche de Kléber. Kléber poussa un cri de douleur et de surprise, et, faisant un pas en arrière, s'appuya sur la balustrade. Kléber était blessé à mort. L'assassin se nommait Soleyman el Haleby.

La sentence du coupable, comme on le comprend bien, ne pouvait se faire attendre, surtout rendue qu'elle était par un conseil de guerre. En conséquence, Soleyman el Haleby, convaincu d'avoir assassiné le général en chef Kléber, fut condamné à avoir la main droite brûlée, à mourir sur le pal, et à y rester jusqu'à ce que son cadavre fût dévoré par les oiseaux de proie.

Cette exécution eut lieu au retour du convoi funéraire du général Kléber, sur la butte de l'Institut, en présence de l'armée en deuil et de la population affrayée :

car, habituée à la justice des pachas et des beys, devant laquelle toute une ville répond du crime d'un homme, elle ne pouvait croire que le châtiment s'arrêterait au coupable.

Le général Menou succéda au général Kléber dans le commandement en chef de l'armée d'Égypte : cet honneur lui était déféré par droit d'ancienneté.

CHAPITRE V.

Menou succede à Kléber. — Désorganisation dans l'armée. — Arrivée d'une flotte anglaise. — Bataille d'Aboukir. — Bataille d'Alexandrie. — La 2e légère fait partie du centre de l'armée, commandé par Rampon. — Belle conduite de ce corps d'armée. — Capitulation de Menou. — Les Français reviennent dans leur patrie. — Camp de Boulogne. — Fin de l'ère républicaine.

Ce n'était point un deuil d'apparat que celui qu'avait revêtu l'armée française pour suivre le convoi du général en chef. En pleurant Kléber elle pleurait sur elle-même, abandonnée qu'elle allait être à des mains moins habiles.

Voici quelle était la position politique et militaire de l'Égypte lorsque Menou en prit le commandement. Bonaparte, devenu premier consul à la suite du 18 brumaire, n'avait point perdu de vue l'Égypte, sa colonie bien-aimée, et il avait chargé l'amiral Gantheaume, si heureux dans son retour, de tenter de nouveau la fortune avec 4 vaisseaux et plusieurs frégates, et de reporter aux bords du Nil un puissant secours d'hommes, d'argent et de munitions. La Porte, de son côté, affaiblie par les défaites successives d'Aboukir et d'Héliopolis, essayait d'ouvrir avec l'armée française des communications ; enfin Mourad, l'allié fidèle, au courant par ses relations avec les naturels du pays de toutes les bonnes et mauvaises nouvelles, faisait passer trois ou quatre fois par semaine au général en chef les avis les plus sûrs que l'armée eut jamais reçus.

Il est vrai que l'expédition de Gantheaume ne devait point avoir tout le résultat que Bonaparte en attendait. En arrivant à Gibraltar, l'amiral avait appris qu'une flotte anglaise croisait dans la mer d'Égypte ; craignant de risquer les restes de notre marine presque anéantie à la fatale bataille d'Aboukir, il avait fait voile pour Toulon, était rentré dans le port, et s'était contenté d'envoyer à tout hasard et comme deux messagères perdues les frégates la *Régénérée* et le *Lodi*. Mais contre toute espérance, ces deux frégates avaient trompé la vigilance des Anglais et étaient entrées dans le port d'Alexandrie, débarquant 3 ou 400 hommes, une compagnie d'artillerie, des munitions de guerre, et annonçant, ce qui était bien plus important encore, que, de près comme de loin, le génie actif de Bonaparte veillait sur ses vieux compagnons d'armes.

De son côté, comme nous l'avons dit, le gouverneur de la Porte avait tenté d'entamer avec nous des négociations, se séparant ainsi de l'Angleterre, qui jusque-là avait avec la Russie tout dirigé dans le divan; mais le nouveau général en chef avait arrêté court ces démonstrations amicales préparées à grand'peine par Kléber, en faisant écrire au ministre ottoman qu'il devait s'adresser au gouvernement français pour tout ce qui concernait les arrangements politiques : ainsi fut perdue une occasion de faire, sinon une paix, du moins une trêve qui eût donné à l'armée le temps de s'affermir dans la province conquise.

Enfin Mourad fit prévenir le général en chef par un de ses lieutenants, Osman-Bey el Bardini, que les Anglais, d'accord avec le grand-seigneur blessé d'avoir vu repousser ses avances, préparaient à Rhodes une expédition formidable contre l'Égypte. Menou, au lieu d'accueillir le messager qui lui apportait cette bonne nouvelle avec les égards auxquels il s'attendait, envoyé par un puissant chef comme l'était Mourad, reçut fort mal Osman-Bey, lui disant qu'il méprisait également Turcs, Anglais et mameloucks, et que, quant au secours que lui offrait Mourad, il n'en avait que faire; que de plus il lui ordonnait de ne faire aucun mouvement sans un ordre exprès de lui, le menaçant de le châtier vigoureusement s'il contrevenait à cette invitation. C'étaient là de ces paroles auxquelles Mourad, ce fier lion du Saïd, n'était point habitué ; aussi en garda-t-il au fond du cœur un amer ressentiment.

Le 4 mars, un courrier, dépêché d'Alexandrie par le général Friant, arriva au Kaire. Il annonçait la nouvelle de l'apparition d'une flotte anglaise. Menou, convaincu que l'escadre ennemie n'avait pour but que d'opérer une diversion à l'aide de laquelle le grand visir pénétrerait avec plus de facilité dans l'intérieur de l'Égypte, ordonna au général Morand de se porter sur Damiette avec 500 hommes de la division Rampon, au général Regnier de marcher sur Belbéis avec une brigade et l'artillerie de sa division, et au général Brun de se diriger sur Aboukir avec les débris du 22e régiment de chasseurs qui s'élevaient à peine à 240 chevaux. Le lendemain, le général Lanusse reçut à son tour l'ordre de suivre le général Brun, diminué de la 88e demi-brigade; enfin, le reste de la cavalerie reçut ordre de stationner à Boulacq où elle attendait de nouvelles instructions.

Cependant la flotte anglaise, commandée par l'amiral Keith et composée de 6 vaisseaux, 6 frégates, 8 navires armés en flûte, 3 bricks armés en guerre, d'une corvette et de 39 bâtiments de transport, auxquels s'étaient joints *le Sultan Sélim*, vaisseau turc de 100 canons, 5 autres vaisseaux de 74 et 8 corvettes, était entrée pendant la nuit du 1er mars dans la rade d'Aboukir, où il était évident qu'elle comptait opérer son débarquement. La flotte de la Grande-Bretagne avait à son bord 17,500 Anglais; la flotte turque portait 6,000 Albanais et janissaires. L'armée anglaise était commandée par sir Ralph Albercromby, et l'armée turque obéissait à un capitan-pacha. C'était un tiers de plus que n'en pouvait réunir Menou en rassemblant toutes les forces qu'il tenait disposées depuis la Haute-Égypte jusqu'à Alexandrie.

Pour s'opposer au débarquement de ces 23,000 hommes, Friant, qui commandait à Alexandrie, avait à peine 2,500 soldats; il n'en fit pas moins bonne contenance et s'apprêta à jouer cette redoutable partie: Friant était de ceux qui regardent toujours l'ennemi en face, et qui ne le comptent jamais.

Aussi, à peine eut-il vu la direction que suivait la flotte, qu'il se porta sur le point du rivage menacé, emmenant avec lui tout ce qu'il avait de troupes, et ne laissant pour garder Alexandrie que les marins et les invalides.

Heureusement la disposition du temps donnait au général tout le loisir de prendre ses mesures; car la mer étant devenue houleuse pendant la nuit du 1er au 2 mars, les vaisseaux ennemis furent forcés de s'éloigner de la côte. Le 3, ils s'en rapprochèrent; et les bâtiments de transport parvinrent à mouiller dans la rade d'Aboukir. Vers 7 heures du soir, 3 petits navires se détachèrent du groupe et glissèrent rapidement vers le lac Madieh, sur les bords duquel ils déposèrent une compagnie d'infanterie; mais aussitôt les grenadiers de la 61e marchèrent sur eux au pas de course, attaquèrent le détachement à la baïonnette, le culbutèrent et le forcèrent de se rembarquer après lui avoir tué une vingtaine d'hommes et avoir fait prisonnier l'officier de génie qui le commandait. Soit crainte inspirée par ce premier échec, soit difficulté opposée par la mer, les Anglais restèrent alors 5 jours sans même faire une seule tentative pour s'approcher de la côte.

Mais le 8 mars, au point du jour, un grand mouvement parut s'opérer dans la flotte : tout ce qu'il y avait de chaloupes et d'embarcations dans l'escadre fut chargé de troupes de débarquement, une vaste ligne qui s'étendait entre l'ouverture du lac Madieh et le fort d'Aboukir se mit en mouvement en bon ordre et conduisant 6,000 hommes à la côte, les soldats couchés au fond des canots et les rameurs nageant debout. En même temps, 12 ou 15 chaloupes canonnières commencèrent un feu très-vif, auquel répondit celui de l'artillerie du fort et de la côte, ainsi que la fusillade de l'infanterie que le général Friant, pour l'abriter autant que possible, avait disposée derrière les mamelons de sable qui garnissaient le rivage ; mais malgré le feu soutenu avec autant de courage que de justesse, la ligne formidable ne continua pas moins de s'approcher, sans qu'une seule embarcation rompît ses rangs, et, abordant à la fois sur un espace d'une demi-lieue que, vu sa faiblesse numérique, le général Friant n'avait pu garnir, jeta, en moins de dix minutes, 6,000 hommes sur le rivage. Ces 6,000 hommes étaient sous la conduite du général-major Ludlow.

Tout autre que le général Friant n'eût pas essayé même de tenir contre des forces qui dépassaient trois fois les siennes, et se fût mis en retraite ; mais lui, au contraire, ordonna à la 61e de se déployer en bataille, et d'attaquer vivement l'extrême gauche de l'ennemi. La 61e, sans calculer le nombre de ses adversaires, s'élança aussitôt d'un pas aussi ferme et aussi rapide que si elle eût pu espérer un succès ; et, en effet, leur choc fut si rude, que les grenadiers qui marchaient en tête, culbutant tout ce qui se trouvait devant eux, arrivèrent jusqu'aux embarcations : 5 tombèrent entre leurs mains si inopinément que les matelots qui étaient restés aux rames n'eurent que le temps de se jeter à la mer, et de gagner celles des autres barques qui, plus éloignées du rivage, pouvaient leur offrir un asile.

En même temps que ce mouvement s'opérait à gauche, une attaque pareille était dirigée sur la droite : les deux bataillons de la 75e, lancés au pas de charge à la voix de leur brave général, refoulaient les tirailleurs sur toute la ligne ; mais arrivés au sommet des petites dunes de sable qui dominaient la mer, une division de chaloupes canonnières, qui stationnait à un quart de portée de canon de la mer, s'enflamma comme une traînée de poudre, une volée de mitraille passa en sifflant, 100 hommes furent abattus par l'ouragan de fer, et les deux bataillons, décimés ainsi par une seule décharge, furent forcés de faire un mouvement rétrograde. La ligne anglaise fit à son tour un pas en avant.

Mais quelques secondes avaient suffi aux deux bataillons pour se reformer; et au moment où il les croyait encore occupés à réparer le désordre que la mitraille avait mis dans leurs rangs, le général Friant les vit marcher de nouveau à l'ennemi : alors, pour soutenir cette poignée de braves, il lança en même temps qu'eux, sur l'ennemi l'escadron du 18e dragons, lui ordonnan, d'enfoncer le flanc droit de la ligne anglaise ; mais le chef d'escadron comprit mal l'ordre donné, et s'en alla heurter le centre de l'ennemi. Sur ce point la ligne était trop forte pour céder : une décharge à bout portant accueillit l'attaque ; trois ou quatre des meilleures officiers, qui s'étaient mis à la tête de l'escadron pour encourager leurs hommes, tombèrent avec une vingtaine de soldats. Les dragons furent obligés de se replier. De son côté la 75e, revenue au même point d'où elle avait été refoulée, reçut cette fois la double décharge de l'artillerie des chaloupes et la fusillade de l'infanterie ; plus maltraitée de cette seconde volée que de la première, elle fut de nouveau forcée de se replier derrière les dunes : position dans laquelle elle se trouvait au moins à l'abri du feu des chaloupes.

Cependant à notre droite, la 61e, quoique plus faible de moitié que l'ennemi qu'elle attaquait, conservait son avantage ; mais l'ennemi dégarnissant son centre, sur la sûreté duquel notre faiblesse numérique le rassurait, porta un si puissant secours à son aile, que la 61e fut forcée d'abandonner l'offensive. Le général Friant, voyant ce mouvement d'hésitation, ordonna alors au 20ᵉ régiment de dragons de donner à son tour : le 20ᵉ, exposé depuis près d'une heure au feu et qui attendait avec impatience, partit au grand galop et vint croiser le sabre avec les baïonnettes des Anglais ; mais il ne put entamer un ennemi dix fois plus nombreux que lui, et fut, à son tour, forcé de reculer. Alors le général, jetant les yeux sur les forces toujours croissantes de l'ennemi, et les reportant sur le champ de bataille jonché de 700 de ses braves, comprit que tout autre effort devenait inutile ; il ordonna la retraite : elle se fit en bon ordre, l'armée française gardant ses rangs et emportant ses blessés. Le combat avait duré quatre heures ; on peut juger de ce qu'eût été la résistance, si le général en chef se fût trouvé là avec les 7,000 hommes et les 50 pièces de canon qu'il pouvait amener d'Aboukir.

Après une retraite de deux heures, le général Friant fit halte. Il était dans une position avantageuse en avant d'Alexandrie ; il appuya sa droite au lac Madieh et sa gauche à la mer, profitant des accidents du terrain avec une telle habileté qu'Albercromby, malgré la supériorité de ses forces, n'osa point l'attaquer. De son côté le général anglais établit son camp sur deux lignes : la première au milieu d'un bois de palmiers qui s'étend jusqu'à l'extrémité de la plaine et se trouve à cheval sur la route d'Alexandrie, la seconde sur des hauteurs qui se prolongent de la mer au lac Madieh; puis, le soir même, il fit passer dans le lac une vingtaine de bâtiments légers armés d'artillerie, pour battre en flanc et en arrière la position de la Maison-Carrée que le général Friant avait fait garder par un détachement. Cette nouvelle disposition rendait le maintien de ce poste impossible; aussi le général Friant appela-t-il à lui le poste qui le gardait, et en renforça une des ailes de la petite troupe avec laquelle il gardait Alexandrie.

Le 9 mars, le général Lanusse, que Menou avait détaché avec sa division au secours de Friant, arriva à Alexandrie; deux jours après il y fut rejoint par le général Brun avec le 22ᵉ de chasseurs à cheval : au moyen de ces renforts Friant se trouva à la tête de 4,000 hommes; et voyant que les Anglais, prévoyant l'arrivée de nouvelles troupes par la route du Kaire, manœuvraient pour couper la communication d'Alexandrie à Brikets, il quitta sa position en avant d'Alexandrie et s'empara des hauteurs qui s'étendent pependiculairement de la mer jusqu'à l'extrémité du lac Madieh.

Le 13, le général Friant fut attaqué dans cette nouvelle position; cette attaque donna lieu à un engagement dans lequel, malgré l'habileté du général et le courage des soldats, la supériorité numérique l'emporta encore : 700 Français restèrent sur le champ de bataille; et Friant, forcé de battre en retraite, se retira de nouveau dans la position qu'il avait déjà occupée devant Alexandrie.

Cependant la nouvelle du débarquement des Anglais était connue au Kaire, et y avait produit une profonde sensation; le général en chef partit le 11 du Kaire : le 13, il arriva à Ramanieh; le 14, il s'y arrêta; le 15, il marcha sur Damanhour, où le rejoignirent les généraux Reynier et Rampon; le 16, il séjourna dans cette ville, comme il avait fait à Ramanieh; enfin, le 18, au soir, il arriva au camp devant Alexandrie.

La position était la même qu'à Aboukir; malheureusement on n'avait plus affaire à des Turcs, et le génie de Bonaparte était absent.

Cependant, on ne devait jamais désespérer de rien avec les hommes qui avaient vaincu aux Pyramides, au mont Tabor et à Aboukir, et une bataille était donc indispensable, ne fût-ce que pour sauver l'honneur du nom français. D'ailleurs, les ennemis étaient si supérieurs en nombre, que le succès, toujours improbable, ne devenait possible qu'un tentant un coup de vigueur sur l'une des deux ailes. Aussitôt les dispositions furent faites pour le lendemain 21 mars.

La position de l'armée anglaise était excellente, tout son développement atteignait à peine à 300 toises : son aile droite était appuyée à la mer, son aile gauche au lac Madieh; toutes deux étaient protégées par des chaloupes canonnières dont le feu devait prendre en écharpe toute troupe qui tenterait de les attaquer. En outre l'extrême gauche était fortifiée par des redoutes construites sur la ligne du canal d'Alexandrie, et couvertes en avant par des étangs et des marais; de plus, des redoutes, garnies d'une nombreuse artillerie, étaient élevées au centre de l'armée et fouettaient à revers toute cette aile gauche : quant au centre, il était de son côté flanqué par la position de l'aile droite et par une redoute élevée près de l'ancien camp romain. 30 ou 40 pièces d'artillerie garnissaient tous ces ouvrages, protégeaient les troupes campées un peu en arrière et disposées sur deux lignes ; une réserve formait la troisième.

Examen fait de la position, on reconnut qu'elle n'était attaquable que par l'aile droite ; encore fallait-il un miracle de courage pour que cette attaque réussît : n'importe, il fut arrêté qu'on écraserait la droite par un grand effort, qu'on la déborderait au pas de course, qu'une fois débordée on occuperait la gauche par une fausse démonstration et que pendant ce temps le reste de l'armée, formé en colonne, s'avancerait comme un bélier pour trouer le centre ; au premier mouvement rétrograde de l'ennemi, toute la cavalerie devait charger à son tour et pousser les Anglais dans le lac Madieh.

L'armée française, pour exécuter ce plan gigantesque, n'avait malheureusement que 9,000 hommes, c'est-à-dire un peu moins de moitié que ne comptait de soldats l'armée anglaise ; parmi ces 9,000 hommes, la cavalerie formait un total de 1,380 chevaux : 40 pièces d'artillerie soutenaient l'armée.

Les Anglais de leur côté avaient 19,000

hommes, 200 chevaux, 12 pièces de canon attelées, et 30 de batterie.

Cependant, le 21 mars, entre trois et quatre heures du matin, les troupes françaises prirent les armes et vinrent se ranger en bataille à 200 pas du camp qui se trouvait au delà de la porte de Rosette.

Le général Lanusse, qui avait commencé l'attaque, forma aussitôt les deux brigades des généraux Silly et Valentin en colonnes serrées : une de ces colonnes devait marcher sur la redoute de droite, l'autre devait suivre le rivage et passer entre la mer et le camp des Romains ; le centre, de son côté, formé aussi sur deux colonnes, devait appuyer le mouvement du général Lanusse.

Un peu avant le jour, le régiment des dromadaires attaqua la redoute élevée près du canal d'Alexandrie, s'en empara, fit 20 prisonniers et, tournant aussitôt les 2 pièces de canon sur l'ennemi, commença un feu assez soutenu pour attirer son attention sur ce point. A ce signal, Lanusse pousse ses soldats en avant, les deux colonnes, sous les ordres des généraux Silly et Valentin, se mettent en marche. Une compagnie de carabiniers de la 4ᵉ légère les précède, s'élance contre une des redoutes de la droite de l'ennemi, la gravit, non-seulement malgré le feu qui en part, mais encore malgré celui des chaloupes canonnières, s'en empare, poignarde à coups de baïonnette tout ce qui s'y trouve, et s'y établit à la place de l'ennemi; en même temps la brigade Silly marche sur la grande redoute, rencontre un régiment anglais et lui fait mettre bas les armes, puis continue sa route, sans s'inquiéter du feu qui la prend à revers et qui est chargé d'éteindre la brigade Valentin.

Mais la brigade Valentin a disparu dans un accident de terrain et ne reparaît pas : le général Lanusse, qui l'attend à un point donné, ne voit point surgir ses têtes de colonnes; on entend seulement tonner contre elle l'artillerie ennemie. Le général Lanusse comprend qu'elle est retenue par quelque obstacle imprévu, met son cheval au galop, arrive sur une hauteur, et la trouve dans un rentrant entre la redoute et le camp des Romains; elle a trop tôt abandonné le bord de la mer, et s'est égarée entre deux feux croisés qui la retiennent en arrière. Lanusse s'élance à sa tête, tire son sabre, crie en avant, et donne l'exemple; aussitôt le mouvement d'hésitation disparaît, et la colonne se remet en marche au pas de charge. Mais, en ce moment, un boulet parti des chaloupes canonnières emporte la cuisse du général Lanusse, il roule avec son cheval tué du même coup. Les soldats se précipitent sur lui, le relèvent tout mutilé; le général Lanusse leur crie : En avant ! Le général Valentin ordonne d'emporter le blessé : quatre grenadiers le chargent sur leurs épaules; mais un second boulet enlève deux de ces braves, deux autres les remplacent aussitôt. Mais cet événement et les divers mouvements qu'il a occasionnés ont mis le désordre dans la brigade, l'élan communiqué par le général Lanusse s'attiédit, le feu ennemi redouble, les soldats, qui voient des rangs entiers disparaître et qui ne peuvent entendre au milieu du tumulte la voix du général Valentin, se dispersent derrière les mamelons qui leur offrent un abri; en même temps la 4e légère, qui forme la tête de la colonne d'attaque, conduite par le général Silly, rencontre à l'angle de la grande redoute la 32e demi-brigade. Aveuglés par la fumée et par la poussière les deux corps se prennent pour des partis ennemis, se fusillent à vingt pas, se chargent et ne se reconnaissent qu'en croisant la baïonnette. Cette méprise, outre la perte d'hommes qu'elle a entraînée, amène une confusion terrible; les chefs se jettent entre les deux brigades, et parviennent à rétablir enfin l'ordre dans les deux colonnes.

Aussitôt le général Rampon, après avoir rallié la 32e, la renforce de trois compagnies de la 2e légère qui sont sous son commandement et se précipite tête baissée sur les Anglais; un feu terrible part alors de la première ligne et l'accueille en face et sur les deux flancs. Pendant qu'il franchit un espace de cent pas, il a deux chevaux tués sous lui et reçoit cinq balles dans ses habits; l'adjudant Sornet, qui marche à la tête des trois compagnies de la 2e légère, tombe blessé mortellement en abordant l'ennemi. Les trois compagnies, ardentes à le venger, n'en continuent pas moins l'attaque, on se fusille à bout portant, on se poignarde à coups de baïonnette : les blessés eux-mêmes se prennent corps à corps et s'achèvent les uns les autres. Mais cette poignée de braves, qui attaque un ennemi plus nombreux du double, est repoussée; elle revient à la charge, est repoussée encore, et enfin se trouve forcée d'aller se reformer hors de portée du feu de l'ennemi.

Pendant ce temps, le général Destaing a suivi la route d'Aboukir ; et malgré le double feu des chaloupes canonnières et de la première ligne anglaise, il est parvenu jusqu'à l'intervalle qui sépare cette première ligne de la seconde. Arrivé là, il se précipite sur cette seconde ligne ; mais, pris entre deux feux, il tombe un des premiers, frappé d'une balle : au même instant le chef de bataillon Hausser, commandant de la 21e demi-brigade légère, tombe, la cuisse emportée par un boulet. Privée de ses deux chefs et ne sachant plus ce qu'elle a à faire, elle recule en bon ordre. Un régiment anglais, envoyé pour lui couper la retraite, parvient seulement à isoler d'elle son 2e bataillon presque entièrement composé de Cophtes ; 30 hommes qui gardent le drapeau se font tuer depuis le premier jusqu'au dernier. Le général de brigade Eppler, qui voit l'extrémité où sont réduits ces braves, ainsi que la défense héroïque qu'ils font, s'élance à leur secours avec les grenadiers de la 25e et ceux de la légion grecque ; mais en abordant les Anglais il tombe blessé, et ses grenadiers, privés de leur chef, sont repoussés en laissant le champ de bataille couvert de morts. Alors le reste du bataillon cophte, pressé, entouré, frappé de tous côtés, essaie de s'ouvrir un passage à la baionnette; mais le coin de fer heurte un mur de fer, et il se rend après avoir perdu 150 hommes.

Pendant que l'aile gauche, qui, on s'en souvient, devait porter le premier coup, se trouvait ainsi refoulée de tous côtés, l'aile droite, qui ne devait opérer que secondairement, était restée immobile; trois fois, cependant, le général Reynier, qui la commandait, avait fait demander des ordres au général en chef, qui se promenait tranquillement et les bras croisés derrière les lignes françaises, et chaque fois le général Menou avait fait répondre qu'il n'était pas encore temps d'agir. Mais en voyant l'échec éprouvé par la gauche, le général Reynier pensa qu'il ne devait plus prendre conseil que de sa conscience; et dans l'espérance d'opérer une diversion qui dégageât l'aile droite, il résolut d'attaquer à son tour : en conséquence, il ordonna au général Dumas de demeurer avec la 13e brigade de ligne entre les deux étangs, et de pousser des tirailleurs jusqu'au canal d'Aboukir; et au général Friant de marcher directement sur la droite de l'ennemi, tandis que l'artillerie légère s'élancerait en avant pour couvrir de son feu le feu des redoutes. Lui-même, de sa personne, se porta sur un mamelon, à demi-portée de mitraille, pour bien reconnaître tout le champ de bataille.

Le général en chef commet en ce moment la faute d'engager sa réserve de cavalerie, seul et dernier espoir de l'armée française en cas de revers, et lui ordonne de charger. Le général Roire, qui la commandait, fit observer au général Menou que ce mouvement était plus que hasardeux; mais le commandement étant répété d'un ton qui ne permettait plus aucune réponse, le général Roire tire son sabre, ordonne au général Broissard de prendre le commandement de la première ligne, se met à la tête de la seconde, et, piquant son cheval des deux : « Camarades, dit-il, on nous envoie à la gloire et à la mort, marchons! » Le régiment, enlevé par ces paroles, le suit, s'élance à son tour sur le champ de bataille; mais, à la moitié du chemin qu'il a à parcourir, il rencontre la 61ᵉ et la 75ᵉ demi-brigade, essaie de passer dans l'intervalle qu'elles laissent entre elles, s'y engage, et, trop serré qu'il s'y trouve, jette le désordre dans leurs rangs. Enfin il arrive à dépasser leurs têtes de colonnes;

mais, au moment où il se remet au galop, le régiment tombe dans l'escorte du général Reynier qui, convaincu qu'il n'y a pas moyen de rallier les troupes de Lanusse et de Rampon, revenait se rallier lui-même à celles du général Friant. Il comprend à l'instant la faute qu'a faite le général en chef en engageant sa réserve. Il veut arrêter toute cette masse de cavalerie, dont une partie l'a déjà dépassé et n'entend plus sa voix. Il change donc d'avis avec les circonstances : au lieu d'essayer d'arrêter son élan, il le redouble en criant lui-même en avant et en poussant l'infanterie du général Silly pour appuyer la cavalerie du général Roize; mais en ce moment le général Silly tombe à son tour la cuisse emportée par un boulet de canon. Reynier se porte alors vers la 25e demi-brigade pour la pousser en avant; au moment où il arrive sur son front, le général Baudot, qui la commande, tombe blessé à mort. Les deux corps d'infanterie, paralysés par ce double accident, ne marchent plus qu'avec hésitation ; le général Roize, seul, pique ferme avec la cavalerie : le général Broissard, qui commande les 3e et 14e dragons, aborde l'ennemi avec une telle vigueur, qu'il enfonce sa première ligne; mais alors il se trouve arrêté par le fossé creusé sur le front du camp anglais. Il ordonne aussitôt un à-droite, tourne le fossé, essuie presque à bout portant et en plein travers la double décharge de la mousqueterie et de l'artillerie, et tombe percé de deux balles. Les deux régiments hésitent, reculent, se mettent en retraite. Le général Roire, pour leur donner le temps de se reformer, charge à la tête de la seconde ligne, pointe en désespéré, enfonce les Anglais et pénètre jusqu'au milieu de leur camp, où les chevaux de ses cavaliers s'abattent dans les trous de loups et les chausse-trappes, s'enferrent dans les piquets, s'embarrassent dans les cordes. Il n'y a plus moyen d'avancer ni de reculer, la ligne ouverte s'est refermée derrière lui, il ordonne à ses hommes de mettre pied à terre et de tuer ou de mourir; lui-même donne l'exemple, et tombe à son tour frappé d'une balle et de deux coups de baïonnette. Une mêlée épouvantable commence alors, une lutte s'engage d'homme à homme. Un officier de dragons reconnaît le général en chef anglais à son uniforme, s'élance sur lui, renverse tout ce qui veut s'opposer à son passage; l'attaque corps à corps, le blesse, le poursuit, le blesse encore, arrive en même temps que lui sous sa tente, le saisit à la gorge, roule avec lui sur la poussière, le frappe de trois coups de sabre, se relève, voit la moitié de ses compagnons morts et meurt à son tour avec ce qui reste à mourir.

C'était le dernier effort du lion ; la journée était perdue. Reynier rallie tout ce qui demeure encore debout et éparpillé sur le champ de bataille et ordonne la retraite, qui s'opère en bon ordre et sans que l'ennemi, épouvanté de ce courage désespéré, ose sortir de ses retranchements pour poursuivre une armée maintenant d'un tiers moins forte que la sienne.

Cette affaire, où jamais peut-être le courage français ne s'était montré si prodigieux, fut, avec une escarmouche qu'elle eut aux bords du Nil avec les Osmanlis et dans laquelle elle leur tua une centaine d'hommes, le dernier combat auquel assista la 2ᵉ légère sur le sol de l'Égypte, où elle demeura une des dernières et qu'elle ne quitta que vers la fin de septembre 1801 en vertu du traité d'évacuation signé entre le général Menou et le général Hutchinson

Le 3ᵉ jour complémentaire de la capitulation (20 septembre 1801) la 2ᵉ demi-brigade légère s'embarqua à Aboukir, et arriva à Marseille le 25 brumaire (16 novembre).

Ici commence pour elle une nouvelle série de travaux et de victoires qui contribuèrent a la grandeur de l'ère impériale.

CHAPITRE VI.

Napoléon empereur. — Il met sur sa tête la couronne de fer des rois lombards. — Création de douze maréchaux — Institution de la Légion-d'Honneur. — Les demi-brigades changées en régiments. — Camp de Boulogne. — Campagne d'Autriche. — Le 2ᵉ léger fait partie de la *grande armée* dans le corps du maréchal Lannes. Combat de Wertingen. — Napoléon témoigne sa satisfaction au 2ᵉ léger. — Elchingen. — Ulm. — Austerlitz. — Paix de Presbourg.

Pendant cette période de quatre années que nous venons d'indiquer si rapidement, d'immenses révolutions politiques s'étaient accomplies. Le premier consul avait marché insensiblement vers le trône : peu à peu Bonaparte s'était fait Napoléon.

Le 15 juillet 1801, il avait signé un concordat avec le pape.

Le 21 janvier 1802, il avait accepté le titre de président de la république cisalpine.

Le 2 août suivant, il avait été nommé consul à vie.

Le 2 décembre 1804, il avait été sacré

empereur par le Pape Pie VII dans l'église de Notre-Dame.

Enfin, le 26 mai 1805, il avait dans le Dôme de Milan posé sur sa tête la vieille couronne de fer des rois lombards, qui avait été portée par son *prédécesseur* Charlemagne.

Mais au milieu de sa course ascendante, il a entraîné avec lui ses vieux compagnons d'armes. Près d'être empereur comme Charlemagne, comme à Charlemagne il lui a fallu ses douze pairs ; et il a créé douze maréchaux. Ces maréchaux sont : Berthier, Murat, Moncey, Jourdan, Masséna, Augereau, Bernadotte, Soult, Brune, Lannes, Mortier, Ney, Davoust, Bessières, Kellermann, Pérignon, Lefebvre et Serrurier.

Ces quatre derniers, qui dépassaient le nombre, n'étaient que maréchaux honoraires.

Quant à l'armée, tous ses travaux furent récompensés par l'institution de la Légion-d'Honneur.

Au milieu de toute cette réorganisation de choses détruites, et de cette organisation de choses nouvelles, Napoléon apprend que pour se soustraire à la descente dont la menace le camp de Boulogne, l'Angleterre a de nouveau décidé l'Autriche à faire la guerre à la France. Ce n'est pas tout, Paul I•', notre allié, a été assassiné ; Alexandre a hérité de la double couronne de pontife et d'empereur : un de ses premiers actes comme souverain a été de faire, le 11 avril 1805, un traité d'alliance avec le ministère britannique; et c'est à ce traité, qui soulève l'Europe pour une troisième coalition, que l'Autriche a accédé le 9 août.

Cette fois encore ce sont les souverains alliés qui ont forcé l'empereur de déposer le sceptre, et le général de reprendre l'épée; Napoléon se rend au sénat le 23 septembre, obtient une levée de 80,000 hommes, et part le lendemain pour le théâtre de la guerre.

Mais déjà poussés en avant par un ordre parti de Paris, les différents corps d'armée se sont mis en mouvement.

Bernadotte est parti de Boulogne, a rejoint son corps d'armée en Hanovre, s'est porté sur Gottingen, puis s'est mis en marche de Francfort pour se rendre à Wurtzbourg, où il était arrivé le 23 septembre.

Marmont, qui était arrivé à Mayence, a passé le Rhin sur le pont de Cassel, et s'est dirigé sur Wurtzbourg, où il a fait sa jonction avec l'armée bavaroise et le corps du maréchal Bernadotte.

Davoust a passé le Rhin à Manheim, et s'est porté par Heidelberg et Eltz sur la Necker.

Soult a passé le Rhin le même jour, sur le pont jeté à Spire, et s'est porté sur Heilbronn.

Ney a passé le Rhin le même jour sur le pont qui a été jeté vis-à-vis de Durlach, et s'est porté sur Stuttgard.

Murat, avec la réserve de cavalerie, a passé le Rhin à Kehl, et est resté en position pendant plusieurs jours devant les débouchés de la Forêt-Noire.

La 2e légère à son retour en France eut les garnisons suivantes : Genève, Châlons-sur-Saône, Rouen, Cherbourg, Paris. En 1805, et sous le nom de 2ᵉ léger, elle est appelée à faire partie de la division Oudinot, 5ᵉ corps.

Lannes a passé le Rhin à Kehl ; il s'est rendu à Louisbourg avec le 5ᵉ corps de la grande armée, dont le 2ᵉ léger fait partie : il a pour colonel son ancien chef de brigade Schramm, père du général actuel, et pour général de division Oudinot.

L'empereur, à son tour, a passé le Rhin le 2 octobre, et a couché à Plehesigen ; il s'est rendu de là à Louisbourg, dans le palais de l'électeur de Wurtemberg, où il a logé.

Maintenant, au milieu de l'armée qui se répand comme un torrent en Autriche, suivons la marche du 5ᵉ corps.

Lannes s'est mis en marche de Louisbourg et a suivi la route de Grosbeutelpach à Pludershausen, Ganund, Aaler et Nordlingen, et est arrivé à Neresheim. Quelques jours après il passe le Danube comme il a passé le Rhin, et s'apprête à intercepter la route d'Ulm à Augsbourg.

Pendant ce temps Murat, qui a couché le 8 à Rhin, apprend qu'une forte division d'infanterie ennemie, composée de 12 bataillons de grenadiers et soutenue par 4 escadrons de cuirassiers du régiment d'Albert, arrive à marche forcée du Tyrol pour renforcer l'armée de Bavière; il se met en marche aussitôt avec les divisions de dragons des généraux Klein et Beaumont et celle du général Nansouty, qui se compose d'une brigade de carabiniers et d'une brigade de cuirassiers, et manœuvre pour envelopper ces troupes, qui se trouvent bientôt enfermées par une habile marche de Nansouty. Mais aussitôt que le général ennemi voit le danger qui le menace, il se forme en un vaste carré, flanque sa droite et sa gauche de ses deux escadrons de cuirassiers, et attend. Murat fait aussitôt prévenir la division Oudinot, qui le suit, qu'il est en face de l'ennemi, et, sans attendre son arrivée, il lance sur les cuirassiers du duc Albert, bastion de fer qu'il veut démanteler avant d'attaquer le carré, les 1er et 9e régiments de dragons commandés, le 1er par Arrighi, et le 9e par Maupetit. Les deux colonels tombent dans la lutte corps à corps qu'ils livrent, et où ils combattent comme les derniers de leurs soldats : Arrighi sans blessure, mais démonté deux fois ; Maupetit avec une blessure qu'il croit mortelle, et en criant : Que l'empereur soit instruit que le 9e dragons a été digne de sa réputation, et qu'il a chargé et vaincu aux cris de *Vive l'empereur !* En effet, après un combat de deux heures, auquel vient prendre part à son tour le 2e régiment de hussards, les cuirassiers sont sabrés, et repoussés en arrière. Alors, Murat attaque le carré réduit à sa propre défense : c'est en ce moment que paraît la division Oudinot ; sa vue décide la division ennemie à la retraite, qui s'opère si rapidement qu'une seule brigade peut la joindre et changer cette retraite en déroute. Le 2ᵉ léger fait partie de cette brigade.

Tous les canons, tous les drapeaux et presque tous les officiers ennemis qui ont pris part à ce combat sont faits prisonniers. Les auspices, comme on le voit, sont favorables. Wertingen présage Austerlitz.

Le lendemain l'empereur passa, au village de Zimmers-Hausen, la revue des troupes victorieuses, et témoigna aux carabiniers du 2ᵉ léger sa satisfaction sur leur conduite de la veille.

Encouragée par ces éloges, avec lesquels Napoléon sait si bien grandir les hommes, la division Oudinot se remet en marche sur Ober-Keisberg, où l'ennemi fait mine de tenir ; mais après un combat d'une demi-heure il abandonne cette position, et le lendemain le corps d'armée du général Lannes reprend son chemin vers Ulm. Là, il prend position au village de Weissenhorn, en face de l'armée ennemie, dont la gauche occupe Ulm et la droite Memmingen. « Il venait de s'y établir, lorsque, dit le Bulletin du 12 octobre, l'empereur passa devant le front des lignes et fit une courte harangue aux soldats. Cette harangue avait lieu pendant un temps affreux ; il tombait une neige abondante, et la troupe avait de la boue jusqu'aux genoux et éprouvait un froid vif. Mais les paroles de l'empereur étaient de flammes; en l'écoutant le soldat oubliait ses fatigues et ses privations, et était impatient de voir arriver l'heure du combat. »

Le même jour Napoléon arrive au quartier du maréchal Ney, et ordonne de resserrer l'armée ennemie en s'emparant du pont et de la position d'Elchingen.

Un général-major, 3,000 hommes faits prisonniers, et 8 pièces de canon, sont le résultat matériel de cette journée, qui donne son premier baptême aristocratique à celui que l'empereur appellera le Brave des braves. Une victoire l'a fait duc d'Elchingen, une autre victoire le fera prince de la Moskowa.

En même temps que Ney bat l'ennemi et enlève le pont d'Elchingen, le 14 à la pointe du jour, Lannes occupe les hauteurs qui dominent la plaine au-dessus du village de Pfull. A peine maître de cette position, il lance en avant ses tirailleurs, parmi lesquels sont deux compagnies du 2ᵉ léger. La tête du pont de la ville est attaquée et prise, et du pont la confusion s'étend jusqu'au cœur de la place.

De son côté Murat manœuvre avec les divisions de dragons Beaumont et Klein, et culbute l'ennemi partout où il le rencontre.

Enfin Marmont occupe les ponts d'Unter et d'Oberkirberg, et, joint au maréchal Soult, qui s'avance par Memmingen et Biberach, complète l'investissement de la ville en s'emparant de la rive droite du Danube.

Le soir de la bataille l'empereur se rapproche encore, et établit son quartier-général dans l'abbaye d'Elchingen. Ainsi placé, il a sous sa main les maréchaux Ney et Lannes, plus la réserve de cavalerie, qui, sur un signe de lui, forceront les retranchements et s'empareront de la ville.

Quelques engagements qui eurent lieu le lendemain, et dans lesquels l'ennemi fut constamment battu, rendirent sa position encore plus précaire. Ulm est dans une telle extrémité, qu'en un coup de main elle sera prise d'assaut. Mais l'empereur veut ménager ses soldats, il lui faut toutes ses forces pour finir la campagne d'un seul coup, il envoie un officier au prince de Lichtenstein enfermé dans la place pour lui offrir une entrevue. Le prince accepte avec empressement l'ouverture qui lui est faite, et accourt au quartier-général d'Elchingen. Napoléon lui montre la ville cernée de tous côtés, l'impossibilité où elle est de soutenir un assaut, lui rappelle l'exemple de Jaffa, dont la garnison et les habitants ont été passés au fil de l'épée, tant il est difficile, dans un pareil événement, d'arrêter l'ardeur du soldat, et en appelle à sa propre conscience, en lui demandant s'il croit pouvoir se défendre.

Le prince de Lichtenstein demande deux jours pour se décider, et, ces deux jours accordés, rentre dans la place pour se consulter avec son gouverneur le général Mack.

Les deux jours écoulés, c'est-à-dire le 17 octobre, le maréchal Berthier se rend dans la place d'Ulm, et arrête avec le feld-maréchal-quartier-maître-général Mack la capitulation suivante, dont voici les deux premiers et principaux articles :

La place d'Ulm sera remise à l'armée française avec tous ses magasins et son artillerie.

La garnison sortira de la place avec tous les honneurs de la guerre, et après avoir défilé elle remettra ses armes. MM. les officiers seront renvoyés sur parole en Autriche; les soldats et sous-officiers seront conduits en France, où ils resteront jusqu'à parfait échange.

En conséquence de cette capitulation, le 28 octobre, à trois heures de l'après-midi, 27,000 soldats autrichiens, 60 pièces de canon et 18 généraux défilèrent devant l'empereur et mirent bas les armes. L'empereur fit cadeau au sénat des drapeaux pris à Ulm : il y en avait 80. Dès la veille, la moitié de la garde impériale était déjà partie pour Augsbourg.

Le 21 octobre, à midi, Napoléon partit pour la rejoindre; mais avant de quitter son quartier-général d'Elchingen, Napoléon publia la proclamation suivante.

« Soldats de la grande armée, en quinze jours vous avez fait une campagne : ce que nous nous proposions est rempli. Nous avons chassé les troupes de la maison d'Autriche de la Bavière et rétabli notre allié dans la souveraineté de ses états. Cette armée, qui, avec autant d'ostentation que d'imprudence, était venue se placer sur nos frontières, est anéantie. Mais qu'importe à l'Angleterre? son but est rempli. Nous ne sommes plus à Boulogne, et son subside ne sera ni plus ni moins grand.

» De 100,000 hommes qui composaient

cette armée, 60,000 sont prisonniers; ils iront remplacer nos conscrits dans les travaux de nos campagnes. 200 pièces de canon, tout le parc, 90 drapeaux, tous les généraux sont en notre pouvoir; il ne s'est pas echappé de cette arme 15000 hommes. Soldats, je vous avais promis une grande bataille : mais, grâce aux mauvaises combinaisons de l'ennemi, j'ai pu obtenir les mêmes succès sans courir aucune chance, et, ce qui est sans exemple dans l'histoire des nations, un si grand résultat ne nous affaiblit pas de 1500 hommes hors de combat.

» Soldats, ce succès est dû à votre confiance sans bornes dans votre empereur, à votre patience à supporter les fatigues et les privations de toute espèce, à votre rare intrépidité. Mais nous ne nous arrêterons pas là; vous êtes impatients de commencer une seconde campagne. Cette armée unie, que l'or de l'Angleterre a transportée des extrémités de l'univers, nous allons lui faire éprouver le même sort. A ce combat est attaché plus spécialement l'honneur de l'infanterie; c'est là que va se décider pour la seconde fois cette question, qui l'a été déjà en Suisse et en Hollande, si l'infanterie française est la seconde ou la première de l'Europe. Il n'y a point là de généraux contre lesquels je puisse avoir de la gloire à acquérir ; tout mon soin sera d'obtenir la victoire avec le moins possible d'effusion de sang : mes soldats sont mes enfants. »

Par cette succession de victoires, l'armée autrichienne était détruite ; mais, comme l'avait dit Napoléon, une armée russe arrivait à marches forcées du fond de la Tartarie pour arrêter les vieilles légions républicaines qui reparaissaient sur la route de Vienne sous le nom de légions impériales.

Tous les corps de la grande armée, à l'exception de celui d'Augereau, reçurent en conséquence l'ordre de se concentrer en Bavière. Munich fut fixé pour le lieu du rendez-vous. L'empereur y fit son entrée le 24 octobre à neuf heures du soir.

Le 27, toute cette masse d'infanterie et de chevaux se remit en mouvement. Chaque corps d'armée suivit la direction que Napoléon lui indiquait du doigt. Lannes, après avoir descendu l'Iller, marcha par la route de Landshut sur Branau. En arrivant à cette ville, on la trouva évacuée ; la terreur de l'ennemi était telle qu'il n'avait point osé nous attendre.

Cette place, dans la situation des choses,

était d'une suprême importance : entourée d'une enceinte bastionnée avec pont-levis, des demi-lunes et des fossés remplis d'eau, elle était garnie de nombreux magasins d'artillerie ; en outre, le maréchal Lannes y trouva 40,000 rations prêtes à être distribuées et plus de 1,000 sacs de farine, 45 pièces de canon avec doubles affûts de rechange, 10 ou 12 mortiers et obusiers approvisionnés pour 40,000 coups, 3 ou 400,000 cartouches, du plomb en balles, et 1,000 fusils. Aussi Napoléon, à la nouvelle de la prise de Braunau, accourut-il immédiatement dans la ville pour juger par lui-même de son importance. Lauriston, qui arrivait de Trafalgar, en fut nommé gouverneur ; puis on continua de marcher sur Vienne.

Le 7 novembre, l'armée russe, pour défendre les approches de la ville impériale, avait pris position sur les hauteurs d'Amstetten. Murat marche aussitôt sur elle avec sa cavalerie légère et les grenadiers et les carabiniers de la division Oudinot détachée du corps d'armée du maréchal Lannes ; les carabiniers étaient ceux du 9e léger.

Murat reconnut la position de l'ennemi, lança sa cavalerie sur celle des Russes, puis fit avancer la division des grenadiers et des carabiniers. Oudinot en forma plusieurs colonnes d'attaque, se mit à leur tête, et marcha sur l'ennemi. Le combat dura une heure à peu près avec un acharnement égal de part et d'autre ; mais Oudinot ayant ordonné une charge générale à la baïonnette, l'ennemi fut culbuté de sa position principale, déposté de tous les points secondaires, et prit la fuite laissant entre nos mains 400 morts et 1,900 prisonniers.

Le 13 novembre, Murat n'était plus qu'à quatre lieues de Vienne. La ville était entièrement évacuée par les troupes ennemies. L'empereur François, en abandonnant sa capitale, en avait remis la garde à la milice bourgeoise, recommandant qu'on ne fît aucune résistance de crainte d'irriter les vainqueurs.

Le même jour la capitulation fut réglée. Sébastiani entra le premier dans la ville, puis Murat, puis Lannes. Le 2e léger traversa l'arme au bras cette capitale dont sept ans auparavant il avait aperçu les clochers des hauteurs de Hundsmark.

Mais la division Oudinot ne fit qu'une halte à Vienne ; elle reprit aussitôt sa route, et trouva en sortant de la ville l'arrière-garde austro-russe décidée à défendre le passage du Danube. A cet effet, elle avait pris position sur la rive gauche du fleuve; son artillerie était disposée de manière à pouvoir enfiler le pont et à le croiser par le feu de plusieurs batteries; en outre chacune des arches de ce pont était minée, et, pour concourir à la destruction, de dix pas en dix pas étaient disposés des barils de poudre. Pendant quelques pourparlers entre Murat, Lannes, le général Bertrand et les parlementaires autrichiens, les grenadiers et les carabiniers effectuaient le passage du pont, conduits par Oudinot, qui, selon son habitude, marchait à leur tête avec son état-major. Tout à coup le mot *feu* retentit dans les rangs autrichiens. Aussitôt, et par une inspiration subite, Oudinot s'élance avec son état-major, arrache la mèche du mineur, fait battre la charge, s'empare des batteries, et, à la tête des grenadiers réunis et des carabiniers, qui ont traversé le pont au pas de course et sans qu'un seul coup de canon ait été tiré, s'empare du village de Spitzen, dans lequel il trouve un parc d'artillerie de 180 pièces de canon et de 300 caissons.

Le lendemain, avec ses fidèles grenadiers et carabiniers, Oudinot marche sur Stockerau, s'en empare, fait mettre bas les armes à deux bataillons hongrois, et se rend maître d'un immense magasin militaire, qui devient d'une grande ressource pour nos soldats.

Nous retrouvons le 2e léger toujours digne de lui-même aux batailles d'Hollabrun, où il mit en fuite une brigade russe; de Huntersdorff et de Znaim, où un de ses bataillons est envoyé en tirailleur, sur l'arrière-garde russe, pendant que l'autre, sous les ordres d'Oudinot, chargeait le centre des ennemis, composé de troupes d'élite, et où le général Oudinot reçoit une blessure qui le met pour 15 jours hors de combat.

Le 29 novembre Napoléon fait sa jonction avec l'armée d'Italie, et, le 1er décembre, il est en face de l'armée alliée, qui se développe dans les plaines d'Austerlitz. Elle comptait 95,000 hommes à peu près; elle s'avançait avec une confiance dont l'expérience des vieux généraux autrichiens qui avaient été si souvent battus par Napoléon ne pouvait tempérer la forfanterie. C'était au point que Napoléon ayant fait demander à Alexandre une entrevue, celui-ci, au lieu de se rendre à ses désirs, s'était contenté de lui envoyer son aide-de-camp, le jeune prince

Dolgorouki. Le jeune homme avait trouvé Napoléon au rendez-vous, et après l'avoir traité en officier de fortune avec lequel il voulait bien se commettre, mais jusqu'auquel un Romanoff ne pouvait descendre, avait fini par proposer au vainqueur d'Ulm de déposer la couronne de fer, de rendre la Belgique et d'évacuer à l'instant même l'Autriche et la Bavière. En conséquence l'entrevue n'avait eu d'autre résultat que de confirmer, vu le ton modéré du vainqueur, ce qu'on avait pris pour de la crainte, l'armée russe dans son incroyable confiance. Cependant, dès la veille, Napoléon a reconnu la faute qu'ont faite ses ennemis en concentrant toutes leurs forces sur le village d'Austerlitz pour tourner la gauche des Français; vers le milieu du jour il était monté à cheval avec les maréchaux Soult, Bernadotte et Bessières, et parcourant les rangs de l'infanterie et de la cavalerie de la garde, qui étaient sous les armes dans la plaine de Schlapanch, il s'était avancé jusque sur la ligne des tirailleurs de la cavalerie de Murat, qui échangeaient quelques coups de carabine avec les tirailleurs de l'ennemi; de là il avait observé au milieu des balles les mouvements des diverses colonnes, et, illuminé par une de ces révélations subites qui étaient une des facultés de son génie, il avait deviné le plan entier de Kutusoff. Dès ce moment, Kutusoff fut battu dans sa pensée; et en rentrant dans la baraque qu'il s'était fait construire au milieu de sa garde, sur un plateau qui dominait toute la plaine, il dit en se retournant et en jetant un dernier regard sur l'ennemi : Avant demain au soir, toute cette armée sera à moi.

Vers les cinq heures de l'après-midi, la proclamation suivante fut mise à l'ordre de l'armée.

« Soldats,

» L'armée russe se présente devant vous pour venger l'armée autrichienne d'Ulm; ce sont ces mêmes bataillons que vous avez battus à Hollabrunn, et que depuis vous avez constamment poursuivis jusqu'ici : les positions que nous occupons sont formidables; et pendant qu'ils marcheront pour tourner ma droite, ils me présenteront le flanc.

» Soldats, je dirigerai moi-même vos bataillons; je me tiendrai loin du feu si, avec votre bravoure accoutumée, vous portez le désordre et la confusion dans les rangs ennemis ; mais si la victoire était un moment indécise, vous verriez votre empereur s'exposer aux premiers coups; car la victoire ne saurait hésiter dans cette journée, surtout où il y va de l'honneur de l'infanterie française qui importe tant à l'honneur de toute la nation.

» Que sous le prétexte d'emmener les blessés on ne dégarnisse point les rangs, et que chacun soit bien pénétré de cette pensée : qu'il faut vaincre ces stipendiés de l'Angleterre qui sont animés d'une si grande haine contre le nom français. Cette victoire finira la campagne et nous pourrons reprendre nos quartiers d'hiver, où nous serons joints par les diverses armées qui se forment en France ; et alors la paix que je ferai sera digne de mon peuple, de vous et de moi. »

Laissons maintenant parler Napoléon lui-même, écoutons César qui raconte Pharsale :

Le 11 frimaire, le jour parut enfin. Le soleil se leva radieux ; et cet anniversaire du couronnement de l'Empereur, où allait se passer un des plus beaux faits d'armes du siècle, fut une des plus belles journées de l'automne.

Cette bataille, que les soldats s'obstinent à appeler la journée des Trois Empereurs, que d'autres appellent la journée de l'Anniversaire, et que l'empereur a nommée la *bataille d'Austerlitz*, sera à jamais mémorable dans les fastes de la grande nation.

L'empereur, entouré de tous les maréchaux, attendait pour donner ses derniers ordres, que l'horizon fût bien éclairci. Aux premiers rayons du soleil, les ordres furent donnés; et chaque maréchal rejoignit son corps au grand galop.

L'empereur dit en passant sous le front de bandière de plusieurs régiments : « Sol-
» dats, il faut finir cette campagne par un
» coup de tonnerre qui confonde l'orgueil
» de nos ennemis; » et aussitôt des cris de *Vive l'empereur* furent le véritable signal du combat. Un instant après la canonnade se fit entendre à l'extrémité de la droite, que l'avant-garde ennemie avait déjà débordée; mais la rencontre imprévue du maréchal Davoust arrêta l'ennemi tout court et le combat s'engagea.

Le maréchal Soult s'ébranle au même instant, se dirige sur les hauteurs du village de Pratzen avec les divisions des généraux

Vandamme et Saint-Hilaire, et coupe entièrement la droite de l'ennemi, dont tous les mouvements devinrent incertains. Surprise par une marche de flanc pendant qu'elle fuyait, se croyant attaquante et se voyant attaquée, elle se regarde comme à demi battue.

Le prince Murat s'ébranle avec sa cavalerie. La gauche, commandée par le maréchal Lannes, marche en échelons par régiments, comme à l'exercice. Une canonnade épouvantable s'engage sur toute la ligne; 200 pièces de canon et près de 200 mille hommes faisaient un bruit affreux: c'était un véritable combat de géants. Il n'y avait pas une heure qu'on se battait, et toute la gauche de l'ennemi était coupée. Sa droite se trouvait arrivée à Austerlitz, quartier-général des deux empereurs, qui durent faire marcher sur-le-champ la garde de l'empereur de Russie, pour tâcher de rétablir la communication du centre avec la gauche. Un bataillon du 4e de ligne fut chargé par la garde impériale russe à cheval, et culbuté: mais l'empereur n'était pas loin, il s'aperçut de ce mouvement; il ordonna au maréchal Bessières de se porter au secours de sa droite avec ses invincibles, et bientôt deux gardes furent aux mains. Le succès ne pouvait être douteux; dans un moment la garde russe fut en déroute. Colonel, artillerie, étendards, tout fut enlevé. Le régiment du grand duc Constantin fut écrasé; lui-même ne dut son salut qu'à la vitesse de son cheval.

Des hauteurs d'Austerlitz, les deux empereurs virent la défaite de toute la garde russe. Au même moment le centre de l'armée, commandé par le maréchal Bernadotte, s'avança; trois de ses régiments soutinrent une très-belle charge de cavalerie. La gauche, commandée par le maréchal Lannes, donna plusieurs fois. Toutes les charges furent victorieuses. La division du général Caffarelli s'est distinguée, les divisions de cuirassiers se sont emparées des batteries de l'ennemi. A une heure après midi la victoire était décidée; elle n'avait pas été un moment douteuse. Pas un homme de la réserve n'avait été nécessaire et n'avait donné nulle part. La canonnade ne se soutenait plus qu'à notre droite. Le corps ennemi, qui avait été cerné et chassé de toutes ses hauteurs, se trouvait dans un bas-fond et acculé à un lac. L'empereur s'y porta avec 20 pièces de canon. Ce corps fut chassé de position en position, et l'on vit un spectacle horrible, tel qu'on l'avait vu à Aboukir, 20 mille hommes se jetant dans l'eau et se noyant dans les lacs.

Deux colonnes, chacune de 4 mille Russes, mettent bas les armes, et se rendent prisonnières; tout le parc ennemi est pris. Les résultats de cette journée sont 40 drapeaux russes, parmi lesquels sont les étendards de la garde impériale; un nombre considérable de prisonniers; l'état-major ne les connaît pas encore tous; on avait déjà la note de 20 mille ; 12 à 15 généraux, au moins 15 mille Russes tués, restés sur le champ de bataille. Quoiqu'on n'ait pas encore les rapports, on peut, au premier coup d'œil, évaluer notre perte à 800 hommes tués, et à 1500 ou 1600 blessés. Cela n'étonnera pas les militaires, qui savent que ce n'est que dans la déroute que l'on perd des hommes ; et nul autre corps que le bataillon du 4e n'a été rompu. Parmi les blessés sont le général Saint-Hilaire, qui, blessé au commencement de l'action, est resté toute la journée sur le champ de bataille; il s'est couvert de gloire; les généraux de division Kellermann et Walther, les généraux de brigade Valhubert, Thiébaut, Sébastiani, Compan et Rapp, aide-de-camp de l'empereur. C'est ce dernier qui, en chargeant à la tête des grenadiers de la garde, a pris le prince Repnin, commandant les chevaliers de la garde impériale de Russie. Quant aux hommes qui se sont distingués, c'est toute l'armée qui s'est couverte de gloire. Elle a constamment chargé aux cris de *Vive l'empereur!* et l'idée de célébrer si glorieusement l'anniversaire du couronnement animait encore le soldat.

L'armée française, quoique nombreuse et belle, était moins nombreuse que l'armée ennemie, qui était forte de 105 mille hommes, dont 80 mille Russes et 25 mille Autrichiens. La moitié de cette armée est détruite; le reste a été mis dans une déroute complète, et la plus grande partie a jeté ses armes.

Le 2e léger assista à toute cette affaire l'arme au bras; car, contre son habitude, il faisait partie de la réserve, et la réserve ne donna point; mais nous n'en avons pas moins voulu, à cause de son importance, rapporter cette bataille, qui fut à l'empire ce que Marengo avait été au consulat.

Le surlendemain l'empereur d'Autriche vint redemander lui-même cette paix qu'il avait rompue. L'entrevue des deux empereurs eut lieu près d'un moulin, à côté de la grande route, en plein air.

« Sire, dit Napoléon en s'avançant jusqu'à la porte de sa tente pour recevoir François II, je vous reçois dans le seul palais que j'habite depuis deux mois. »

« Vous tirez si bon parti de votre habitation, qu'elle doit vous plaire, » répondit celui-ci.

Dans cette même entrevue on convint d'un armistice, et les principales conditions de la paix furent réglées. Les Russes, que l'on pouvait écraser jusqu'au dernier, eurent part à la trêve sur la prière de l'empereur François, et sur la simple parole de l'empereur Alexandre : qu'il évacuerait l'Allemagne et la Pologne autrichienne et prussienne. La convention, au reste, fut de son côté ponctuellement suivie, et son armée se retira par journées d'étape.

Peu de victoires avaient eu et auront jamais l'importance d'Austerlitz. Une seule journée sanctionnait le passé et semblait assurer l'avenir. Le roi Ferdinand de Naples avait violé, pendant la dernière guerre, le traité de paix avec la France, il est déclaré déchu de la royauté des Deux-Siciles, à laquelle Joseph est élevé à sa place ; la républi que batave correspond secrètement avec l'An gleterre, elle est érigée en royaume et don née à Louis ; Murat reçoit le grand duché de Berg ; le maréchal Berthier est fait prince de Neuchâtel, M. de Talleyrand prince de Bé névent. La Dalmatie, l'Istrie, le Frioul, Cadore, Conégliano, Bellune, Trévise, Fel tre, Bassano, Vicence, Padoue et Rovigo de viennent des duchés, et le grand empire na poléonien, avec ses royaumes secondaires, ses fiefs, sa confédération du Rhin et sa médiation suisse, de république qu'il était, se trouve taillé, en moins de deux années, sur le modèle de celui de Charlemagne.

Bonaparte avait changé l'épée pour le sceptre, Napoléon venait de changer le sceptre pour le globe.

Austerlitz amena la paix de Presbourg. Après cette paix la division Oudinot rentra en France, et le 2e léger, qui avait pris une part si glorieuse à cette grande campagne, eut les honneurs de la garnison de Paris.

Son brave colonel Schramm, qui avait combattu à sa tête dans toutes les rencon tres, fut nommé général de brigade, et remplacé par le gros-major Brayer.

CHAPITRE VII.

La Prusse déclare la guerre à la France. — L'empereur dicte à Berthier son plan de campagne. — Disposition et marche de l'armée française. — Le 2ᵉ léger part du camp de Meudon. — Siège de Hameln. — Occupation des îles sur l'Oder. — Glorieux fait d'armes de trois compagnies du 2ᵉ léger. — Siège de Dantzick. — Attaque de l'île de Noyat. — Le lieutenant Lavergne, du 2ᵉ léger, s'y distingue. — Bataille sous les murs de Dantzick. — Capitulation de ce boulevard de l'Allemagne. — Le 2ᵉ léger fait partie du 2ᵉ corps (maréchal Lannes). — Combat d'Heilsberg. — Bataille de Friedland. — Proclamation. — Paix de Tilsit.

La paix de Presbourg dura un an à peine. La Prusse, dont la neutralité, pendant les dernières guerres, avait laissé les forces intactes, la Prusse, qui à son tour devait subir son destin, et qu'attendent les fourches Caudines d'Iéna, commençait à prendre une attitude hostile. La reine Louise a rappelé à l'empereur Alexandre qu'ils ont juré ensemble, sur le tombeau du grand Frédéric, une alliance indissoluble contre la

France. L'empereur Alexandre oublie so second serment pour ne se souvenir qu du premier, et Napoléon reçoit l'invitation sous peine de guerre, de faire repasser l Rhin à ses soldats.

Napoléon fait venir Berthier, et lui mon tre l'ultimatum de la Prusse.

« On nous donne un rendez-vous d'hon neur, dit-il à son major-général, un Fran çais n'y a jamais manqué; et puisqu'un belle reine veut être témoin du combat soyons courtois; et pour ne pas la faire at tendre, marchons sans nous coucher jus qu'en Saxe. »

Puis, jetant encore un coup d'œil sur ce étrange manifeste, qui intimait à l'empe reur des Français, sous peine de la ven geance de la Prusse, l'ordre d'évacuer l territoire allemand, et de renoncer aux cou ronnes d'Italie, de Naples et de Hollande « Je plains le roi de Prusse, ajouta-t-il en haussant les épaules; mais il n'entend pa le français, et il n'a sûrement pas vu cett rapsodie qu'on m'envoie en son nom. »

Le même jour, les différents corps for mant la grande armée reçurent l'ordre de s mettre en mouvement. Voici quelle était l position de ces différents corps.

Le corps du maréchal Augereau, dont le quartier-général était à Francfort, tenait les deux rives du Rhin, celles de la Lahn, et s'étendait jusqu'à Sieg à gauche, et jusqu'aux rives du Necker à droite. Une partie de ce corps était cantonnée sur la frontière du grand duché de Wurtzbourg.

Le corps du maréchal Bernadotte, prince de Ponte-Corvo, occupait le margraviat d'Anspach, la ville de Nuremberg, et la principauté de Bamberg. Le quartier-général du maréchal était à Anspach.

Le corps du maréchal Lannes, qui avait son quartier-général à Bichoffstein, était cantonné dans la partie occidentale du cercle de Franconie, y compris le duché de Wurtzbourg, et les états du grand maître de l'ordre Teutonique.

Le corps du maréchal Davoust était cantonné dans la Basse-Souabe et la principauté d'Aischtett, sur la rive gauche du Danube. Le quartier-général était placé à Oettingen.

Le corps du maréchal Ney occupait la Haute-Souabe, sur la rive droite du Danube, jusqu'aux frontières de la Suisse, du Woralberg et du Tyrol. Le maréchal avait son quartier-général à Memmingen.

Le corps du maréchal Soult, dont le quartier-général était établi à Passau, occupait la Basse-Bavière, la principauté de Passau, le Haut-Palatinat, et la forteresse de Braunau, non encore remise à l'Autriche.

Le corps du maréchal Lefebvre, composé des troupes alliées, était cantonné dans la Haute-Bavière, et avait son quartier-général à Augsbourg.

Laissons tous ces corps, à qui la fortune de la guerre réserve les combats de Schleitz, de Saafeld, et la bataille d'Iéna, pour suivre le destin du 2e léger, que nous avons quitté en garnison à Paris.

Le 2e léger était alors au camp de Meudon; il fut désigné pour faire partie de la 2e division du 8e corps, sous les ordres du maréchal Mortier, brigade Schramm, colonel Brayer, chargé d'opérer dans la Hesse et le Hanovre. Le 1er octobre il avait occupé la ville de Cassel, et en quelques jours il avait soumis tout le pays sans combat: puis cette première opération terminée, il était entré à Hambourg, au mois de novembre, et ayant occupé les embouchures de l'Elbe et du Weser, ainsi que tout le Hanovre, il pressait le siége des places de Hameln et de Nienbourg.

Sur ces entrefaites, le maréchal Mortier

donna l'ordre à un bataillon du 2e régiment d'infanterie légère d'occuper les îles de Wollin et d'Undom, près de l'embouchure de l'Oder. Le débordement des eaux avait rendu les chemins impraticables. Cette troupe, dispersée dans différents cantonnements, ne put arriver avec précision aux lieux fixés, de sorte que trois compagnies seulement du 2e occupèrent Wollin; mais à peine étaient-elles arrivées, qu'elles furent attaquées par un détachement fort de 1,000 hommes d'infanterie, de 150 dragons et de 4 pièces de canon. En voyant le petit nombre de Français auquel il avait affaire, l'officier qui commandait cette colonne ordonna à l'infanterie d'investir la ville de Wollin au moment où la cavalerie y entrerait au galop après avoir forcé les avant-postes.

Mais le détachement français, quoique quatre fois moins considérable que ceux qui s'apprêtaient à l'attaquer, non-seulement ne se laissa point intimider par le nombre, mais encore, au moment où ils entraient dans la ville, marcha sur eux au pas de charge, conduit par son chef de bataillon Armand. Cette attaque est si rapide que l'ennemi n'a pas seulement le temps de faire une seule décharge d'artillerie. Le commandant français s'élance sur les canons, les enlève, les tourne sur l'ennemi, tandis que les trois compagnies chargent à la baïonnette et font 100 prisonniers ; le reste prit la fuite, dit le 14e Bulletin, en laissant un grand nombre de morts dans la ville de Wollin, dont les rues étaient jonchées de cadavres prussiens. Le major qui commandait les dragons fut trouvé parmi eux, blessé mortellement. Cet officier fut tué par le sergent d'Arbonne, un des meilleurs tireurs de l'armée.

Lorsque le reste du bataillon du 2e léger arriva, la victoire était complète depuis deux heures ; 240 Français avaient détruit une colonne de 1,000 hommes, ayant de la cavalerie et du canon.

Pendant ce temps-là, Napoléon, comme nous l'avons dit, avait gagné les combats de Schleitz, de Saafeld, la bataille d'Iéna, et était entré à Berlin. Des 150,000 hommes qui lui avaient été opposés, 130,000 avaient été tués, blessés, ou faits prisonniers, et il n'en restait plus au roi Frédéric-Guillaume qu'une vingtaine de mille enfermés dans ses forts.

Vers le mois de mars 1807, le 2e léger passa dans le 10e corps d'armée sous les ordres du maréchal Lefebvre; ce corps d'armée était chargé de faire le siège de la ville de Dantzick.

Dantzick, le boulevard de l'Allemagne, et dont, par conséquent, on avait prévu le siège, avait été mis dans un formidable état de défense; sa garnison était de 21,000 hommes, dont 15,000 Prussiens et 6,000 Russes; une nombreuse artillerie garnissait ses remparts; ses immenses magasins regorgeaient de munitions; les habitants avaient été forcés, sous des peines rigoureuses, de faire une espèce de service militaire; le général Manstein, qui en était le gouverneur, avait fait abattre une partie de ses faubourgs, et avait fait remettre en état ses défenses extérieures; enfin tout présageait une vigoureuse résistance.

Le maréchal Lefebvre fut chargé de la direction du siège, il avait sous ses ordres les généraux Savary et Lariboissière; et le général Chasseloup-Laubat, que les campagnes d'Italie avaient rendu célèbre, dirigeait les travaux du génie.

Les troupes formant le siège se composaient, comme nous l'avons dit, du 10e corps, c'est-à-dire des divisions polonaises sous les ordres du général Dombrouski, du contingent du grand duché de Bade, d'un corps saxon de la division des troupes saxonnes aux ordres du général Teulée; enfin de troupes françaises de différentes armes, au nombre desquelles le 2º léger se trouvait.

Vers le 14 mars, plusieurs combats ayant été livrés pour forcer la garnison à abandonner ses postes avancés et à rentrer dans ses murs, l'investissement fut complet; mais la garnison, quoique bloquée, conservait une libre communication avec la mer, ce qui rendait le siége plus difficile et presque sans issue. Le premier soin du maréchal Lefebvre fut donc de remédier à cet inconvénient; en conséquence, il ordonna, le 20 mars, au général Schramm, de passer de l'île de Noyat dans le Frisch-Hoff pour couper la communication de Dantzick avec la mer : le général Schramm prit le 2ᵉ bataillon du 2ᵉ léger et plusieurs bataillons saxons, et, à leur tête, il effectua le passage à trois heures du matin. Les Prussiens, attaqués à la baïonnette, furent culbutés et laissèrent entre nos mains 300 prisonniers.

A six heures du soir, la garnison envoya un détachement de 4,000 hommes pour reprendre ce poste; mais il fut repoussé avec perte de quelques centaines de personnes et d'une pièce de canon.

Napoléon, en apprenant à la fois cette belle attaque du matin et cette belle défense du soir, envoya six croix de la Légion-d'Honneur pour les officiers et les soldats qui s'étaient particulièrement distingués dans cette expédition.

Deux compagnies du 2ᵉ léger avaient eu la plus grande part au glorieux résultat de cette journée; la première, sous la conduite du lieutenant Lavergne, avait abordé avant toutes les autres, et, malgré la supériorité de l'ennemi qu'elle attaquait, l'avait joint à la baïonnette, et enfin après un combat des plus acharnés, s'était emparée d'une digue qu'elle avait reçu l'ordre de prendre.

Le 24 mars une nouvelle sortie de la garnison fut dirigée contre l'île de Noyat, et cette seconde tentative, qui échoua, grâce au courage de nos soldats, fut encore plus fatale à l'ennemi que la première : 200 morts restèrent sur le champ de bataille, tandis que 400 prisonniers et 2 pièces de canon demeuraient entre nos mains. Comme d'habitude, le 2ᵉ léger fit des prodiges.

Aussitôt que le maréchal Lefebvre eut

connaissance de ces deux succès, jugeant de l'importance de la position par l'acharnement que l'ennemi mettait à la reprendre, il ordonna au général Schramm de se fortifier par des redoutes garnies d'un double rang d'abattis; et, certain alors que la mer était fermée aux assiégés, il resserra plus étroitement encore le blocus de Dantzick, et poussa les travaux d'attaque avec une nouvelle activité. Des batteries garnies d'une artillerie formidable commencèrent alors à foudroyer les ouvrages et les murs des assiégés, tandis que des bombes et des obus incendiaient leurs maisons et écrasaient leurs édifices. Un mois employé à ces travaux ne produisit d'autre événement remarquable que la destruction qui devait nécessairement en être la suite.

Pendant ce temps, le général Schramm, avec le 2e léger, s'était posté au village de Heubaden, à 6 ou 700 toises de la rive droite de la Vistule, et avait appuyé sa gauche à ce village, qu'il a fait fortifier, et sa droite à la mer. De leur côté les assiégés, sur ce point comme sur tous les autres, ont opposé toute l'opiniâtreté du courage et du génie.

Suivons les mouvements successifs du 2^e

léger, et faisons-lui la part de gloire qu'il a recueillie pendant ce long siége.

Pendant la nuit du 3 au 4 avril, un corps de Prussiens, infanterie et cavalerie, débarque dans la presqu'île, vis-à-vis de Pilau, et se présente devant un poste de cavalerie que nous avions à Kolberg; selon ses instructions, le poste se replie et prévient le général Schramm du mouvement de l'ennemi. Le général envoie aussitôt le capitaine Maingarnaud avec 100 chevaux, une compagnie du 2ᵉ léger et une compagnie de Polonais pour reconnaître l'ennemi, et fait soutenir cette avant-garde par un bataillon saxon. Maingarnaud marche droit au corps prussien, l'attaque, le culbute, lui tue 100 hommes, lui fait 300 prisonniers, et force les débris de la colonne de se jeter en désordre dans des bateaux de pêcheurs.

Le 17 avril, au point du jour, les Russes sortent du fort sur trois colonnes pour attaquer la droite du général Gardanne, pendant qu'une multitude de cosaques et l'infanterie manœuvraient sur la gauche. L'attaque fut impétueuse; mais comme elle trouva une résistance inébranlable, le combat s'engagea bientôt opiniâtre, obstiné, mortel : enfin les Russes furent culbutés et reculèrent laissant 200 morts à peu près, presque tous tués à la baïonnette.

Le combat était terminé et tout entier à notre avantage, lorsqu'une colonne prussienne sortit de Dantzick et vint le rétablir en ralliant les Russes qu'elle trouva fuyant. Aussitôt le feu se rengagea plus vif et plus terrible que le matin : pendant cinq heures on lutta corps à corps, Français et Prussiens se fusillant à bout portant, se poignardant à coups de baïonnette ; enfin, Prussiens et Russes furent culbutés et forcés de rentrer dans la ville sans avoir pu s'emparer d'un seul ouvrage, laissant sur le champ de bataille 500 hommes tués, et entre nos mains 3 ou 400 prisonniers.

« Toutes les troupes, dit le Bulletin, ont montré la plus grande intrépidité ; les carabiniers du 2° léger ont montré un héroïsme qui n'a point d'exemple.

» Le capitaine Halstorfer et le sous-lieutenant Muller du 2° léger se sont particulièrement distingués dans cette action. Le capitaine Halstorfer est un de ceux qui ont le plus contribué à la déroute de l'ennemi. »

Dans la nuit du 5 au 6 mai le maréchal Lefebvre résolut de s'emparer d'une île située entre la Vistule et le canal, et qui gênait les communications entre les troupes placées dans la presqu'île et le corps d'armée principal. L'adjudant-commandant Aymé est chargé de cette expédition avec 800 hommes tirés des divers corps des troupes assiégeantes.

Vers dix heures du soir, les pontonniers mirent à l'eau 12 barques pouvant contenir chacune 25 hommes : on embarqua 50 grenadiers de la garde de Paris, 200 hommes des 2ᵉ et 12ᵉ léger, 50 canonniers, mineurs et sapeurs.

A une heure du matin, les 12 barques s'avancent glissant silencieusement sur la mer; des linges qui enveloppent les avirons amortissent le bruit qu'il font en retombant régulièrement dans l'eau. Cependant les sentinelles s'aperçoivent de leur approche; l'une d'elles fait feu; les postes s'éveillent; quelques coups de fusils et deux coups de canon à mitraille nous tuent quelques hommes : mais à l'instant même les pontonniers, qui n'ont plus de motif pour garder leurs précautions puisqu'ils sont reconnus, s'avancent à forces de rames; en cinq ou six minutes le débarquement s'opère. La petite troupe est divisée en trois colonnes : le capitaine Avy, aide-de-camp du général

Drouet, à la tête de la première, qui se compose de 5o grenadiers de la garde de Paris, s'élance sur la première redoute et s'en empare sans tirer un coup de fusil; le chef de bataillon Armand, du 2ᵉ léger, marche sur les retranchements de la pointe de l'île; enfin l'adjudant-commandant Aymé, avec le reste des troupes, marche sur la redoute de gauche. Les Russes et les Prussiens, surpris à l'improviste, font dans la nuit un feu mal dirigé et se replient; les carabiniers du 2ᵉ léger les poussent la baïonnette dans les reins, entrent avec eux dans la principale redoute, répondant à leurs cris par ceux de : *Vive l'empereur!* A ces cris, qui indiquent la victoire, le général Gardanne traverse le canal qui le séparait seul de l'île, s'empare des barques sur lesquelles les Russes et les Prussiens comptaient pour fuir; et lorsque l'ennemi arrive en desordre sur le bord de la mer, il le trouve garni d'un mur de baïonnettes : tout ce qui n'est pas tué est pris.

L'ennemi perdit dans cette affaire 3oo morts, 9oo prisonniers et 17 pièces de canon.

Les Français perdirent 9 hommes tués et eurent 3o blessés; au nombre des premiers se trouva le brave capitaine François du 2ᵉ léger.

Le régiment qui avait eu une part si active à ce combat en fut récompensé par sept nominations au Bulletin. Les noms livrés ainsi par le maréchal Lefebvre a la reconnaissance de la France étaient ceux de

Paty, adjudant-major ;

Lagneau, lieutenant ;

Armand, chef de bataillon ;

Michel, sous-lieutenant ;

Berton, *id.*,

Boucher et Collin, sergents.

Un trait de courage qui rappelait celui de d'Assas immortalisa le 2ᵉ léger pendant cette nuit. Fortunat, chasseur au régiment, s'étant porté en avant pour éclairer la route, tomba au milieu d'un parti russe, dont l'officier en l'apercevant avait crié : Ne tirez pas, nous sommes Français ! Menacé d'être tué à l'instant même s'il dit un seul mot, Fortunat s'écrie de toute sa force : « Tirez, tirez, mon capitaine, ce sont les Russes ! Et il tombe mort. »

Sur ces entrefaites, les alliés voyant Dantzick vigoureusement assiégé depuis quatre mois prennent la résolution de le délivrer à tout prix. Alexandre convoque un conseil pour délibérer sur le moyen à adopter pour faire lever le siége : on s'arrête à un secours par mer.

Le lieutenant-général Kaminski débarque à Pilau avec deux divisions russes et quelques régiments prussiens ; 66 bâtiments de transport conduisent ces troupes à l'embouchure de la Vistule, et de là au port de Dantzick, où elles débarquent sous la protection du fort de Weischelmunde. Instruit de ce débarquement, Napoléon commande au maréchal Lannes, commandant le corps de réserve de la grande armée, de se porter avec Oudinot au secours du maréchal Lefebvre : ils exécutent aussitôt l'ordre reçu, et arrivent au moment où les Russes sont en vue. Aussitôt les maréchaux Lannes et Lefebvre manœuvrent pour se placer entre l'ennemi et la ville. Les Russes en débarquant se trouvent à une lieue à peine de la ville ; mais pour y arriver il faut passer sur le corps des Français. Le 13 et le 14 mai les Russes font leurs dispositions d'attaque, et, le 15, ils débouchent du fort sur trois colonnes.

Le général Schramm était aux avant-postes avec le 2ᵉ léger, un bataillon de Saxons et quelques centaines de Polonais ; il reçoit donc le premier feu de l'ennemi : mais, selon son habitude, il ne fit pas un pas en arrière. Bientôt il entendit le tambour du 12e régiment d'infanterie légère qui s'avançait à son secours en battant la charge, et en même temps il vit s'avancer le général Gardanne à la tête de sa division. Alors c'est lui qui, de la défensive, passe à l'attaque. L'ennemi, quoique supérieur, ne fait plus un pas en avant; bien plus, il a peine à conserver sa position. En ce moment paraît le maréchal Lannes avec la réserve Oudinot. L'ennemi n'essaie plus même de tenir; il avait compté sur une sortie de la garnison, et la garnison, contenue derrière ses remparts, s'est contentée de le seconder de son artillerie. Ce n'est point assez ; il lui fallait une diversion, cette diversion lui manque. Il se met en retraite, bientôt sa retraite se change en déroute; il fuit et ne se rallie que sous le canon de Weischelmunde. Mais le canon n'arrête pas l'élan du 2e léger; il poursuit les Russes jusqu'aux palissades du fort, tandis que Gardanne, Oudinot et sa réserve les pressent de leur côté à qui mieux mieux : le champ de bataille est couvert de morts. Le général Oudinot, qui a sabré comme un soldat, a tué trois Russes de sa propre main. 900 morts et 1,500 blessés sont restés sur le champ de bataille, et outre ces derniers on en peut distinguer un grand nombre encore qu'on embarque sur des chaloupes auxquelles on voit prendre la direction de Kœnigsberg. Quant à nous, nous n'avons eu que 25 hommes tués et 200 blessés. Le 2ᵉ léger et son vieux général Schramm ont eu les honneurs de la journée.

Le lendemain une batterie était établie à cinq cents pas de la mer, et l'on chauffait des boulets pour incendier la flotte qui avait amené le général Kaminski. Il n'y avait pas de temps à perdre; le général Kaminski regagna pendant la nuit ses vaisseaux avec les débris de son armée, et le lendemain il leva l'ancre faisant voile pour Kœnigsberg.

En même temps que cette expédition était tentée par mer, un autre corps d'armée, fort de 6,000 hommes, débarquait à Pilau, longeant la langue de terre appelée le *Neherung*, et arrivait à Kolberg devant les premières grand'gardes de cavalerie française, qui se repliaient à son approche, afin, selon les instructions qu'elles avaient reçues, de le laisser s'engager. A peine est-il arrivé au point où l'attend l'empereur, qu'il y envoie le général Beaumont, et que le corps ennemi pris entre deux feux est complétement détruit : c'est encore un secours sur lequel comptaient les assiégés, et qui leur manque grâce à la vigueur et au courage de nos soldats.

Enfin une belle corvette anglaise, forte de 24 canons, se présente pour remonter la Vistule, et entrer à Dantzick. Cette corvette est chargée de poudre et de boulets, dont les assiégés commencent à manquer; mais à peine est-elle arrivée à la hauteur des ouvrages français, qu'elle est accueillie par une canonnade effroyable qui porte en plein dans sa mâture, et lui brise tous ses agrès, il lui devient impossible de manœuvrer : ses matelots alors sont foudroyés sur place, et, désespérant de regagner la mer, amènent leur pavillon. Les carabiniers du 2e léger et les grenadiers de Paris se jettent dans la Vistule, et s'emparent de la corvette à la nage.

Le lendemain, une mine fait sauter une plate-forme en charpente de la place d'armes du chemin couvert sur laquelle les assiégés avaient placé une batterie. Le 19 mai, la descente et le passage du fossé sont opérés : le 21, on s'apprête à monter à l'assaut. A sept heures du matin les grenadiers et les carabiniers des différents régiments se forment en colonnes, et commencent à escalader la brèche. En ce moment le général Kalkreuth, gouverneur de la ville, arbore le drapeau blanc, et demande la même capitulation que lui-même en circonstance pareille a accordée à Mayence.

Cette capitulation fut accordée et ratifiée par Napoléon, dont le quartier-général était alors au château de Finckeinstein.

L'empereur nomma le général Rapp gouverneur de la ville prise : quant au maréchal Lefebvre, il fut fait duc de Dantzick.

Après la capitulation, le 2° léger fit partie du 2e corps d'armée, dit corps de réserve, sous les ordres du maréchal Lannes.

Napoléon croyait enfin avoir conquis la paix. La sanglante journée d'Eylau et la chute de Dantzick devaient, en effet, épouvanter la coalition! mais l'Angleterre, qui n'avait encore donné que son or, promit enfin des hommes; une nouvelle armée formée à la hâte, et composée de 20,000 Suédois, 6,000 Prussiens, 10,000 Russes, et 40,000 Anglais, devait se réunir dans la Poméranie suédoise, tomber sur les derrières de l'armée française et reconquérir la Prusse, tandis que la grande armée russe tiendrait Napoléon en échec et l'occuperait de face en Pologne.

Napoléon ne leur en laissera pas le temps; une nouvelle campagne s'ouvre, celle-là durera dix jours.

Elle s'ouvre par quatre victoires: les combats de Spanden, de Lomitten, de Deppen et de Guttstadt; les héros des quatre journées sont: Bernadotte, Soult, Ney et Murat; les nouvelles de ces victoires retentirent coup sur coup, et les braves du corps de Lannes, dont le 2ᵉ léger fait partie, s'impatientent de ne pas avoir encore conquis leur contingent de gloire.

L'armée russe, ainsi refoulée de tout côté, s'était retirée, en longeant la rive droite de l'Alle, sur la petite ville d'Heilsberg, que depuis quelque temps, dans la prévision d'une retraite, le général Benigsen avait fait fortifier. Parvenue là, elle prit position derrière ses retranchements et attendit.

L'armée française parut à son tour, le 10 juin, et, vers midi, Murat, qui menait l'avant-garde, atteignit l'arrière-garde russe, conduite par le prince Bagration. L'arrière-garde essaya de tenir; mais, culbutée après un instant de résistance, elle se replia sur Heilsberg. Murat la poursuivit; mais, à une demi-lieue de l'endroit où l'engagement avait commencé, il se trouva, à son tour, devant toute l'armée russe, qui attendait les Français dans sa position fortifiée. Alors Murat appela à lui toute sa cavalerie: c'était la division de cuirassiers du général Espagne, la division de dragons du général Victor de Latour-Maubourg, et les brigades de cavalerie légère, à la tête desquelles il chargeait d'ordinaire sa cravache à la main; derrière elles s'avançaient les divisions Saint-Hilaire, Laval et Legrand. Murat ordonna aux deux premiers de marcher sur la droite et d'aborder l'ennemi à la baïonnette; à la seconde, de s'emparer d'un bois dont l'occupation était nécessaire pour appuyer la gauche de sa cavalerie: puis, après avoir suivi des yeux ces différents mouvements, il chargea le centre, et la bataille se trouva engagée de sorte que les autres divisions qui arrivaient successivement n'eurent plus qu'à y prendre part. A deux heures, Napoléon, d'une hauteur située à trois-quarts de lieue d'Heilsberg, dominait tout le champ de bataille.

La division Legrand avait marché vers le petit bois qui était le but de son mouvement, et, après plus d'une heure d'un combat acharné, elle s'en était rendue maîtresse. La division Saint-Hilaire s'était avancée jusqu'aux palissades de l'ennemi; et là, accueillie par un feu effroyable d'artillerie et de mousqueterie, elle tenait de son mieux sans reculer d'un pas, mais aussi sans marcher en avant : Napoléon envoya aussitôt, pour la soutenir, le régiment des fusiliers, conduits par Savary, son aide-de-camp, et par le général Roussel, chef de l'état-major de la garde. Quant à Murat, il chargeait, pour la troisième ou la quatrième fois, à la tête de sa cavalerie, qui faisait des merveilles. Le 6e régiment de cuirassiers, surtout, avait fait une charge si profonde et si brillante que Murat mit son cheval au galop, au milieu des boulets et des balles, pour lui porter lui-même ses félicitations; il trouva son colonel, Davenay, tenant à la main son sabre tout dégouttant de sang, et le félicita sur cette preuve de son courage. — Mon prince, répondit Davenay, faites la revue du régiment, et vous ne trouverez pas un cuirassier dont le sabre ne soit au rouge que le mien.

Le combat durait ainsi avec acharnement depuis midi, il était sept heures du soir, lorsque parut la division Verdier, qui faisait partie du corps du maréchal Lannes. L'empereur lui ordonna aussitôt d'appuyer à gauche afin de déborder la droite de l'ennemi, et de lui couper la route de Landsberg. Pour arriver sur le champ de bataille, le 2ᵉ léger fit tête de colonne à droite, et se forma non loin d'une redoute que le 12ᵉ léger, de brigade avec lui, reçut l'ordre d'enlever. A peine rangé en bataille et la nuit étant devenue très-profonde, le 2ᵉ léger fut attaqué par un régiment de dragons russes. Leur charge fut si impétueuse qu'elle fit faire un arrière à droite et un arrière à gauche aux deux ailes ; le régiment forma alors une espèce de ligne courbe (1). Mais avec des soldats comme ceux du 2ᵉ léger, accoutumés à regarder l'ennemi en face, l'impétuosité de la cavalerie russe fut bientôt réprimée victorieusement. Un feu de deux rangs bien dirigé et soutenu fit un épouvantable ravage chez les Russes : en peu d'instants le sol fut jonché de cadavres d'hommes et de chevaux, et les dragons moscovites se replièrent en dé-

1) Ordre de bataille convexe (*Traité de stratégie* Jomini).

sordre. Après cette affaire chaude et vigoureuse, le 2e léger se reforma en bataille dans le même ordre ; mais il fut presque aussitôt attaqué par une colonne d'infanterie russe, qui, dans un changement de front, vint appuyer une de ses ailes dans l'intervalle des deux bataillons. Un feu de mousqueterie vif et bien nourri s'engagea à l'instant et dura près de deux heures. Pendant ces deux heures, et malgré l'obscurité de la nuit, le carnage fut horrible, surtout chez les Russes. Le colonel Brayer fut blessé dans cette affaire.

Pendant la première attaque, le chef de la cavalerie russe fut fait prisonnier par un carabinier du 2e léger au moment où, penché sur son cheval, il s'apprêtait à sabrer. Ce carabinier, doué d'une force athlétique, saisit l'officier par le milieu du corps, l'enleva de dessus son cheval et l'entraîna au milieu des carrés français.

Il était neuf heures : nous n'avions obtenu, pendant cette longue et sanglante lutte, d'autre avantage que de nous établir sous les retranchements de l'ennemi. L'obstination qu'avaient mise les Russes à nous disputer le terrain pied à pied, et l'avantage que leur donnait leur artillerie de position, nous avaient fait éprouver de grandes pertes; 4,000 hommes, au moins, étaient hors de combat. Le général Roussel avait eu la tête emportée par un boulet de canon, le général Espagne avait reçu une balle, le chef-d'escadron Ségur avait eu un bras emporté; enfin le colonel Bordesoulle, le colonel Lagrange, le capitaine Lameth, aide-de camp du maréchal Soult, et le capitaine Guéheneuc, aide-de-camp du maréchal Lannes, étaient tous plus ou moins grièvement blessés.

Le lendemain, Napoléon visitant le champ de bataille, surpris du nombre de cadavres russes qu'il apercevait à l'endroit où le 2e léger avait combattu, demanda à ses généraux : Quel est ce champ de bataille? — C'est celui du 2ᵉ léger, lui répondit-on. — Je n'en suis plus étonné, dit l'empereur en souriant; c'est un de mes bons régiments.

Napoléon ayant reçu du général Davoust l'avis qu'aucun corps ennemi n'était dans les environs et que, selon toute probabilité, il avait devant lui l'armée tout entière, décida que cette attaque aurait lieu le lendemain 12; en conséquence, il fit bivouaquer les soldats à leurs postes.

Mais, en voyant les préparatifs de l'empereur, les Russes ne se jugèrent point assez abrités par leurs retranchements ; à dix heures du soir ils commencèrent, en conséquence, à passer sans bruit sur la rive droite de l'Alle, abandonnant tout le pays de la gauche, et laissant à la générosité française les blessés de la veille et des combats précédents, et le nombre en était si grand que toutes les maisons en étaient encombrées. Au point du jour, Napoléon ordonna un vaste mouvement sur toute la ligne ; mais, en s'approchant, les soldats s'aperçurent que les retranchements étaient déserts, l'armée russe s'était évanouie comme une fumée. Heilsberg fut immédiatement occupé, puis on lança à la poursuite de l'ennemi le général Victor de Latour-Maubourg avec sa division de dragons et les brigades de cavalerie légère des généraux Durosnel et Wattier, tandis que les divisions Ney, Soult, Davoust, Lannes, Mortier et la cavalerie marchaient sur différents points dans le but de déborder l'armée russe et de lui couper le chemin de Kœnigsberg.

Le 12, à 4 heures du matin, l'armée française entra à Heilsberg. Le général Latour-Maubourg avec sa division de dragons et les brigades de cavalerie légère des généraux

Durosnel et Wattier poursuivirent l'ennemi sur la rive droite de l'Alle, dans la direction de Bartenstein, pendant que les corps d'armée se mettaient en marche dans différentes directions pour déborder l'ennemi et lui couper sa retraite sur Kœnigsberg en arrivant avant lui sur ses magasins. La fortune a souri à ce projet.

Le 12, à cinq heures après-midi, l'empereur porta son quartier-général à Eylau. Ce n'étaient plus ces champs couverts de neige; c'était le plus beau pays de la nature, entrecoupé de beaux bois, de beaux lacs, et peuplé de jolis villages.

Le grand duc de Berg se porta, le 13, sur Kœnigsberg avec sa cavalerie, le maréchal Davoust marcha derrière pour le soutenir; le maréchal Soult se porta sur Creutzbourg, le maréchal Lannes sur Domnau, les maréchaux Ney et Mortier sur Lampasch.

Cependant le général Latour-Maubourg écrivait qu'il avait poursuivi l'arrière-garde ennemie, que les Russes abandonnaient beaucoup de blessés; qu'ils avaient évacué Bartenstein, et continuaient leur retraite sur Scheippenheil par la rive droite de l'Alle. L'empereur se mit sur-le-champ en marche sur Friedland. Il ordonna au grand duc de

Berg, aux maréchaux Soult et Davoust de manœuvrer sur Kœnigsberg; et avec les corps des maréchaux Ney, Lannes et Mortier, avec la garde impériale et le premier corps, commandé par le général Victor, il marcha en personne sur Friedland.

Le 13, le 9ᵉ de hussards entra à Friedland; mais il en fut chassé par 3,000 hommes de cavalerie.

Le 14, l'ennemi déboucha sur le pont de Friedland. A trois heures du matin, des coups de canon se firent entendre. « C'est un » jour de bonheur, dit l'empereur; c'est » l'anniversaire de Marengo. »

Les maréchaux Lannes et Mortier furent les premiers engagés; ils étaient soutenus par la division de dragons du général Grouchy, et par les cuirassiers du général Nansouty. Différents mouvements, différentes actions eurent lieu. L'ennemi fut contenu, et ne put pas dépasser le village de Posthenem. Croyant qu'il n'avait devant lui qu'un corps de 15,000 hommes, l'ennemi continua son mouvement pour filer sur Kœnigsberg. Dans cette occasion les dragons et les cuirassiers français et saxons firent les plus belles charges, et prirent quatre pièces de canon à l'ennemi.

A 5 heures du soir, les différents corps d'armée étaient à leur place. A la droite, le maréchal Ney; au centre, le maréchal Lannes; à la gauche, le 2e léger, colonel Brayer, fait partie de ce corps d'armée, brigade Schramm, division Verdier, le maréchal Mortier; à la réserve, le corps du général Victor et la garde.

La cavalerie sous les ordres du général Grouchy, soutenait la gauche. La division de dragons du général Latour-Maubourg était en réserve derrière la droite. La division du général Lahoussaye et les cuirassiers saxons étaient en réserve derrière le centre.

Cependant l'ennemi avait déployé toute son armée. Il déployait sa gauche à la ville de Friedland, et sa droite se prolongeait à une lieue et demie.

L'empereur, après avoir reconnu la position, décida d'enlever sur-le-champ la ville de Friedland en faisant brusquement un changement de front la droite en avant, et fit commencer l'attaque par l'extrémité de sa droite.

A cinq heures et demie, le maréchal Ney se mit en mouvement; quelques salves d'une batterie de vingt pièces de canon furent le signal. Au même moment la division du général Marchand avança, l'arme au bras, sur l'ennemi, prenant sa direction sur le clocher de la ville. La division du général Bisson le soutenait sur la gauche. Du moment où l'ennemi s'aperçut que le maréchal Ney avait quitté le bois où sa droite était d'abord en position, il le fit déborder par des régiments de cavalerie précédés d'une nuée de cosaques. La division de dragons du général Latour-Maubourg se forma sur-le-champ au galop sur la droite, et repoussa la charge ennemie. Cependant le général Victor fit placer une batterie de trente pièces de canon en avant de son centre; le général Sennarmont, qui la commandait, se porta à plus de quatre cents pas en avant, et fit éprouver une horrible perte à l'ennemi. Les différentes démonstrations que les Russes voulurent faire pour opérer une diversion furent inutiles. Le maréchal Ney, avec un sang-froid et avec cette intrépidité qui lui est particulière, était en avant de ses échelons, dirigeait lui-même les plus petits détails, et donnait l'exemple à un corps d'armée qui toujours s'est fait distinguer, même parmi les corps de la grande armée. Plusieurs colonnes d'infanterie ennemie qui attaquaient la droite du maréchal Ney, furent chargées à la baïonnette et précipitées dans l'Alle; plusieurs milliers d'hommes y trouvèrent la mort, quelques-uns échappèrent à la nage. La gauche du maréchal Ney arriva sur ces entrefaites au ravin qui entoure la ville de Friedland. L'ennemi, qui y avait embusqué la garde impériale russe à pied et à cheval, déboucha avec intrépidité, et fit une charge sur la gauche du maréchal Ney, qui fut un moment ébranlée; mais la division Dupont, qui formait la droite de la réserve, marcha sur la garde impériale, la culbuta, et en fit un horrible carnage.

L'ennemi tira de ses réserves et de son centre d'autres corps pour défendre Friedland. Vains efforts! Friedland fut forcé et ses rues jonchées de morts.

Le centre, que commandait le maréchal Lannes, se trouva dans ce moment engagé. L'effort que l'ennemi avait fait sur l'extrémité de la droite de l'armée française ayant échoué, il voulut essayer un semblable effort sur le centre. Il y fut reçu comme on devait l'attendre des braves divisions Oudinot et Verdier, et du maréchal qui les commandait.

Ce fut sur ce corps d'armée et particulièrement sur les divisions Oudinot et Verdier que se portèrent, pendant la bataille, les efforts des Russes, et ce fut là aussi qu'on perdit le plus de soldats. Les divisions Oudinot et Verdier, composées des 2e et 12e légers, des 2e et 72e de ligne, furent décimées; le 2e léger seul compta 400 hommes tués ou blessés : en effet, ce régiment, pendant cette lutte longue et acharnée, resta en carré et essuya tout le feu du centre et de la droite de l'armée russe lorsqu'elle se retira sur Friedland. Le colonel Brayer, du 2e léger, fut blessé à la cuisse en dirigeant une attaque contre le bois de Sortlach.

Les charges d'infanterie et de cavalerie ne purent pas retarder la marche de nos colonnes. Tous les efforts de la bravoure des Russes furent inutiles. Ils ne purent rien entamer, et vinrent trouver la mort sous nos baïonnettes.

Le maréchal Mortier, qui pendant toute la journée fit preuve de sang-froid et d'intrépidité en maintenant la gauche, marcha alors en avant et fut soutenu par les fusiliers de la garde, que commandait le général Savary. Cavalerie, infanterie, artillerie, tout le monde s'est distingué.

La garde impériale à pied et à cheval, et

deux divisions de la réserve du 1er corps, n'ont pas été engagées. La victoire n'a pas hésité un seul instant. Le champ de bataille est un des plus horribles qu'on puisse voir. Ce n'est pas exagérer que de porter le nombre des morts du côté des Russes de 15 à 18 mille hommes. Du côté des Français la perte ne se monte pas à 500 morts, ni à plus de 3,000 blessés. Nous avons pris 80 pièces de canon et une grande quantité de caissons. Plusieurs drapeaux sont restés en notre pouvoir. Les Russes ont eu vingt-cinq généraux tués, pris ou blessés. Leur cavalerie a fait des pertes immenses.

Les carabiniers et les cuirassiers commandés par le général Nansouty, et les différentes divisions de dragons, se sont fait remarquer. Le général Grouchy, qui commandait la cavalerie de l'aile gauche, a rendu des services importants.

Le général Drouet, chef de l'état-major du corps d'armée du maréchal Lannes; le général Coborn; le colonel Régnaud, du 15e de ligne; le colonel Lajonquière, du 60e de ligne; le colonel Lamotte, du 4e de dragons; le général de brigade Brun, le chef de bataillon Gudin ont été blessés. Le général de division Latour-Maubourg l'a été à la main. Le colonel d'artillerie Destourneaux et le chef d'escadron Huln, premier aide-de-camp du général Oudinot, ont été tués. Les aides-de camp de l'empereur Mouton et Lacoste ont été légèrement blessés.

La nuit n'a point empêché de poursuivre l'ennemi, on l'a suivi jusqu'à onze heures du soir. Le reste de la nuit les colonnes qui ont été coupées ont essayé de passer l'Alle à plusieurs gués. Partout, le lendemain, à plusieurs lieues, nous avons trouvé des caissons, des canons et des voitures perdues dans la rivière. La bataille de Friedland est digne d'être mise à côté de celles de Marengo, d'Austerlitz et d'Iéna. L'ennemi était nombreux, avait une belle et forte cavalerie, et s'est battu avec courage.

Le lendemain 15, pendant que l'ennemi essayait de se rallier, et faisait sa retraite sur la rive droite de l'Alle, l'armée française continuait sur la rive gauche ses manœuvres pour le couper de Kœnigsberg.

Les têtes des colonnes sont arrivées ensemble à Wehlau, ville située au confluent de l'Alle et de la Pregel.

L'empereur avait son quartier-général au village de Peterswalde.

Le 16, à la pointe du jour, l'ennemi ayant coupé tous les ponts mit à profit cet obstacle pour continuer son mouvement rétrograde vers la Russie.

A huit heures du matin l'empereur fit jeter un pont sur la Pregel, et l'armée s'y mit en position.

Presque tous les magasins que l'ennemi avait sur l'Alle ont été par lui jetés à l'eau ou brûlés : par ce qui nous reste, on peut reconnaitre les pertes immenses qu'il a faites. Partout dans les villages les Russes avaient des magasins, et partout en passant ils les ont incendiés. Nous avons cependant trouvé à Wehlau plus de 6,000 quintaux de blé.

A la nouvelle de la victoire de Friedland, Kœnigsberg a été abandonné. Le maréchal Soult est entré dans cette place, où nous avons trouvé des richesses immenses, plusieurs centaines de milliers de quintaux de blé, plus de 20,000 blessés russes et prussiens, tout ce que l'Angleterre a envoyé de munitions de guerre à la Russie, entre autres 160,000 fusils encore embarqués. Ainsi la Providence a puni ceux qui, au lieu de négocier de bonne foi pour arriver à l'œuvre salutaire de la paix, s'en sont fait un jeu, prenant pour faiblesse et pour impuissance la tranquillité du vainqueur.

L'armée occupe ici le plus beau pays possible. Les bords de la Pregel sont riches. Dans peu, les magasins et les caves de Dantzick et de Kœnigsberg vont nous apporter de nouveaux moyens d'abondance et de santé.

Le prince de Neuchâtel a, dans la bataille de Friedland, donné des preuves particulières de son zèle et de ses talents. Plusieurs fois il s'est trouvé au fort de la mêlée, et y a fait des dispositions utiles.

Comme à Marengo, le résultat fut suprême et définitif. Les Russes furent écrasés. Alexandre laissa 60,000 hommes couchés sur le champ de bataille, noyés dans l'Alle ou prisonniers; 120 pièces de canon et 25 drapeaux furent les trophées de la victoire, et les débris de l'armée vaincue, n'espérant pas même résister, coururent se mettre à couvert en passant la Pregel et en détruisant tous les ponts.

Malgré cette précaution les Français passèrent la rivière le 16 et marchèrent aussitôt sur le Niémen, dernière barrière qui restât à franchir à Napoléon pour porter la guerre sur le territoire même de l'empereur de Russie. Alors le czar s'effraie, le prestige des séductions britanniques s'évanouit; il est dans la même position qu'après Austerlitz, sans espoir de recevoir du secours : il prend la résolution de s'humilier une seconde fois. Cette paix qu'il a refusée si opiniâtrément et dont il pouvait dicter les articles, il vient la demander lui-même et recevoir les conditions de son vainqueur. Le 21 juin un armistice est signé, le 22 la proclamation suivante est mise à l'ordre de l'armée.

« Soldats,

» Le 5 juin nous avons été attaqués dans nos cantonnements par l'armée russe ; l'ennemi s'est mépris sur les causes de notre inactivité, il s'est aperçu trop tard que notre repos est celui du lion : il se repent de l'avoir oublié.

» Dans les journées de Gunstadt, d'Heilsberg, dans celle à jamais mémorable de Friedland, dans dix jours de campagne enfin, nous avons pris 120 pièces de canons, 70 drapeaux, tué, blessé ou fait prisonniers 60,000 Russes, enlevé à l'armée ennemie tous ses magasins, ses hôpitaux, ses ambulances, la place de Kœnisberg, les bâtiments qui étaient dans son port chargés de toute espèce de munitions, 160,000 fusils que l'Angleterre envoyait pour armer nos ennemis.

» Des bords de la Vistule nous sommes arrivés à ceux du Niémen avec la rapidité de l'aigle. Vous célébrâtes à Austerlitz l'anniversaire de mon couronnement ; vous avez cette année dignement célébré celui de Marengo, qui mit fin à la deuxième guerre de la coalition. Français, vous avez été dignes de vous et de moi. Vous rentrerez en France couverts de tous vos lauriers et après avoir obtenu une paix qui porte avec elle la garantie de sa durée : il est temps que notre patrie vive en repos à l'abri de la maligne influence de l'Angleterre. Mes bienfaits vous prouveront ma reconnaissance et toute l'étendue de l'amour que je vous porte. »

Dans la journée du 24 juin le général d'artillerie Lariboissière fit établir sur le Niémen un radeau, et sur ce radeau un pavillon destiné à recevoir les deux empereurs : chacun devait s'y rendre en partant de la rive qu'il occupait.

Le 25, à une heure de l'après-midi, l'empereur Napoléon, accompagné du grand duc de Berg, des maréchaux Berthier et Bessières, du général Duroc et du grand écuyer Caulaincourt, quitta la rive gauche du fleuve pour se rendre au pavillon préparé. En même temps, l'empereur Alexandre, accompagné du grand duc Constantin, du général en chef Benigsen, du prince Labanow, du général Ouwarow, et de l'aide-de-camp général comte de Lieven, quitta la rive droite.

Les deux bateaux arrivèrent en même temps. En mettant le pied sur le radeau, les deux empereurs s'embrassèrent.

Cet embrassement était le prélude de la paix de Tilsit, qui fut signée le 9 juillet 1807. La Prusse paya les frais de la guerre: les royaumes de Saxe et de Westphalie furent érigés comme deux forteresses pour la surveiller. Alexandre et Frédéric-Guillaume reconnurent solennellement Joseph, Louis et Jérôme comme leurs frères. Bonaparte, premier consul, avait créé des républiques ; Napoléon, empereur, les changeait en fiefs. Héritier de trois dynasties qui avaient régné sur la France, il voulut augmenter encore la succession de Charlemagne, et l'Europe fut forcée de le regarder faire.

Le 27 juillet de la même année, après avoir terminé cette splendide campagne par un trait de clémence, Napoléon était de retour à Paris, n'ayant plus d'ennemi que l'Angleterre sanglante et blessée, il est vrai, de la défaite de ses alliés, mais toujours constante dans sa haine, mais toujours debout aux deux extrémités du continent, en Suède et en Portugal.

CHAPITRE VIII.

L'empire français après Tilsit. — Invasion de la Péninsule. — Le 2ᵉ léger fait partie de la 2ᵉ division. — Révolte de Burgos. — Bataille de Rio-Secco. — Entrée de Napoléon en Espagne. — Le duc de Dalmatie prend le commandement du 2ᵉ corps. — — Combat de Gamonal. — Le 2ᵉ léger y prend une part glorieuse. — Combat de Calcabellos. — — Mort de Colbert. — Le 2ᵉ léger à la prise de Lugo. — Bataille de la Corogne. — Invasion du Portugal. — Bataille d'Oporto. — Belle retraite du duc de Dalmatie. — 2º Invasion du Portugal par Masséna. — Le 2ᵉ léger fait partie de l'expédition. — Bataille d'Alcoba. — L'armée française sous les murs de Lisbonne. — Le 2ᵉ léger à Sabugal. — Bataille des Arapiles. — Le chef de bataillon Godin à l'assaut de Castro. — Vittoria. — Rentrée en France du 2ᵉ léger.

Tilsit fut le point culminant de la grandeur impériale : arrivé sur ce faîte, Napoléon s'arrête un instant ébloui aux splendeurs de sa propre fortune. La France en est presque arrivée où en était Rome sous Auguste. Elle s'étend, d'un côté, de l'Ebre au Danube ; elle s'étend, de l'autre, de la mer de Bretagne à l'Adriatique : car tous ces nouveaux royaumes, Naples, la Hollande et la Westphalie, tous ces grands duchés, Florence et Berg, ne sont rien autre chose que des fiefs inféodés à la mère-patrie, et 120 millions de sujets crient *Vive Napoléon !* en douze langues différentes.

Mais comme l'Achille d'Homère, invulnérable partout et tout trempé que Napoléon a été par la Victoire sa mère dans les eaux du Nil, de l'Éridan, du Danube et du Rhin, il a un point par lequel la flèche de l'Angleterre peut l'atteindre : ce point, c'est l'Espagne ; tandis que victorieux il date ses décrets du Kaire, de Rome, de Vienne ou de Berlin, une armée peut franchir les Pyrénées et venir frapper en quelques jours aux portes de Paris.

Napoléon le comprend : l'Espagne est la dernière pièce de son armure qu'il faille solidement lacer à son flanc. On conquerra la Péninsule : Joseph fera place à Murat, et quittera Naples pour Madrid. Il est roi des Deux-Siciles, il lui faut deux royaumes pour ne pas déchoir. Joseph sera roi d'Espagne et des Indes.

Depuis son retour en France, le 2e léger avait été envoyé au camp de Rennes : ce fut là qu'il reçut son ordre de départ pour l'Espagne. Il faisait partie du corps dit de réserve, 2e division, sous les ordres du général Mouton, général de brigade Rey, colonel Brayer.

La première armée qui servit d'avant-garde aux nombreuses armées que devait engloutir l'Espagne fut celle de Junot, qui se dirigeait sur le Portugal. Murat vint après, marchant sur Madrid; puis Dupont, vers l'Andalousie; puis Moncey, vers la Navarre; puis enfin Bessières, avec l'armée de réserve, chargé comme un autre Roland, par cet autre Charlemagne, de garder le passage des Pyrénées. La division Mouton, qui forme son avant-garde, et la brigade Rey, dont est le 2e léger, s'avancent jusqu'à Burgos, servant d'escorte au nouveau roi d'Espagne Joseph Napoléon.

A peine Bessières a-t-il fixé ses quartiers à Burgos, que l'évêque de Santander lève l'étendard de la révolte : aussitôt une insurrection générale éclate; le corps d'armée qu'il commande est enveloppé d'un réseau d'ennemis.

Ce premier mouvement d'insurrection fut promptement et vigoureusement réprimé. Huit ou dix villages furent incendiés, et, comme une ligne de signaux, allèrent annoncer à Madrid la répression de la révolte. Saragosse seule tint sérieusement.

L'insurrection étouffée, Bessières se porte sur Medina del Rio-Secco. Ce mouvement, opéré d'après les ordres de Napoléon, avait pour but de s'emparer de Léon et d'ouvrir des communications avec le Portugal. Cuesta, contre l'avis de Blacke, son collègue, se porte aussitôt à la rencontre des Français. Bessières, qui apprend son mouvement, s'arrête un instant, rassemble à Valencia 15,000 hommes et 30 pièces de canon, et attend son adversaire. Sa ligne consiste en deux divisions d'infanterie, une de cavalerie légère et 24 pièces d'artillerie; sa réserve est formée de quatre bataillons, de quelques compagnies d'élite de la garde impériale, et de deux pièces de canon.

Le 13 juillet 1808, il se porte à Ampodia de Torre. Le 14 il se remet en marche sur deux colonnes, rencontre un avant-poste de cavalerie, le culbute, et arrive à neuf heures en face de Rio-Secco, où l'armée de Cuesta est rangée en bataille : cette armée est forte de 45,000 hommes.

La première ligne des Espagnols était postée sur le bord d'un plateau, ayant ses pièces de position distribuées sur son front. La deuxième ligne, composée de leurs meilleures troupes, était renforcée de 18,000 paysans; elle était déployée à une grande distance de la première. La ville de Rio-Secco était derrière le centre.

Bessières juge d'un coup d'œil la mauvaise disposition de l'ennemi, ordonne au général Lassalle de faire une fausse attaque sur le front, en même temps qu'il pousse contre leurs lignes les gardes impériales et les divisions Merle et Mouton, dont le 2º léger fait partie.

A peine abordé, le front espagnol est rompu. Lassalle, du premier choc, leur tue 150 hommes; le reste fuit. Les divisions Merle et Mouton envoient leur infanterie à la poursuite des fuyards. Le 2º léger, emporté par l'ardeur du succès, s'avance jusqu'à Rio-Secco. Mais cette poursuite ne peut se faire sans qu'un peu de désordre s'introduise dans nos rangs. Cuesta s'en aperçoit et, pour en profiter, porte en avant sa seconde ligne, pousse hardiment sur nous son aile droite, et nous enlève 6 pièces de campagne; mais ce mouvement est plus impétueux que réfléchi. Ce mouvement sépare ses deux ailes et expose le flanc de sa droite. Bessières fait charger ce flanc dégarni par la division Merle, tandis que la garde l'attaque de front.

Il y eut un instant de résistance terrible, et pendant cet instant la lutte fut sanglante. Mais les Espagnols ne purent tenir; rompue et dispersée, la première ligne se reforme en vain à Rio-Secco tandis que la seconde bat en retraite à son tour. La division Mouton marche à elle; la brigade Rey, composée des 2e et 12e léger, s'avance impétueusement contre cette ligne, et, soutenue par la brigade Raynaud, la brise, la disperse une seconde fois, et décide ainsi la victoire.

Douze cents prisonniers et 18 pièces de canon furent les trophées de cette première victoire. Quant aux morts, les curés des paroisses voisines assurèrent à Bessières qu'ils avaient fait enterrer plus de 17,000 cadavres.

La victoire de Rio-Secco eut une immense importance, en ce qu'elle était la base des opérations militaires en Espagne, et qu'une défaite eût ébranlé tout le système. Aussi, en apprenant cette victoire, Napoléon s'écria-t-il : C'est un nouveau *Villa-Viciosa*, Bessières a mis Joseph sur le trône.

En effet, Bessières entra à Madrid quelques jours après.

Mais ce premier séjour du nouveau roi dans sa capitale fut de courte durée. La capitulation de Baylen, la plus humiliante que la France eût signée depuis cette ère militaire moderne qui commence à 92, força Joseph de quitter Madrid et de chercher un refuge dans les rangs de l'armée. Ce refuge, ce fut encore le corps de Bessières qui le lui offrit ; et bientôt le maréchal fut forcé lui-même de se retirer à Vittoria.

Napoléon apprit cette nouvelle au moment où il s'y attendait le moins. C'était l'avant-garde de ses revers. Il prit aussitôt une grande résolution, c'était d'anéantir les moyens de défense de l'armée espagnole avant qu'ils pussent se réaliser à l'aide des armes et de l'argent des Anglais. Il leva une armée de 150,000 hommes, se mit à sa tête et marcha sur Madrid.

Avant de partir, Napoléon avait dit au sénat : « Dans quelques jours j'irai me mettre à la tête de mes armées, et, avec l'aide de Dieu, j'irai couronner le roi d'Espagne dans Madrid et planter mes aigles sur les tours de Lisbonne. »

En partant, il avait dit à ses soldats :

« Soldats, vous avez surpassé la renommée des armées modernes ; vous allez égaler la gloire des armées de Rome, qui, dans une même campagne, triomphèrent sur le Rhin et sur l'Euphrate, en Illyrie et sur le Tage. Une longue paix, une prospérité durable seront le prix de vos travaux ; un vrai Français ne peut et ne doit prendre de repos que lorsque les mers sont ouvertes et affranchies. Soldats, tout ce que vous avez fait, tout ce que vous ferez encore pour le bonheur du peuple français et pour ma gloire, sera éternellement gravé dans mon cœur. »

L'empereur partit de Paris dans les premiers jours de novembre, se rendit à Bayonne, et de là entra en Espagne. Aussitôt l'armée française tout entière se mit en mouvement, et comme un torrent se répandit dans toutes les directions.

Napoléon suivait spécialement les opérations du deuxième corps. C'était celui dont le 2e léger faisait partie. Soult en avait le commandement. La division Mouton, à laquelle il appartenait, se composait ainsi :

4ᵉ Léger 15ᵉ de ligne 1ᵉʳ Bataillon de Paris.	1ʳᵉ brigade, général Raynaud.
2ᵉ Léger 12ᵉ Léger	2ᵉ brigade, général Rey.

Le duc de Dalmatie arriva le 9 à Briviesca, et reçut de Bessières le commandement de ce corps. Le lendemain 10, il rencontra l'ennemi à Gamonal. Son centre était appuyé à ce village, et ses ailes se prolongeaient à droite et à gauche de la grande route de Madrid pour couvrir Burgos ; touchaient sa droite un bois, et sa gauche un parc muré. Trente pièces d'artillerie protégeaient son front. L'artillerie était à cette époque la meilleure arme de l'Espagne.

A peine la tête des colonnes fut-elle à portée que cette artillerie fit feu sur toute la ligne. Mais, quoique le corps d'armée fût encore loin, le duc de Dalmatie n'hésita point à donner l'ordre de l'attaque. La division Mouton, dont, comme on se le rappelle, le 2ᵉ léger faisait partie, s'élança aussitôt au pas de charge sur le village de

Gamonal, et la division Boudet la suivit pour la soutenir; mais les vétérans d'Austerlitz et de Friedland heurtèrent l'ennemi d'un choc si terrible, que les gardes wallonnes et espagnoles, qui défendaient le village, furent culbutées, et cela si rapidement que la division Boudet n'eut pas même le temps de tirer un coup de fusil.

En même temps, le général Bessières, à la tête de sa grosse cavalerie, déborda les ailes, les fit charger en flanc, s'empara de toute l'artillerie, et poursuivit l'ennemi de si près qu'il entra dans Burgos pêle-mêle avec les fuyards. L'ennemi, au reste, se retirait dans un tel désordre, qu'il ne pensa pas même à occuper le château qui pouvait tenir plusieurs jours. Les troupes françaises, profitant de cette faute, s'en emparèrent aussitôt.

Jamais déroute ne fut plus prompte et plus complète; 3,000 hommes furent tués ou blessés, 5,000 autres furent faits prisonniers, parmi lesquels plusieurs généraux et officiers supérieurs; enfin, 12 drapeaux et de nombreux approvisionnements de vivres amassés à Burgos furent pris; aussi, le Bulletin officiel, après avoir fait l'éloge du général Mouton, ajoutait-il : « Il est vrai de dire que cette division est composée de régiments dont le nom seul est un titre d'honneur. »

Napoléon fixa son quartier-général à Burgos, où il demeura jusqu'au 22 (1).

La veille de l'arrivée de l'empereur un violent incendie ayant éclaté à Burgos, le 2e léger y fit preuve du plus grand dévouement. Le lendemain, il fut passé en revue par l'empereur. Frappé de la tenue martiale des soldats du régiment, Napoléon dit à haute voix en se tournant vers le colonel : Avec un tel régiment on doit battre 10,000 Espagnols !

— Sire, répondit le colonel, c'est une lettre de change que Votre Majesté tire sur mon régiment ; mais je jure sur l'honneur qu'il s'acquittera à la première occasion.

Cette occasion ne tarda pas à se présenter.

Mais, dès le lendemain du combat de Gamonal, il avait fait battre le pays de tous les côtés, et, tandis que les trois divisions de cavalerie Lassalle, Latour-Maubourg et Millaud se mettaient en marche, avec 20 pièces d'artillerie légère, pour se porter rapi-

(1) Depuis Burgos le 2e léger eut pour général de brigade Sarrut, et pour colonel Brayer, qui avait été élevé à ce grade à Austerlitz.

dement par Lerma sur les derrières de l'armée anglaise, le maréchal Soult s'avançait de son côté sur Reynosa, où il voulait déborder le flanc gauche de l'ennemi ; mais l'ennemi était en retraite, ayant été battu, le 10, par le duc de Bellune à Espinosa de los Monteros. Après Burgos, le 2e léger se porta vers Santillana dans les Asturies. Arrivé à Camillas, le colonel reçut l'ordre de faire une reconnaissance *sur San-Vicente de la Barquesa*, où l'on présumait que se trouvait le corps de la Romana fort de plus de 10,000 hommes. A quatre heures du matin, le régiment commença son mouvement de reconnaissance; l'avant-garde, conduite par le colonel, ne tarda pas à rencontrer l'ennemi sur les hauteurs en avant de *San-Vicente* : elle venait de quitter un défilé où le reste du régiment était encore engagé. Les tirailleurs s'élancèrent alors sur l'ennemi : en même temps le colonel envoya son neveu, le major Brayer (1), pour activer l'arrivée du régiment, et le faire former en bataillons en masse à cheval sur la route. Deux compagnies de voltigeurs de l'avant-garde, ayant culbuté l'ennemi, le

(1) Aujourd'hui colonel du 5e de ligne.

poursuivirent jusque sur le pont de San Vicente, où il se jeta en désordre. Au moment où s'effectuait la retraite de l'ennemi le colonel ordonne au chef de bataillon Godin de descendre au pas de course un ravin qui conduisait au pont en ligne droite, et de faire en sorte d'y devancer l'ennemi. Ce mouvement ne réussit point; les Espagnols y arrivèrent les premiers, et s'établirent, de l'autre côté du pont, sur une position en amphithéâtre. Le bataillon franchit sous une grêle de balles, l'arme au bras et au pas accéléré, le pont, long de 400 toises et fort étroit, et enleva la position ennemie à la baïonnette. La ville fut promptement évacuée; mais les Espagnols essayèrent de se reformer une troisième fois sur une nouvelle position : les tirailleurs ne leur en donnèrent pas le temps, et s'emparèrent de trois bâtiments anglais qui se trouvaient dans le port, et dont un renfermait une cargaison de montres.

Le 2e léger venait d'accomplir littéralement la promesse de son colonel : le régiment avait vaincu 10,000 Espagnols, fait 1,200 prisonniers, pris deux drapeaux et des canons.

Ce combat fit le plus grand honneur au 2ᵉ léger; sur 1,200 hommes de ce régiment qui avaient pris part à l'action, 300 furent mis hors de combat. Le colonel Brayer déclara vieux soldats des conscrits bourguignons arrivés depuis peu, et qui avaient fait merveille. Et, comme un petit bâtiment chargé de montres venait d'être pris aux Anglais, il fit distribuer une montre d'argent à chaque soldat du bataillon qui avait franchi le pont le premier, et une montre en or aux officiers. — 500 montres furent distribuées.

Quant au maréchal Soult, il continua son mouvement; et, laissant le 2ᵉ léger à Saint-Vincent-de-Barquesa, il nettoya les rives de la Dera, prit Potes, et envahit Léon jusqu'à Saldana.

Dix jours avaient suffi à l'empereur pour s'emparer de tout le nord de l'Espagne, et s'avancer jusqu'aux portes de Madrid. Alors, Napoléon résolut de faire de l'armée de Palafox et de Castanos ce qu'il venait de faire de celle de Belvedère. En conséquence, il changea son front d'armée; de colonne d'attaque qu'il était, le deuxième corps devint alors un corps d'observation chargé de couvrir le flanc gauche et de protéger Burgos.

Après le passage de la Somo-Sierra, effectué presque sans coup férir, Napoléon marcha sur Madrid, et fit son entrée dans cette capitale. De là, il donna une nouvelle direction aux troupes; ses différents corps d'armée, s'éloignant comme autant de rayons d'une étoile dont Madrid était le centre, se mirent en marche pour l'Andalousie, Valence et la Galice. Dans cette nouvelle combinaison, le 2e corps, renforcé du 8e, fut chargé de garder la ligne du nord.

Les Anglais espéraient surprendre Burgos et s'avançaient en force sur ce point conduits par le général Moore. Napoléon, résolu de se débarrasser par un coup énergique de ce général plus à craindre pour lui sur ses derrières que toutes ces nuées d'Espagnols plutôt tirailleurs que bons soldats en bataille rangée, marcha de sa personne contre lui. Le passage de la Guadarama, qui ne peut se comparer qu'à celui du Splugen et qui peut-être est plus difficile encore à franchir, préserva seul en retardant les manœuvres de l'empereur et en permettant que Moore fût prévenu du danger qui le menaçait, l'armée anglaise d'une entière destruction.

Ce fut pendant cette marche que Napoléon reçut des nouvelles de France : une nouvelle guerre avec l'Autriche le rappelait à Paris. Il quitta aussitôt l'Espagne pour marcher sur Vienne en passant par Eckmühl et Ratisbonne. Quinze jours après, il recevait à Paris les félicitations des grands corps de l'État.

Napoléon avait laissé au maréchal Soult le soin de chasser les Anglais de la Péninsule. Cette mission convenait surtout à l'habile stratégiste qui en était chargé. Aussi se mit-il en marche à l'instant même, poussant avec vigueur devant lui l'ennemi déjà ébranlé, comme nous l'avons dit, par la seule présence de Napoléon.

Mouton avait suivi Napoléon en France ; sa division avait été donnée au général Mermet. C'est donc sous les ordres de ce général que nous allons retrouver le 2° léger.

Le duc de Dalmatie se porta d'abord vers Calcabellos, ville située sur le versant des montagnes de la Galice, où la réserve de sir John Moore avait pris position. La Guia, torrent aux abords escarpés et au cours rapide, passe à travers la ville, où un pont de pierre unit les deux rives ; ce pont est protégé par un escarpement de terrain planté de vignes, et soutenu par des murs qui taillent la montagne en terrasses superposées les unes aux autres : 2,500 hommes d'infanterie, 1,000 hommes de cavalerie et 6 pièces de canon défendaient ce point déjà si bien fortifié par la nature. Moore, poursuivi depuis Burgos avec tant de vigueur qu'il avait dans sa marche abandonné ses malades, coupé les jarrets de ses chevaux et jeté dans les rivières et dans les précipices les bagages qu'il ne pouvait emmener, Moore avait choisi ce point pour faire un instant résistance à l'armée française, et pour donner à ses colonnes en déroute le temps de se reformer.

Le 3 janvier, vers onze heures du matin, on arriva en vue de Calcabellos, et l'on s'aperçut de l'intention de l'ennemi. Le général Colbert fut aussitôt envoyé pour prendre connaissance de la position : il s'approcha avec 7 ou 8 escadrons ; mais voyant que le terrain était fortement occupé, il demanda de nouvelles instructions. Soult lui ordonna de marcher en avant, et lui envoya pour le soutenir les voltigeurs des 2e et 12e légers. Aussitôt le général Colbert s'élance sur les Anglais, les atteint, les culbute, les force de se replier devant lui, les poursuit jusqu'au pont, où la fusillade et la mitraille arrêtent un instant les Français, et donnent à l'ennemi le temps de repasser la Guia; mais cet instant est rapide. Le général Colbert arrive au pont, sabrant à la tête de sa cavalerie; les Anglais, qui n'ont point le temps de franchir l'arche étroite, se laissent glisser dans le torrent. Colbert traverse le pont; mais arrivé sur l'autre rive, quelques compagnies anglaises embusquées dans les vignes et sur les terrasses dont nous avons parlé font feu sur nous à portée de pistolet : une balle atteint Colbert au front et le renverse. Mais quoique blessé à mort le jeune général se relève, et faisant un effort pour suivre des yeux l'ennemi qui fuit de tous côtés : —Mes amis, dit-il, je suis bien jeune pour mourir; mais ma mort est digne d'un soldat de la grande armée, puisqu'en mourant je vois fuir les derniers et les éternels ennemis de mon pays.

A ces mots il expira frappé comme Marceau; comme Marceau, jeune et brave; comme lui estimé de l'ennemi qu'il combattait, et qui disait de lui en rendant compte de cet événement : « Sa belle figure, son air martial, sa voix, sa noble attitude, et par-dessus tout son audace valeureuse, avaient excité l'admiration des Anglais, et un sentiment de regret prévalut dans l'armée lorsque ce brave officier fut frappé du coup mortel. »

Deux jours auparavant, Napoléon, passant la revue de la brigade Colbert à Astorga, et reconnaissant dans le jeune général un de ses plus anciens compagnons, lui avait dit : Monsieur de Colbert, vous m'avez prouvé en Égypte, en Italie et en Allemagne que vous étiez un de mes plus braves soldats ; avant peu vous recevrez la récompense due à vos brillants services.

Hâtez-vous, sire, lui avait répondu Colbert en riant, car voilà que je commence à me faire vieux.

Colbert avait trente et un ans.

Mais sa mort fut promptement vengée : les voltigeurs du 2e et ceux du 12e légers, qui avaient traversé le pont en même temps que lui, s'élancèrent à travers les vignes, et, escaladant la montagne de terrasse en terrasse, forcèrent les Anglais à la retraite. 300 hommes à peu près furent tués et blessés de part et d'autre dans cette escarmouche. Le 2e léger y perdit 22 hommes.

Des engagements à peu près pareils, et

dans lesquels, selon son habitude, le 2ᵉ léger se trouva toujours le premier au feu, eurent lieu à Villa-Franca, au pont de Cruciel et à celui de Lugo. L'armée britannique se retirait avec une telle précipitation qu'elle avait parcouru en 48 heures les 25 lieues qui séparent Villa-Franca de Lugo, où elle arriva le 5 dans la soirée après avoir semé sur la route une partie de son trésor, ses gros bagages et une vingtaine de pièces d'artillerie : les Français marchaient au milieu de villages incendiés, de chevaux tués ou mutilés par leurs conducteurs, de femmes expirantes, victimes de la brutalité des soldats, et de cadavres couverts d'uniformes anglais qui attestaient que les paysans avaient essayé de rendre à leurs blessés le mal que ceux-ci leur avaient fait. A quelques lieues de Villa-Franca les Français s'emparèrent d'un convoi d'argent, évalué à un million à peu près, qu'on trouva dans une voiture abandonnée par ses conducteurs, qui s'étaient retirés en emmenant leurs chevaux.

A Ferreira, notre avant-garde rencontra l'arrière-garde ennemie : celle-ci en se retirant voulut faire sauter un petit pont dont la rupture devait retarder notre marche ;

mais la terreur était si grande que l'ennemi, en apercevant notre cavalerie qui s'apprêtait à charger, prit la fuite sans avoir le temps de mettre le feu à la mèche.

Cependant le général Moore avait reconnu l'impossibilité de soutenir jusqu'à la mer une retraite ainsi désorganisée. Aussi, profitant de la position, qui lui parut bonne, résolut-il de faire une halte de deux jours pour rétablir l'ordre dans son armée, et pour arreter la nôtre par une démonstration d'autant plus efficace qu'elle serait plus inattendue.

En effet, l'étonnement du maréchal Soult fut grand lorsqu'en arrivant à Lugo il vit ces préparatifs de défense ; mais pressé par les instructions de Napoléon, qui lui ordonnaient de ne laisser aucun relâche à l'ennemi, il réunit ses colonnes et se prépara à attaquer.

Les Anglais étaient placés en arrière de Lugo ; ils avaient leur droite appuyée au Minho et leur gauche à des montagnes.

La journée du 6 se passa en escarmouches entre l'avant-garde française et les grands postes anglais.

Dans la nuit du 6 au 7, le maréchal Soult vit arriver successivement toutes ses troupes : 24,000 hommes à peu près. Au point du jour il forma son armée en bataille, plaça à l'aile droite une partie de sa cavalerie destinée à tourner l'aile gauche de l'ennemi, abordable sur ce point seulement, mais qui une fois abordé était perdu; une division d'infanterie et une batterie d'artillerie légère soutenaient la cavalerie. Le reste de la journée fut donné aux soldats pour se reposer, attendu que les vainqueurs étaient aussi las et aussi affamés que les vaincus; car, marchant aussi vite qu'eux, puisque nos avant-postes harcelaient sans cesse leur arrière-garde, ils marchaient de plus sur une route et à travers un pays déjà dévastés.

Mais le général Moore, en voyant les dispositions de l'habile stratégiste auquel il avait affaire, avait jugé qu'il était perdu s'il ne continuait pas son mouvement rétrograde; d'ailleurs son intention n'avait jamais été d'engager un combat sérieux, mais seulement de donner un peu de repos à ses troupes et de rétablir quelque ordre dans sa retraite. Pendant ces deux jours il avait donc réorganisé tant bien que mal son armée : aussi le 8, à neuf heures du soir, ayant ordonné aux soldats de prendre les armes, il fit mettre à l'ordre que l'armée se retirait sur la Corogne et devait se rappeler toute sa constance pour effectuer cette marche, et, comme l'ordre était donné à l'arrière-garde de ne point s'arrêter, il prévenait les traînards qu'ils seraient indubitablement massacrés par les Français.

Cet ordre du jour publié, l'armée anglaise se mit en marche après avoir eu le soin d'alimenter ses feux d'assez de bois pour qu'ils brûlassent toute la nuit.

Les Français, comme l'avait prévu le général, furent dupes de ces feux si bien entretenus pendant l'obscurité. Le lendemain, à quatre heures du matin, l'armée tout entière était sous les armes; mais elle n'avait plus d'ennemis à combattre : l'ennemi avait dix heures de marche sur elle.

On entra dans Lugo; on y trouva 15 pièces de canon que les Anglais n'avaient pu emmener, et 400 chevaux qu'ils avaient tués sur le glacis. Le maréchal Soult se mit aussitôt à la poursuite des fuyards.

Le 11 janvier, l'avant-garde anglaise aperçut les murs de la Corogne ; le même jour le reste de l'armée arrivait sous la protection de cette place. Depuis sa tentative sur Burgos, le général Moore avait perdu dans sa retraite 8 à 10,000 hommes, 6,000 chevaux, son artillerie, ses magasins, ses équipements et la caisse de l'armée.]

La Corogne présentait enfin aux Anglais le terme de leurs fatigues, en leur offrant un lieu d'embarquement sûr : mais comme on avait cru que la retraite s'effectuerait sur un autre point, les vaisseaux avaient fait voile pour Vigo ; et leur retour, pour lequel le général Moore avait aussitôt envoyé des courriers, pouvait être retardé par les vents contraires. Sir John Moore fit donc immédiatement exécuter de nouveaux ouvrages pour augmenter les moyens de défense de la place. La résistance, au reste, était d'autant plus facile que, vu la difficulté des chemins, les Français étaient dépourvus de toute grosse artillerie.

En arrivant le 12 à Castroburgo, les Français trouvèrent pour premier obstacle le pont rompu ; ce pont ne put être rétabli que le 14. Le maréchal y fit aussitôt passer l'infanterie et l'artillerie, qui vinrent prendre position en face de l'armée anglaise ; laquelle se trouvait occuper la chaîne inférieure des montagnes de la Corogne, tandis que l'armée française occupait les hauteurs. Ainsi disposée, l'armée française

Le 4 mars, l'armée française se mit en mouvement; le 5, l'avant-garde était à Vilaréal.

Le maréchal Soult envoya aussitôt trois divisions d'infanterie et une de cavalerie sur Monterey. Le 2e léger, qui faisait partie de la division Merle, formait la tête de colonne. L'infanterie était escortée par les dragons de Laboussaye.

A mesure que les Français s'avançaient, les Espagnols quittaient leurs positions et se repliaient sur Monterey. Enfin, arrivé au pied des montagnes d'Orduna, on rencontra le marquis de la Romana avec 25,000 hommes à peu près, tant de troupes qu'il avait organisées à Léon que de nouvelles levées qu'il avait faites en Galice.

Le maréchal se porta aussitôt de sa personne pour examiner la position des Espagnols, et, l'ayant reconnue, donna l'ordre au 2e léger de les attaquer en queue, tandis que lui-même les attaquerait en tête. Pris entre deux feux, les Espagnols se formèrent en carré; mais à peine, après avoir résisté un instant aux troupes légères, virent-ils s'avancer les colonnes d'attaque, que, sans attendre leur choc, ils se débandèrent, abandonnant aux Français leur position, 10 piè

nis marchèrent à la baïonnette sur l'ennemi, qui ne put soutenir le choc : Anglais et Écossais, culbutés, pressés, poursuivis la baïonnette dans les reins, abandonnèrent enfin ce village dont la possession assurait le succès de la journée. Le général Moore l'avait si bien compris qu'il accourait de sa personne au secours de ses troupes, lorsqu'un boulet lui enleva tout le flanc gauche ; un instant auparavant le lieutenant-général David Baird avait eu le bras emporté par un boulet. Le lieutenant-général sir James Hope prit le commandement de l'armée.

Cependant cette double perte ne découragea point l'ennemi. Pendant le reste de la journée, d'ailleurs fort avancée, il maintint ses positions ; mais la nuit venue, le général Hope donna ordre de battre en retraite sans bruit et de se retirer dans la Corogne. Au point du jour, des hauteurs où il était, le maréchal Soult vit les lignes de la veille abandonnées, et par delà la ville l'armée anglaise qui s'embarquait en toute hâte. Il lança aussitôt dans les faubourgs tout ce qu'il avait d'infanterie légère avec une batterie de canon qui traversa la ville au galop, et, s'établissant sur le port, commença à tirer sur la flotte anglaise ; mais il était déjà trop tard : celle-ci leva l'ancre et gagna le large. Le 17 au soir la flotte était hors de vue.

On trouva dans le camp anglais plus de 3,000 fusils, des bagages, des munitions, des habillemens. Quant à la perte occasionnée par le combat de la veille, elle pouvait monter à 2,500 hommes hors de combat.

En quittant Soult, Napoléon lui avait laissé les instructions suivantes :

« Lorsque les Anglais seront embarqués vous marcherez sur Oporto avec les quatre divisions Merle, Mermet, Delaborde et Heudelet, avec les dragons de Lorge et de Lahoussaye, et avec la cavalerie légère de Franceschi.

» Vous envahirez le Portugal en combinant vos mouvements avec ceux du duc de Bellune, et vous marcherez sur Lisbonne. »

Le maréchal Soult s'occupa d'abord de chasser les Anglais de la Péninsule, puis de marcher sur Lisbonne.

Son corps d'armée montait à 47,000 hommes, mais une partie de cette armée était employée à garder les communications; de sorte que son effectif réel ne se montait qu'à 25,000 hommes épuisés de fatigue, et manquant de vivres et de munitions. Il paraissait donc matériellement impossible de suivre les instructions de l'empereur.

Mais le maréchal Soult était l'homme des choses impossibles. Le jour même où les Anglais eurent disparu, il commença la réorganisation de son armée. Dans cette réorganisation le 2e léger passa de la 2e division à la 1re, et cessa d'être sous les ordres du général Mermet pour passer sous ceux du général Merle.

D'après le plan de Napoléon, deux armées devaient envahir le Portugal : l'une, aux ordres du maréchal Victor, devait descendre le Tage et traverser la Haute-Estramadure ; l'autre, conduite par le maréchal Soult, devait passer le Minho à Tuy, et s'avancer dans l'intérieur du royaume par Braga et Oporto.

C'est celle-ci que nous allons suivre, puisque c'est de celle-ci que fait partie le 2e léger.

Le 1er février l'armée se mit en mouvement pour traverser le Minho à Tuy, suivant la route qui s'étend entre Salvatierra et Gardia. Malheureusement on était alors au plus fort de l'hiver, les torrents étaient grossis ; et le Minho, à sec l'été, comme presque toutes les rivières d'Espagne, était devenu un véritable fleuve. Le défaut d'embarcations nécessaires et la nécessité d'opérer le passage sous le canon de la forteresse portugaise de Valencia déterminèrent le maréchal Soult à remonter le Minho jusqu'à Orense; il espérait trouver sur ce point un passage moins difficile, et surtout moins gardé : il ne s'était pas trompé; arrivé dans cette ville, après un engagement avec les paysans galiciens le maréchal Soult traversa le Minho sans obstacle.

L'armée s'avança sur Oporto : 50,000 hommes gardaient cette ville. « Mais, dit le journal du maréchal Soult, lorsque le 2ᵉ corps parut sur les rives du Minho, les provinces septentrionales furent frappées de terreur; elles comprirent que les Français étaient de terribles ennemis. » Les forces régulières portugo-espagnoles s'élevaient à 16,000 hommes et s'étendaient, le long de la vallée de Taméga, depuis Monterey jusqu'à Chaves ; c'était la première ligne de défense du Portugal. 25,000 hommes postés à Braga formaient la deuxième ligne. Enfin, l'évêque d'Oporto à la tête d'une multitude de paysans renforcés de quelques troupes régulières formait la troisième ligne.

Le 4 mars, l'armée française se mit en mouvement; le 5, l'avant-garde était à Villaréal.

Le maréchal Soult envoya aussitôt trois divisions d'infanterie et une de cavalerie sur Monterey. Le 2ᵉ léger, qui faisait partie de la division Merle, formait la tête de colonne. L'infanterie était escortée par les dragons de Lahoussaye.

A mesure que les Français s'avançaient, les Espagnols quittaient leurs positions et se repliaient sur Monterey. Enfin, arrivé au pied des montagnes d'Orduna, on rencontra le marquis de la Romana avec 25,000 hommes à peu près, tant de troupes qu'il avait organisées à Léon que de nouvelles levées qu'il avait faites en Galice.

Le maréchal se porta aussitôt de sa personne pour examiner la position des Espagnols, et, l'ayant reconnue, donna l'ordre au 2ᵉ léger de les attaquer en queue, tandis que lui-même les attaquerait en tête. Pris entre deux feux, les Espagnols se formèrent en carré; mais à peine, après avoir résisté un instant aux troupes légères, virent-ils s'avancer les colonnes d'attaque, que, sans attendre leur choc, ils se débandèrent, abandonnant aux Français leur position, 10 pièces de canon, 7 drapeaux et une grande quantité de munitions. Les fuyards, poursuivis par Franceschi et la cavalerie, prirent en désordre la route de Sanabria et de Puebla; mais, quelle que fût la rapidité avec laquelle ils se jetèrent dans les montagnes, les vainqueurs n'en firent pas moins 2,500 prisonniers. Mais ne sachant que faire, et n'ayant pas trop de soldats pour les faire accompagner par une escorte, il leur rendit la liberté à la condition qu'ils ne serviraient plus contre la France ni contre le roi Joseph. Les Espagnols firent le serment exigé; mais bientôt, relevés de ce serment par leurs prêtres, ils rejoignirent en grande partie le corps d'armée du marquis de la Romana. Au reste cette victoire produisit un tel effet sur les Portugais, que la plupart des paysans qui s'étaient soulevés jetèrent leurs armes et rentrèrent chez eux.

Après ce combat, la division Merle fut chargée de garder Verins pour protéger l'hôpital pendant que l'armée s'avancerait sur Chaves, qui était la clef d'Oporto.

Chaves, dans la crainte du pillage, n'essaya pas même de tenir, et se rendit après trois sommations.

Cette reddition permettait au maréchal

Soult d'agir enfin sur Oporto soit par Tras-os-Montès, soit par Entre-Douro-et-Minho : il se décida pour cette dernière province.

Il fallait traverser un défilé étroit, profond et escarpé ; ce défilé était gardé par une population de montagnards robustes et braves : pendant six heures le maréchal Soult lutta ; enfin les nouvelles Thermopyles furent forcées, et, le 17 mai 1809, l'armée française arriva devant Braga au moment où la population de cette ville venait d'égorger le général Freire, qui avait voulu se replier sur Oporto.

Un officier hanovrien, nommé le baron d'Iben, fut appelé au poste périlleux de général en chef des émigrés ; celui-ci, instruit par l'exemple de son prédécesseur, au lieu de parler de retraite conduisit son armée droit aux Français.

Le 30 mars, le maréchal Soult se trouva en face de l'ennemi ; l'armée française se déploya aussitôt en ligne de bataille sur les hauteurs de Cavalho-d'Este. Le résultat de la journée ne fut pas un instant douteux ; les Portugais battus s'enfuirent vers Braga, où les Français entrèrent pêle-mêle avec eux. Artillerie, bagages, caisses militaires tout tomba entre nos mains.

Le maréchal Soult se remit aussitôt en marche, et arriva le 18 devant Oporto. Rien n'avait été négligé pour mettre la ville en état de défense. Deux cents pièces de canon armaient la place, dont l'enceinte avait été fortifiée avec soin. Une garnison de 20,000 hommes, mise, par le maréchal de Beresfort, gouverneur de la ville, à la disposition de l'évêque d'Opporto, était soutenue par près de 60,000 hommes commandés presque tous par des officiers anglais. Ces 60,000 hommes étaient composés moitié de paysans, moitié de troupes régulières. La droite de cette armée occupait une ligne de rochers escarpés qui s'étendent jusqu'au Duero. La gauche s'appuyait à la mer. Le centre, dans une position excellente, dominait le chemin par lequel l'armée française devait déboucher; ce chemin était de plus défendu par une forte redoute garnie de grosse artillerie.

Le 26, l'armée française parut; elle s'approcha jusqu'à portée de canon de la redoute : là elle fit halte pour attendre deux divisions qui étaient restées en arrière.

La journée du 27 se passa en escarmouchés sans importance, et en combats d'avant-postes sans résultats. Dès que le soir fut venu, les Portugais commencèrent à tirer. Comme les ouvrages ennemis étaient garnis de pièces de gros calibre empruntées presque toutes à la marine, les boulets tombaient jusque dans le bivouac de cavalerie établi à plus de 1,000 toises derrière les avant-postes. Le maréchal Soult alors fit faire un mouvement en avant à son armée. Comme la nuit était sombre, ce mouvement resta inaperçu ; et dès-lors les boulets passèrent au-dessus de notre tête sans nous faire aucun mal.

Le lendemain, le maréchal fit sommer, par le général Foy, l'évêque d'Oporto de se rendre. Le général Foy, renversé de son cheval, eut ses habits déchirés par la multitude, et fut jeté dans un cachot.

Pendant la nuit du 28 au 29 un grand orage éclata. Les Portugais prirent le sifflement du vent et le roulement de la foudre pour l'approche de l'armée française, et commencèrent un feu d'artillerie et de mousqueterie qui dura jusqu'au jour et qui, comme celui de la veille, n'eut d'autre résultat que de leur faire brûler une partie de leurs munitions. En outre, le tocsin avait sonné toute la nuit.

A sept heures du matin, le maréchal Soult divisa son armée en trois colonnes. Le général Merle, avec la première, dont faisait partie le 2e léger, colonel Merle, attaqua la gauche du centre ennemi; Mermet marcha sur le centre, Franceschi chargea l'extrême droite.

Le combat s'engagea sur les deux ailes; Mermet était resté en arrière, afin de donner le temps à l'ennemi de renforcer ses flancs attaqués aux dépens de son centre. Cette tactique réussit : une partie des troupes qui le composaient se porta contre Merle et contre Franceschi. Mermet alors marcha contre l'ennemi, l'arme au bras et sans tirer un seul coup de fusil; à 20 pas fit une décharge horrible, et s'avança aussitôt à la baïonnette dans la trouée que sa fusillade venait de faire : le centre fut enfoncé du coup.

Merle, voyant ce qui venait de se passer à sa droite, porta aussitôt toute sa gauche, dont le 2e léger faisait alors partie dans la division sous les ordres du général Sarrut, contre les ouvrages ennemis, les enleva au pas de charge, tua une partie de ceux qui les défendaient, et chassa les autres vers la mer avec une telle rapidité, qu'à peine eurent-ils le temps de se jeter dans le fort de Santa-Joa et vers l'embouchure du Duero. Encore mal rassurés par leurs retranchements et leur position, à peine virent-ils paraître les tirailleurs du 2e et du 12e léger qu'ils essayèrent de passer le fleuve, les uns à la nage, les autres dans des barques; le général Lima voulut un instant les rallier et s'opposer à leur fuite, mais ils se jetèrent sur lui et le massacrèrent. La plupart des Portugais se noyèrent, quelques-uns gagnèrent l'autre rive, le reste fut fait prisonnier.

Sur le centre droit et le centre gauche la déroute était complète, sur toute la ligne la victoire était certaine. Soult ordonna aussitôt à deux bataillons de marcher sur la ville pour en briser les barricades; ces deux bataillons, secondés par la cavalerie qui venait de charger les fuyards et de faire un grand nombre de prisonniers, s'avancèrent vers la ville, dont ils emportèrent les faubourgs presque sans résistance. L'ennemi prit la fuite, les Français entrèrent pêle-mêle avec eux dans Oporto, et les chargèrent jusqu'au pont du Duero, que les Portugais travaillaient à démolir; mais la foule qui encombra ce pont fut bientôt si nombreuse, qu'il s'écroula, et qu'une partie de ceux qui le traversaient roula dans le fleuve avec les décombres et fut écrasée ou noyée. Mais la majeure partie se trouvait encore entre l'armée française et le pont rompu, plus de 2,000 hommes furent sabrés, mitraillés et poussés dans le fleuve.

Pendant ce temps, 200 hommes qui occupaient le palais de l'évêque, sommés de se rendre, répondirent à cette sommation en faisant feu sur le parlementaire et en le tuant; les Français, exaspérés, s'emparent aussitôt du palais et poignardent à coups de baïonnette tout ce qui s'y trouve. La vue de quelques-uns de leurs compagnons faits prisonniers la veille, et qu'ils retrouvèrent pendus et mutilés, porta la rage des vainqueurs à son comble; pendant deux heures, tout ce qu'on rencontra par la ville fut tué : 10,000 Portugais périrent dans cette journée.

Le soir, à huit heures, le pont sur le Duero était réparé, et l'infanterie passait sur la rive gauche du fleuve; Franceschi, avec sa cavalerie légère, allait prendre position à Albergaria-Nova, et une brigade de dragons, passant la Souza, vint s'installer à Pénafiel.

Quant au maréchal, il établit son quartier-général dans la ville d'Oporto

Ce qui avait arrêté le maréchal dans sa marche, c'est qu'il avait appris que le général Silveyra, s'étant jeté sur ses derrières, avait repris successivement les villes de Chaves, de Braga et de Guimaraens, que leurs faibles garnisons n'avaient pu défendre; enfin ce hardi partisan avait marché sur Amarante avec un corps de 6,000 soldats et de 15,000 paysans. En même temps on apprit encore que le général Morello, lieutenant du marquis de la Romana, venait de s'emparer de Vega, où étaient les dépôts et les caisses de l'armée française.

Le maréchal ne pouvait donc pénétrer plus avant, sans risquer de voir le pays se refermer derrière lui; il résolut, en conséquence, d'attendre à Oporto des nouvelles du corps d'armée du maréchal Victor, qui devait opérer en même temps que lui et pénétrer en Portugal par la haute Estramadure. Mais le maréchal Victor avait été arrêté par les maladies, par les combats partiels qu'il lui avait fallu livrer chaque jour, tantôt à des troupes réglées, tantôt à des paysans ; enfin il avait remporté la victoire de Medellin. Mais, arrivé là, son corps d'armée, de 45,000 hommes dont il était composé au commencement de la campagne, s'était trouvé réduit à 20,000 ; en outre les Portugais venaient de recevoir un renfort de 12,000 Anglais, le Tage était gardé, 7,000 hommes occupaient Abrantès, 8,000 Leiria ; enfin le gros des forces portugaises, couvrant Lisbonne, avait pris position à Thomœr. Dans cette situation, le duc de Bellune, craignant de hasarder un mouvement dans lequel, grâce à l'insurrection générale qui ne se calmait sur un point que pour éclater sur dix autres, il serait forcé de combattre à la fois de front, sur ses flancs et sur ses derrières, s'arrêta de son côté, attendant des nouvelles du maréchal Soult ; tandis que celui-ci, au cœur déjà du Portugal, n'osait faire un pas en avant sans avoir reçu des siennes.

En effet, la position était critique ; avec 20 ou 22,000 hommes qui lui restaient, le maréchal Soult ne pouvait à la fois garder Tras-os-Montès, et Entre-Douro-et-Minho, et s'avancer en même temps vers la capitale : d'ailleurs la possession d'Oporto était, dans les circonstances où l'on se trouvait, d'une trop grande importance pour en laisser la garde à une simple garnison. Le maréchal Soult résolut donc, ayant fait jusque-là tout ce qu'il lui était humainement possible de faire pour exécuter les ordres de Napoléon, de tenir ferme où il était, afin qu'il n'y eût rien de sa faute si l'expédition qui lui avait été confiée conjointement avec le maréchal Victor ne s'exécutait point au gré des désirs de l'empereur.

Mais vers la fin d'avril le maréchal Soult apprit que le 20 du même mois sir Arthur Wellesley était débarqué à Lisbonne, amenant un renfort considérable à l'ennemi; qu'aussitôt il avait pris le commandement en chef des troupes anglo-portugaises, et que le 30 avril, après avoir établi son quartier-général à Leiria, il s'était dirigé avec 16,000 hommes de troupes anglaises sur Oporto et arrivait, par Coimbre et par Bragança-Nova, ralliant autour de lui tous les corps disséminés qui ne pouvaient agir faute d'ensemble dans leurs mouvements. En même temps un autre corps ennemi, commandé par le maréchal Beresfort, suivait la route de Viseu, s'avançant pour couper au maréchal Soult sa retraite sur Amarante; tandis que le gros de l'armée portugaise auquel s'était réuni un fort détachement anglais, demeurait à Abrantès pour empêcher toute jonction entre le duc de Bellune et le duc de Dalmatie.

Il fallut donc renoncer à l'espoir d'agir de concert, et, au lieu de marcher sur Lisbonne, songer à se retirer en arrière.

Ici commence cette retraite qui est un des plus beaux faits d'armes de nos fastes militaires; retraite dont le 2ᵉ léger a droit de réclamer une partie de l'honneur, puisque presque pendant tout le temps qu'elle dura il se trouva à l'extrême arrière-garde : poste difficile dans la position où se trouvait l'armée française et qui exigeait des hommes d'un courage aussi éprouvé que l'était celui des vétérans du mont Tabor, d'Austerlitz et de Friedland.

En se retirant d'Oporto à Amarante, l'armée française avait le Duero à droite et la Sierra de Catalina à gauche. Une fois arrivé à Amarante, la route qui conduit à Braga était praticable; la seule chose qui inquiétât Soult, c'était de gagner cette ville. Il y avait bien à Amarante un passage difficile, c'était celui d'un pont; mais le maréchal Soult avait laissé la garde de ce pont au général Loison, et, comme il lui avait fait sentir l'importance de ce passage, il espérait le retrouver au pouvoir des Français.

Le 13 mai, au moment où l'armée venait de traverser la Souza, le maréchal apprit que le pont d'Amarante, abandonné par le général Loison malgré les remontrances du colonel Tholosé, était au pouvoir de l'ennemi.

Le temps était horrible et les chemins défoncés; l'armée, depuis deux jours, marchait dans la boue jusqu'aux genoux : il n'y avait pas de chance, serré comme on l'était par l'armée anglaise, de forcer le passage à temps, ou du moins sans une perte considérable. Quelques traîtres ou quelques timides parlèrent alors de capituler, Soult les fit arrêter.

Un colporteur indiqua une route praticable, mais pour les hommes et les chevaux seulement, entre Guimaraens et Catalina; Soult fit brûler ses bagages et ses affûts, encloua ses canons, chargea ses blessés et ses munitions sur les chevaux de trait, et repassa la Souza; de l'autre côté de cette rivière il apprit que l'armée anglaise se dirigeait vers Braga, et qu'arrivé là il la lui faudrait combattre. Aussitôt il s'enfonce dans des montagnes qui lui raccourcissent le chemin de 15 lieues, se dirige vers les hauteurs de Cavalhe-d'Este, gagne un jour de marche, arrive le 15 devant Braga, et, lorsqu'on le croit encore à 25 lieues de là, déploie tout-à-coup son armée en bataille aux yeux de la population stupéfaite.

Alors, des officiers et des hommes mécontents qui ont demandé une capitulation il forme l'avant garde, qu'il place sous le commandement du général Loison, tandis que lui-même, à la tête du 2e léger, se met à l'arrière-garde.

A Chaves on trouve le pont détruit ; alors, dans la même position qu'en partant d'Oporto, Soult fait venir le major Dulong, un des officiers les plus braves et les plus hardis de l'armée.

— Monsieur le major, lui dit-il, je vous ai choisi au milieu de tous pour vous donner l'ordre de vous emparer de Ponte-Novo, que l'ennemi a coupé ; prenez 100 grenadiers et 25 chevaux, tâchez de surprendre les gardes et assurez le passage du pont. Si vous réussissez, envoyez un courrier qui me dise *oui*, seulement, tout autre rapport est inutile ; si vous échouez, votre silence suffira. Dulong choisit son monde et partit.

La nuit était tombée, et un violent orage la rendait plus sombre encore. Dulong se glissa dans l'obscurité, puis, arrivé à 200 pas du pont, il y embusqua une partie de sa petite troupe et avec 12 grenadiers seulement il continua son chemin vers le Cavado. La rivière était débordée, ce qui rendait le passage encore plus difficile; Dulong se glisse avec ses 12 hommes sur une étroite assise de maçonnerie. Un de ses grenadiers fait un faux pas et tombe dans l'eau, le torrent emporte son corps et l'ouragan couvre ses cris. Arrivé de l'autre côté de la rivière, Dulong, avec les 11 hommes qui lui restent, tombe sur les postes portugais et les disperse; aussitôt il appelle à lui le reste de sa petite troupe, qui accourt, passe la rivière à la nage, chaque homme tenant sa giberne et son fusil au-dessus de sa tête. Aussitôt passée, la petite troupe fait une décharge générale pour effrayer les Portugais; ils fuient. Dulong a assuré le passage de l'armée, et un courrier repasse la rivière pour reporter au maréchal Soult le mot *oui* si impatiemment attendu.

La même nuit, l'armée passa.

Au delà de Ponte-Novo un autre obstacle se présenta : c'était le Saltador, pont jeté sur un gouffre et défendu par un poste considérable de Portugais. Ce fut encore le major Dulong qui fut chargé de s'emparer de ce passage; il exécuta l'ordre avec son courage accoutumé et réussit parfaitement. Mais le tiers de l'armée était passé à peine, qu'on entendit une vive canonnade sur nos derrières ; c'était sir Arthur Wellesley qui rencontrait enfin notre arrière-garde et l'attaquait. Aussitôt le désordre se mit dans les rangs de l'armée française; chacun se précipita sur le pont, qui fut bientôt encombré : mais la présence du maréchal, qui accourut de sa personne, et le peu de progrès que paraissait faire l'artillerie ennemie rassurèrent bientôt les plus timorés; la voix des chefs se fit entendre, le mouvement reprit son ensemble, et le reste du passage, troublé un instant par cette terreur panique, s'effectua avec régularité. Pendant quatre heures, le 2ᵉ léger s'était retiré devant l'ennemi, l'arme au bras et pour ainsi dire sans tirer un coup de fusil, le contenant par la seule menace.

Le lendemain on atteignit le village de Pénella, où l'armée bivouaqua pendant la nuit du 15 au 16; dans la soirée du 17 elle était à Montalègre, ville située à 1 lieue à peine du territoire de la Galice. A minuit on aperçut à l'horizon les feux de l'ennemi, il arrivait trop tard Le 18 au matin l'armée se remit en marche dans la direction d'Orense, laissant pour repousser les Portugais, s'il leur prenait fantaisie de nous attaquer, toute sa cavalerie en bataille.

Soult repassa la frontière de Galice, où il allait se retrouver en communication avec les autres corps de l'armée française; il avait sauvé le sien, mais il n'avait plus ni artillerie ni bagages.

Arrivé à Lugo, le 2e corps fut destiné à ouvrir les communications entre Madrid et le premier corps en balayant la vallée de la Sil. La retraite de Ney de la Galice et l'arrivée de sir Arthur Wellesley sur le Tage déterminèrent le maréchal à continuer sa retraite sur Zamora, où il rééquipa le 2e corps.

A Zamora, Soult reçut une dépêche de l'empereur qui lui conférait le commandement suprême des 2e, 5e et 6e corps.

« Sir Arthur Wellesley, disait Napoléon, s'avancera probablement par le Tage contre Madrid; dans ce cas passez les montagnes, tombez sur ses flancs et écrasez-le. »

Avant de commencer cette nouvelle campagne, le 2e léger, qui faisait partie de la division Merle, fut incorporé dans celle du général Heudelet.

L'année 1810 s'ouvrit par les apprêts que faisait Soult pour forcer les redoutes de la Sierra-Morena et pour déboucher en Andalousie. Le 2e corps, dont le 2e léger faisait partie, occupait la vallée du Tage dans toute sa longueur; Reynier en prit le commandement vers le commencement de mars 1810 et fut rejoint par Mortier, qui commença à mettre Lérida en état de défense.

Ce mouvement attira l'attention du général Hill et du marquis de la Romana, qui résolurent de couper les communications des Français; le général Reynier les défit complétement au combat de Xérez-de-Cavalleros.

Après la campagne d'Andalousie, pendant laquelle le 2e corps était resté en observation, Napoléon reprit ses desseins sur le Portugal, et Masséna fut chargé d'une nouvelle expédition qui devait être décisive; c'était la troisième.

Les instructions de Masséna lui enjoignaient de se porter sur Lisbonne par les deux rives du Tage; mais Masséna se borna à opérer sur la rive septentrionale, et suivit les trois routes de Belmonte, de Célérico et de Viseu.

Le 16 septembre, les trois corps d'armée se trouvaient : celui de Ney a Moclin, celui de Junot à Pinhel ; enfin, celui de Reynier, dont le 2e léger faisait partie, à Guarda sous les ordres du colonel Merle. Cet officier reçut ce grade après la retraite du Portugal en remplacement du colonel Brayer nommé général de brigade.

Reynier descendit de Guarda dans les plaines qui bordent Mondego ; de là il se porta sur Mongualdo, et enfin vers Busaco, où sir Arthur Wellesley s'apprêtait à nous livrer bataille, y ayant été rejoint par les généraux Hill et Leith.

L'armée anglaise était rangée en bataille sur la montagne d'Alcoba. A la première vue, elle paraissait forte de 35 à 40,000 hommes ; mais la réserve de la cavalerie portugaise, qui pouvait monter encore à une vingtaine de mille hommes, était masquée : c'étaient donc 55 à 60,000 hommes que les Français allaient avoir à combattre.

Les trois corps de Ney, de Junot et de Reynier arrivèrent vers les trois heures de l'après-midi. Ney, avec son ardeur accoutumée, voulait attaquer à l'instant même ; mais Junot et Reynier jugèrent la position de l'ennemi si bien fortifiée, qu'ils insistèrent pour qu'on attendît la présence du général en chef. Cette détermination prévalut. Masséna arriva sur les trois heures, examina l'ennemi à son tour, et annonça qu'il l'attaquerait le lendemain au point du jour.

50,000 hommes et 80 pièces de canon défendaient deux routes tellement escarpées, qu'il eût suffi de 500 hommes pour y arrêter une armée. Le général anglais avait, en outre, pris toutes les précautions d'usage en pareil cas, ne se fiant pas à la supériorité que lui donnait le terrain ; il avait fait occuper tous les bouquets de bois et tous les hameaux qui se trouvaient dans le système de sa position : les deux routes étaient coupées par des fossés, des retranchements et des abattis d'arbres, battues de front et de flanc par l'artillerie, qui pouvait jouer partiellement ou d'ensemble ; enfin les Anglais, formés par échelons depuis le milieu de la montagne jusqu'au sommet, découvraient tous les mouvements de l'armée française, de sorte que sur aucun point ils ne pouvaient être surpris.

L'armée française, inférieure de 4 ou 5,000 hommes à l'armée anglaise, ne comptait que 50,000 fantassins et 4,500 cavaliers ; mais c'étaient les vétérans de toutes nos victoires, mais ils étaient conduits par un chef que Napoléon avait lui-même surnommé *l'Heureux*.

Le général Reynier reçut l'ordre de commencer l'attaque. Pendant la nuit les carabiniers du 2e léger se glissèrent un à un dans les parties les plus escarpées et les plus profondes de la vallée, et s'établirent derrière tous les mouvements de terrain et dans tous les petits bois qui les rapprochaient des piquets de la division légère anglaise.

Le 27, au point du jour, les Français formèrent cinq colonnes d'attaque et marchèrent à l'ennemi, la division Reynier en tête ; alors la fusillade des tirailleurs du 2e éclata de tout côté. L'ennemi, étonné de ce feu auquel il ne s'attendait pas, éprouva un moment d'hésitation ; la division Reynier en profita pour aborder aussitôt la montagne du côté de Busaco, point sur lequel l'Alcoba est le plus accessible. Elle s'avança au pas de course et la baïonnette en avant sous le feu de l'ennemi, avec une telle ardeur qu'elle renversa tout ce qui se trouvait devant elle et parvint au sommet de la montagne, où un instant on vit, comme par enchantement, flotter le drapeau tricolore; mais aussitôt la réserve du général Hill et la division du général Picton marchèrent sur cette poignée de braves, qui étaient montés si rapidement que les autres colonnes d'attaque n'avaient pas eu le temps de les soutenir : 15,000 hommes vinrent en heurter 4,000.

Le choc fut terrible; les Français s'acharnaient à garder leur position, les Anglais comprenaient qu'ils étaient perdus s'ils ne la reprenaient pas. Chacun payait de sa personne; les généraux, un fusil à la main, se battaient comme des soldats : le général Merle et le général Foy furent blessés, l'un au milieu des tirailleurs, l'autre à la tête des voltigeurs; le général Graindorge fut tué. Enfin, après une lutte d'une demi-heure, Français et Anglais descendirent pêle-mêle et combattant, pareils à une avalanche de flamme. Les Français étaient repoussés.

Sur tous les autres points l'échec fut pareil. Cependant le prince d'Essling, à qui il en coûtait de perdre son épithète d'heureux, s'acharna toute la journée, comptant sur sa fortune; mais elle s'était lassée de suivre le vainqueur de Zurich, de Rivoli et de Gênes, et, vers le soir, il fallut bien que Masséna reconnût que la position de l'Alcoba était inexpugnable puisque avec de pareils hommes et après de pareils miracles de courage on n'avait pu en débusquer l'ennemi.

Les deux armées gardèrent les mêmes positions qu'elles avaient avant l'affaire, la ligne française s'était même avancée de quelques toises: l'honneur était donc sauvé; mais nous avions eu 1,800 hommes tués et 3,000 blessés, tandis que les Anglais ne comptaient, en tout, que 1,600 hommes hors de combat.

La nuit venue, Masséna se détermina à tourner la montagne qu'il n'avait pu enlever de face. C'était le parti qu'il eût dû prendre la veille; mais Napoléon lui avait écrit : « Frappez hardiment, après avoir bien observé là où le coup doit être décisif. » Il avait pensé que le moment était venu : il s'était trompé.

Heureusement sir Arthur Wellesley avait oublié de garder les défilés de Serdao, qui tournaient l'Alcoba. A la nuit tombante, le général Sainte-Croix, avec deux régiments de dragons, les reconnut, pendant près d'une lieue, et revint sans avoir été aucunement inquiété. Sûre que le passage était libre, l'armée se mit aussitôt en marche; on emporta les blessés sur des brancards de feuillage liés avec des bretelles de fusil, sur les mulets disponibles, et sur le dos des camarades. Le 2ᵉ corps forma l'arrière-garde. L'ennemi, s'étant aperçu de ce mouvement dans la nuit, opéra de son côté sa retraite au point du jour par le revers opposé de l'Alcoba, et, ayant passé le Mondego, se concentra sur Lisbonne.

Arrivé devant cette place, Masséna la trouva hérissée de canons et gardée par trois lignes de troupes formant ensemble de 140 à 150,000 hommes à peu près; Masséna n'en avait pas 50,000. Cependant il ne voulut pas reculer, et campa audacieusement devant cette masse d'ennemis qui eussent pu l'envelopper et l'anéantir. Trop faible pour prendre l'offensive, il attendit qu'on l'attaquât : ne présentant point la bataille, mais disposé à l'accepter; pendant deux mois, le général français attendit dans cette insultante attitude les secours qui lui avaient été promis. Mais, les secours n'arrivant point, il fit un pas en arrière, et, ayant trouvé à Santarem une position meilleure encore que la première, il y demeura plusieurs mois encore, attendant toujours, mais toujours inutilement ; enfin, il se décida à passer de l'autre côté du Tage et à opérer sa retraite. Cette retraite, comme celle du maréchal Soult, fut un chef-d'œuvre de stratégie ; le maréchal Masséna n'abandonna ni un canon, ni un malade, ni une voiture de bagages.

Le mouvement rétrograde commença le 5 mars ; le 2e léger, de la division Merle, et le 14e de ligne formaient l'arrière-garde. Attaqué à Pombal, ce général se défendit avec une admirable vigueur. La nuit seule mit fin au combat.

Le 13 les alliés se remirent à la poursuite des Français, et vers neuf heures du matin les découvrirent rangés en ordre de bataille en avant des défilés de Pombeiro, qui conduisent à Coimbre, et de ceux de Miranda-de-Corvo, qui mènent à Morella. Ney occupait l'enfourchure des deux chemins. Pendant la nuit, il avait fait creuser des fossés, couper des arbres, faire des palissades et exécuter des ouvrages de ceinture.

Le 2e corps, qui formait l'arrière-garde, était resté à Espichel. Il eut ordre de rejoindre, et de jeter en même temps ses tirailleurs sur les flancs de l'ennemi. Aussi, au moment où celui-ci s'avançait contre l'armée française, fut-il assailli par le 2e léger et le 14e de ligne avec tant de vigueur, qu'il fut forcé de s'arrêter un instant; pendant cet instant, la division Merle rejoignit.

Effrayé de cette résistance, Wellington mit de la mollesse dans l'attaque; on tiraílla toute la journée, mais on renvoya au lendemain l'affaire sérieuse. Pendant la nuit les Français avaient évacué leur position, avaient fait filer, par les routes dont l'inaction du général anglais les avait laissés maîtres, leur artillerie et leurs bagages, et eux-mêmes les avaient suivis en bon ordre, toujours protégés par la division Merle qui, habituée maintenant à cette guerre de montagnes et de défilés, donnait toute sécurité à l'armée quand l'armée savait qu'elle veillait sur ses derrières.

Le combat de Sabugal fut, pour le 2e léger, une nouvelle occasion de donner des preuves de son courage et de son dévouement. Les Français y perdirent 1,400 hommes et le brave capitaine Lamorissière, qui se fit tuer en essayant de reprendre un obusier que l'ennemi enlevait. En ce moment le major Rameau, qui avait succédé au colonel Merle, arrivait à son secours, et dirigea de sa personne une attaque à la baïonnette. L'obusier fut repris par le 2ᵉ léger.

Enfin le maréchal Masséna se dirigea sur Ciudad-Rodrigo et Almeida, où il arriva le 4 avril; mais trouvant les environs de ces deux villes ruinés, et elles-mêmes approvisionnées seulement des vivres qui leur étaient absolument nécessaires, il en repartit le 8, ne laissant qu'une division du 6ᵉ corps sous les murs de Ciudad-Rodrigo.

La retraite était terminée; l'expédition coûtait à l'armée 25 à 30,000 hommes, dont moitié tombés sur le champ de bataille ou faits prisonniers.

Quelques mois se passèrent, pendant lesquels l'armée, cessant d'être poursuivie, se réorganisa. Pendant ce temps Wellington pressait le siège d'Almeida, où était le général Brenier; un matin Masséna reçut la nouvelle que les assiégés n'avaient plus que pour un mois de vivres, et que, si l'on ne ravitaillait la place, ils seraient, ce temps écoulé, obligés de se rendre. Masséna résolut alors de venir au secours de la ville, et d'y introduire un convoi de vivres. Cette tentative amena la bataille de Fuentès-Onoro, que nous mentionnons seulement pour mémoire; le régiment faisant partie de la réserve, et y ayant assisté l'arme au bras.

Après cette laborieuse campagne le maréchal Masséna fut rappelé à Paris, et remplacé par le duc de Raguse dans le commandement de l'armée de Portugal.

Le premier soin du nouveau général en chef fut de réorganiser son armée, puis il se disposa à passer le Tage. Le 2e léger faisait alors partie de la 4e division. Le général Sarrut était son général, et le colonel Rameau son colonel. Le Tage franchi heureusement, et avant que l'ennemi n'eût eu le temps de s'y opposer, le duc de Raguse opéra sa jonction avec le duc de Dalmatie. Le premier événement de cette campagne fut le déblocus de Badajoz; puis, cette opération importante achevée, le maréchal se retira entre le Duero et la Guadiana, position de laquelle il couvrit pendant quinze mois la frontière occidentale de l'Espagne.

Le 22 juillet 1812 eut lieu la funeste bataille des Arapilès.

Dans cette journée, où les généraux Ferey, Thomières et Desgraviers furent tués, où le duc de Raguse et les généraux Bonnet, Clausel et Menne furent blessés, où nous perdîmes 11 pièces de canon, 5,000 hommes hors de combat, et près de 2,000 prisonniers, l'infanterie légère fut chargée de soutenir presque à elle seule tout l'effort de l'ennemi. Elle tenait le centre, et l'on remarqua que ce fut à l'endroit où elle avait combattu qu'on trouva le plus grand nombre de cadavres anglais. Le 2ᵉ léger eut pour sa part 200 hommes hors de combat.

1813 venait de naître : c'était l'ère fatale de la fortune impériale, dont la déroute de Russie avait signalé la décadence. Napoléon venait de perdre l'Allemagne, il allait perdre l'Espagne ; et déjà embrassant d'un coup d'œil la position isolée dans laquelle il se trouvait en face de l'Europe entière, il ne s'occupait plus que de sauver la France.

La nouvelle du désastre de la grande armée avait retenti jusqu'à Madrid. Joseph avait senti son trône péninsulaire, toujours mal consolidé, manquer tout à coup sous lui ; il avait rappelé ses lieutenants de tous les points de l'Espagne et il opérait à son tour sa retraite, sans savoir encore s'il ne serait pas bientôt le prisonnier de ceux dont il avait été le roi.

Le 2ᵉ léger faisait alors partie de l'armée

de Portugal, dont le commandement était confié au général Reille. Une occasion avait été offerte à ce régiment de se distinguer, et il l'avait saisie avec son ardeur ordinaire. Détaché avec la division Foy pour marcher au secours du général Clausel, qui commandait l'armée du nord, le 2e léger prit une part glorieuse à l'assaut de la ville de Castro, qui fut surprise et enlevée à l'escalade pendant la nuit du 11 au 12 mai. Le chef de bataillon Godin, à la tête des carabiniers du 2e léger, avait marché le premier à l'assaut, et, arrivé le premier au haut de la brèche, on le vit pendant plus de dix minutes au milieu d'une grêle de balles, aidant et encourageant ses soldats de la voix et du geste. Le nom du capitaine Bérard, du 2e léger, fut aussi dans la même affaire mis à l'ordre du jour à côté de celui du chef de bataillon Godin.

Ce fut quelque temps après que les divisions Foy et Sarrut, dont faisait partie le 2e léger, reçurent comme les autres corps d'occupation l'ordre de se mettre en retraite et de rejoindre le gros de l'armée française sur l'Èbre. Cette retraite était occasionnée, comme nous l'avons dit, par les nouvelles reçues de Paris, qui avaient donné à

Wellington assez de confiance pour tenter un grand mouvement offensif contre l'armée française : ce mouvement consistait en une suite d'opérations par lesquelles l'ennemi devait tourner la ligne occupée par les Français sur le Duero, et venir les prendre en flanc à travers la province portugaise de Tras-os-Montès. Par suite de ce mouvement offensif, le roi Joseph, qui, comme nous l'avons dit, sentait que pendant son règne de trois ans et demi son trône n'avait pu prendre racine sur la terre espagnole, avait fait évacuer successivement Madrid et Valladolid, et avait concentré ses troupes sur la grande route de Burgos, afin de tirer parti des accidents de terrain qu'elle présente : mais l'ennemi, continuant de manœuvrer sur notre gauche, passa le 7 juin le Carrion à Palencia. Le lendemain et les jours suivants ses troupes prirent position sur les deux rives de la Pisuerga, et menacèrent d'assez près, dès lors, la ligne de communication des Français pour inspirer au roi Joseph les craintes les plus sérieuses.

Cette manœuvre imprudente amena le désastre de Vittoria, qui, d'un bout du continent à l'autre, devait faire le pendant de celui de Moscou et amener la chute de l'empire.

Cette funeste bataille, qui d'un bout à l'autre du continent devait faire le pendant du désastre de Moscou, fut livrée le 21 juin 1813.

Dès le 20, l'armée française occupait les positions suivantes : la droite couronnait les hauteurs de la Zadora, petite rivière torrentueuse, aux abords fortement accidentés, qui coule en avant du village d'Abechucho. Le centre longeait la rive gauche de la Zadora, et la gauche occupait Arunez et Puebla derrière cette rivière. Un petit corps de détachement, placé sur les hauteurs de Puebla, devait soutenir le centre. Cette disposition couvrait les trois grandes routes de Madrid, de Logrogno et de Vittoria.

Le 21, au point du jour, l'armée anglaise s'avança sur trois colonnes vers les hauteurs qui dominent le bassin de Vittoria. La colonne de droite, sous les ordres du général Hill, s'empara du village de Puebla, et commença à y effectuer le passage de la Zadora. La colonne du centre traversa également cette rivière sur plusieurs ponts qu'on avait négligé de faire sauter ; la colonne de gauche, après avoir fait un long détour, entra en ligne à 9 heures du matin, et se trouva en présence de la division Sarrut, dont le 2ᵉ léger faisait partie sous les ordres du colonel Verdun, et qui formait l'avant-garde du corps du général Reille. Cette avant-garde était chargée de la défense des ponts de l'Ariaga et de Gamara-Mayor. Le 2ᵉ léger se trouvait dans le dernier poste. Cette division se défendit jusqu'à 1 heure de l'après-midi, avec une rare valeur, contre des troupes supérieures en nombre. Pendant ce temps, le maréchal Jourdan, qui s'était porté vers la gauche, voyant que cette aile allait être tournée, l'avait fait rapprocher du centre. L'artillerie française arrêta quelque temps les effets de l'ennemi sur cette aile; mais Wellington, ayant été informé par un paysan que le pont de *Trasponte* n'était pas gardé, y envoya la brigade de Kempt. Cette brigade, ayant passé le pont, gravit hardiment les hauteurs de la rivière, occupée par les ennemis, et se plaça en arrière des avant-postes du roi, à quelques centaines de mètres de la ligne de bataille. Le général Hill profita de cette diversion pour achever de culbuter l'aile gauche. Le centre lui-même fut rejeté sur Vittoria. Ces divers mouvements avaient rendu les ennemis maîtres de la route de Bayonne; restait pour la retraite celle de Pampelune, couverte par l'aile droite. C'est sur cette aile que se portaient en ce moment tous les efforts de l'ennemi; c'est de cette aile que dépendait le salut de l'armée. Nous avons vu l'avant-garde, commandée par le général Sarrut, soutenir avec opiniâtreté les attaques réitérées des Anglais. Repoussée un peu après midi des postes qu'elle occupait, cette division repassa la rivière en bon ordre; et le général Reille prit de nouvelles dispositions, ébranlée qu'était sa position par le progrès des ennemis sur la gauche et le centre. Il ordonna à une des brigades de Sarrut, la brigade Menne, dont était le 2⁵ léger, de défendre le pont de l'Ariaga et le village d'Abechucho, qui est au delà. L'autre brigade resta en réserve, soutenant à la fois Sarrut et Lamartinière: ce dernier défendait le pont de Gamara-Mayor et le village de ce nom. Les dragons de Digeon se formèrent derrière ces positions, ceux de Reille se placèrent derrière Gamara. Une brigade de cavalerie légère forma l arrière-droite des Français sur la Haute-Zadora, le reste de la cavalerie légère forma la gauche. Le village de Gamara, pris et repris plusieurs fois, fut enfin abandonné par l'ennemi. L'attaque du village d'Abechucho, défendu par le 2ᵉ léger, fut plus vive encore, plus acharnée, plus opiniâtre, et aussi peu décisive pour les Anglais. Reille continuait ainsi à disputer le passage de la rivière, grâce à l'intrépidité de ses soldats, lorsque Wellington, vainqueur sur la gauche et le centre, remontant la Zadora, arriva jusqu'à Vittoria. Une partie de sa cavalerie traversa la ville et se heurta contre les dragons du général Digeon, qui la tinrent un moment en échec. Reille, voyant le mouvement rétrograde communiqué à toute la ligne, dut également se retirer des positions qu'il avait si vaillamment disputées. La réserve d'infanterie, placée à Betonia sous les ordres du général Fririon, servit à protéger son mouvement de retraite, devenu excessivement difficile par le nombre des ennemis qui croissait à chaque instant, et dont les colonnes débouchaient par plusieurs points à la fois. Sarrut fut tué au pont de l'Ariaga, au moment où, sous le feu de l'artillerie ennemie, il dégageait les soldats du 2ᵉ léger qui avaient défendu cette position. Le général de brigade Menue prit le commandement de la division. Après des efforts inouïs le général Reille parvint à rallier tout son corps d'armée à Betonia, où il tint encore assez long-temps pour couvrir sa retraite par Metanco sur la route de Salvatierra. Les Anglais le suivirent de près jusqu'à Metanco sans faire beaucoup de prisonniers, grâce à la fermeté de la cavalerie et à celle des troupes légères qui couvraient les flancs.

Ainsi finit la bataille de Vittoria. Les Français y perdirent 6,000 hommes et les alliés 4,000. Pour le 2ᵉ léger, la part comparative fut grande; car il eut près de 150 hommes mis hors de combat. Les Français perdirent en outre leurs équipages, leurs canons, leur argent, leurs papiers et plusieurs drapeaux. Le bâton de maréchal de Jourdan fut trouvé parmi les trophées laissés aux ennemis.

Pendant cette période de la guerre hispanique, le 2ᵉ léger eut pour colonels MM. Brayer, Merle, Rameau et Verdun.

CHAPITRE IX.

Rentrée en France du 2ᵉ léger. — Il fait partie du 7ᵉ corps. — Bataille de Montereau. — Combat de Méry. — Belle conduite du chef de bataillon Négrier, du 2ᵉ léger. — Troyes. — Craone. — Capitulation de Paris. — Abdication de l'empereur. Retour des Bourbons. — Débarquement de Napoléon au golfe Juan. — Marche triomphale de l'empereur. — Entrée à Paris. — Réorganisation du ministère, et résurrection de l'armée. — Le 2ᵉ léger, division Bachelu, fait partie du 2ᵉ corps, sous les ordres du général Reille. — Entrée en campagne. — Combat de Ligny. — Bataille de Waterloo.

Pendant que les débris de l'armée du roi Joseph rentrent en France par les Pyrénées toujours debout malgré les prédictions de Louis XIV, voyons ce qui se passait sur les autres points menacés par l'étranger.

Napoléon, de retour à Paris le 9 novembre 1813, après la terrible bataille de Leipsick, avait dit au sénat :

« Toute l'Europe marchait avec nous il y a un an, toute l'Europe marche aujourd'hui contre nous. »

Une levée de 300,000 hommes avait aussitôt été décrétée.

Des ingénieurs avaient été envoyés sur toutes les routes et dans toutes les places du Nord : ils devaient relever les vieux remparts de la vieille France, qui depuis si long-temps n'avaient point vu l'ennemi ; tracer des redoutes sur les hauteurs, fortifier les défilés, couper les routes et les ponts. En même temps des commandes avaient été faites aux dépôts de remonte, aux manufactures d'armes et aux ateliers d'habillement. Tout se préparait pour une lutte suprême et désespérée.

L'armée d'Allemagne venait de rentrer dans nos limites par les ponts de Mayence, il s'agissait de la renforcer par tous les moyens possibles : plusieurs emprunts successifs furent faits à l'armée d'Espagne, toute décimée qu'elle était ; et le 2e léger fut appelé à faire partie, sous le colonel Verdun, de la division Boyer, 7e corps de la grande armée. Le 2e léger arriva à marches forcées.

Montereau fut la première affaire où le régiment prit part, encore le 7e corps, dont, comme nous venons de le dire, il faisait partie, n'opéra-t-il qu'un simple mouvement offensif; le 2e léger assista donc à la bataille, mais sans y avoir pris une part directe.

Montereau est un relais de victoire sur la route de nos désastres : c'est une des rares lueurs d'espoir qui illuminent la dernière période impériale. Napoléon s'arrête un instant, se relève comme Antée, et dicte les ordres suivants :

« Le général Gérard se mettra en marche sur les pas de la colonne autrichienne, qui s'échappe de Fontainebleau et fuit par la route de Sens. La garde impériale chassera devant elle, entre la Seine et l'Yonne, ce qui reste des corps ennemis battus à Montereau. Les ducs de Tarente et de Reggio s'avanceront sur Troyes et Nogent, et balaieront la rive droite de la Seine. »

Des levées en masse ont été faites dans le Dauphiné et dans la Savoie. Marmont, Desaix et Seran en ont fait de vieux soldats en trois mois. Il viennent de rétablir avec l'Italie l'importante communication du Mont-Cénis. Malheureusement, Murat lève le masque, insensé et ingrat tout à la fois, comme l'ange rebelle que Dieu aimait tant, il vient de se déclarer contre son créateur ; mais Eugène fera face à tout : il combattra d'une main les Autrichiens sur le Mincio, de l'autre les Napolitains sur le Taro. Cependant pour en arriver là il a besoin de toutes ses troupes, et il n'y a pas moyen de l'affaiblir en lui demandant les renforts dont on aurait si grand besoin.

L'armée de Lyon suppléera à tout, l'heure est arrivée de la faire entrer à son tour dans les grandes combinaisons militaires de Napoléon. Le général Bubna a évacué Montuel et les environs de Lyon. Les rives de la Saône sont libres ; les Autrichiens, réduits à la défensive, se retirent sur Genève. L'armée de Lyon coupera la retraite à l'ennemi, et rendra ainsi nos succès décisifs. En conséquence le duc de Castiglione remontera la Saône, culbutera tout ce qu'il trouvera devant lui, pénétrera dans les Vosges, et s'établira sur les derrières des alliés, où il soulèvera les habitants et fera une guerre acharnée aux convois, aux bagages et aux détachements de l'ennemi.

Puis, ces premiers soins pris, on rassure Paris, où le canon a retenti, par des estafettes qui portent le Bulletin de la victoire. M. de Mortemart les suit avec les drapeaux conquis à Nangis et à Montereau.

Le 20, Napoléon, avec le gros de son armée, remonte la rive gauche de la Seine : il déjeune à Bray ; la maison où il déjeune est celle que l'empereur de Russie a quittée la veille. Le 20 au soir il entre à Nogent, où il trouve le duc de Reggio et le 7e corps qui arrivent par la route de Provins. Le 21, on s'arrête pour recueillir les nouvelles de l'ennemi ; partout il est en retraite : on envoie de nouveaux Bulletins à Paris. Le 22 au matin on se remet en marche pour suivre l'ennemi sur Troyes. Là, on apprend que la retraite de l'ennemi se change en déroute : les routes des Vosges se couvrent de fuyards, de charretées, de voitures de blessés qui regagnent le Rhin. 100,000 alliés fuient devant 35,000 Français.

Cependant, au moment où nos fourriers se présentent devant la petite ville de Méry pour faire le logement du quartier impérial, ils trouvent l'avant-garde d'un corps ennemi qui les y a précédés. A leur grand étonnement, ce corps, au lieu de suivre le mouvement général de retraite, s'arrête et semble prendre une attitude offensive. L'empereur, qui s'est arrêté au hameau de Châtres, et qui a passé la nuit du 22 au 23 dans la chaumière d'un charron, ne comprend rien à cette résistance, à laquelle il ne veut pas laisser prendre pied ; il envoie donc l'ordre au général Boyer de marcher sur Méry avec sa division, et d'en déloger l'ennemi.

Boyer exécute le mouvement avec sa vigueur accoutumée, il attaque ce corps inconnu qu'on croit l'arrière-garde du prince de Schwartzemberg, pousse l'ennemi au pas de charge, le culbute et s'empare de la ville que les alliés incendient en se retirant, espérant que l'incendie arrêtera nos troupes ; mais le chef de bataillon Négrier, à la tête du 2e léger, s'élance au milieu des flammes : l'incendie ne sauvera pas les fuyards. Nos troupes traversent le pont au pas de charge, et au milieu d'un feu si ardent, que quelques gibernes s'enflamment et sautent.

Grâce à cette pointe poussée avec une admirable vigueur, Napoléon rentre à Troyes. Là, les alliés le leurent par de nouvelles promesses de paix et, pendant qu'il négocie, les corps prussiens de Bulow et les divisions russes de Wentzingeroile et de Voronzoff, après avoir pris possession de la Belgique, ont franchi la frontière du nord et sont à Soissons.

De son côté Blücher battu au combat de Vauchamps, séparé de ses généraux, fuyant avec eux, a bientôt senti se ralentir la poursuite des Français; c'est que Napoléon a été obligé de l'abandonner pour faire face à de nouveaux ennemis, et que ce ne sont plus que ses lieutenants lassés qui le pressent: il s'arrête donc, se rallie, fait face, avec 50,000 hommes au confluent de l'Aube et de la Seine; reçoit un renfort de 9,000 hommes appartenant au corps de Langeron, et fait un mouvement offensif. Il a su à quel petit nombre de Français il a affaire: par conséquent peu lui importe de les laisser sur ses derrières, puisqu'il est d'un tiers plus fort qu'eux. Il marchera droit sur Paris, et le 24 il se met en route pour accomplir cet audacieux projet.

Dans la journée du 26, Napoléon a perdu tout espoir de paix; dans la nuit du 27 il a appris le mouvement de Blücher. Le 27 au matin il quitte Troyes, laissant en avant de cette ville les ducs de Tarente et de Reggio pour se jeter sur les derrières de l'ennemi.

Le même jour Napoléon arrive à Arcis-sur-Aube, s'arrête quelques heures pour donner aux troupes le temps de défiler; le soir on est près de La Fère-Champenoise: Napoléon passe la nuit chez le curé du village d'Herbine.

Le 1ᵉʳ mars l'armée française est à La Ferté-Gaucher; mais les nouvelles sont rassurantes : les Prussiens ont été arrêtés par la rupture des ponts de Triport et de Lagny; au village de Lévy sur la ligne de l'Ourcq par les troupes du duc de Raguse, enfin sur la Téroanne, au gué de Trème, par les troupes du duc de Trévise. L'ennemi sera forcé de se battre ou de se mettre en retraite.

L'ennemi, poursuivi par les souvenirs de Vauchamps et de Montmirail, n'ose nous attendre, et se retire sur Soissons; mais Soissons a été repris par le duc de Trévise, qui y a laissé une garnison de 1,400 Polonais : Soissons tiendra. L'ennemi, acculé aux murailles de Soissons, va être pris entre Napoléon, Raguse et Trévise.

Mais, en arrivant à Fimes, Napoléon apprend que Soissons s'est rendu et que Blücher vient d'y faire sa jonction avec Bulow et Wentzingerode.

A ces nouvelles écrasantes, Napoléon voit au moins un bon côté : c'est que l'ennemi, rassuré par sa supériorité numérique, ne refusera plus la bataille.

En effet, ces diverses opérations amènent la journée de Craone, où l'on se battit toute la journée et dont le seul résultat fut la possession d'un champ de bataille couvert de morts : comme à Eylau, chaque parti se vante d'avoir remporté la victoire.

Dans la nuit du 8 au 9, le chef de bataillon Négrier, à la tête de 500 hommes du 2ᵉ léger, surprend les Russes dans leur bivouac, en tue un grand nombre et rejette les autres au delà du village. Napoléon, témoin de ce beau fait d'armes, nomme le chef de bataillon Négrier officier de la Légion-d'Honneur, et accorde vingt-cinq décorations à son bataillon.

C'est la dernière part que prit le 2ᵉ léger à cette terrible et immortelle campagne de 1814, où son nom, prononcé deux fois, est prononcé chaque fois par la bouche de la victoire.

Le 30 mars, Paris capitule; et le 6 avril Napoléon, ur son chiffon de papier aujourd'hui perdu, trace ces quelques lignes, les plus importantes peut-être qu'une main mortelle ait jamais tracées :

« Les puissances alliées ayant déclaré que l'empereur Napoléon était le seul obstacle au rétablissement de la paix en Europe, l'empereur Napoléon, fidèle à son serment, déclare qu'il renonce, pour lui et ses héritiers, au trône de France et d'Italie parce qu'il n'est aucun sacrifice personnel, même celui de la vie, qu'il ne soit prêt à faire à la France.

Le 11 avril, le traité de Fontainebleau fut signé : par ce traité, Napoléon, empereur des Français, roi d'Italie, protecteur de la confédération du Rhin, médiateur de la confédération Suisse, devenait souverain de l'île d'Elbe.

Le 3 mai, Louis XVIII fit son entrée à Paris.

Le 2 mars 1815 on apprit à Paris, par la voie du télégraphe, que Napoléon, abandonnant l'île d'Elbe, qui lui avait été cédée à titre de souveraineté par les traités de 1814, avait débarqué la veille à trois heures de l'après-midi au golfe Juan.

Tout le monde connaît cette marche triomphale, qui, sans exemple dans le passé, restera probablement sans rivale dans l'avenir : en vingt jours Napoléon était à Paris, comme les vainqueurs antiques qui revenaient de l'autre bout du monde. La France l'avait regardé passer.

Le 20 mars, à deux heures de l'après-midi, Napoléon arriva à Fontainebleau ; ce château royal gardait pour lui de terribles souvenirs : dans une de ses chambres il avait failli perdre la vie ; dans l'autre il avait perdu l'empire. Aussi n'y fit-il qu'une halte d'un instant, et continua-t-il sa route sur Paris.

A huit heures du soir il entre dans la cour des Tuileries, mille bras s'étendent vers lui, le saisissent, l'enlèvent ; Napoléon, emporté vers ses appartements par le torrent de la foule, ne peut dire, pour toute défense et pour tout remercîment, que ces mots : « Mes amis, vous m'étouffez. »

La nuit même tout fut réorganisé. Cambacérès se réveilla à la justice, le duc de Vicence aux affaires étrangères, le maréchal Davoust à la guerre, le duc de Gaëte aux finances, Decrès à la marine, Fouché à la police et Carnot à l'intérieur ; le duc de Bassano fut replacé à la secrétairerie d'État, le comte Mollien rentra au trésor, le duc de Rovigo fut nommé commandant-général de la gendarmerie, M. de Montalivet devint intendant de la liste civile. Letort et Labédoyère furent faits généraux ; Bertrand et Drouot furent maintenus dans leurs places : l'un de grand maréchal du palais, l'autre de major-général de la garde ; enfin tous les chambellans, écuyers et maîtres des cérémonies de 1814 furent rappelés.

Cependant Napoléon désire la paix, sans

l'espérer : la paix qu'il refusait en 1814, à Châtillon, après l'envahissement de la France, il la demande en 1815, après le retour de l'île d'Elbe ; à cet effet une circulaire est écrite aux rois de l'Europe.

Cette lettre n'obtint point de réponse, et il fallut se préparer à la guerre.

Pendant près de trois mois Napoléon travailla seize heures par jour ; à sa voix la France doit se couvrir de manufactures, d'ateliers, de fonderies.

Vers la fin de mai, Napoléon a 180 mille hommes disponibles pour ouvrir la campagne.

Deux plans se présentent alors à son esprit : marcher au-devant des Anglo-Prussiens, qui se trouvent les premiers prêts à nous attaquer, pour les joindre à Bruxelles ou à Namur ; ou bien attendre les alliés sous les murs de Paris ou de Lyon.

Être Annibal ou Fabius.

En attendant les alliés, Napoléon gagne jusqu'au mois d'août : au mois d'août il aura complété ses levées, terminé ses préparatifs, organisé son matériel ; au mois d'août il combattra avec toutes ses ressources une armée affaiblie des deux tiers par les corps d'observation qu'elle aura été forcée de laisser derrière elle.

Mais la moitié de la France sera livrée à l'ennemi : elle ne comprendra pas la prudence de cette manœuvre. Il est facile de faire le Fabius quand on a, comme Alexandre, un empire qui couvre la septième partie du globe, ou lorsque, comme Wellington, on manœuvre sur l'empire des autres. D'ailleurs toutes les temporisations ne sont pas dans le génie de l'empereur.

Au contraire, en transportant les hostilités en Belgique on étonne l'ennemi, qui nous croit hors d'état d'entrer en campagne, par un de ces coups de tonnerre qui sont si familiers à cet autre Jupiter Olympien. Wellington et Blücher peuvent être vaincus, dispersés, anéantis séparément, avant que le reste des troupes alliées ait eu le temps de les rejoindre. Alors Bruxelles se déclarera, les bords du Rhin reprendront les armes; l'Italie, la Pologne, la Saxe se soulèveront, et, par cette seule éruption du volcan français, la terre recommencera à trembler sous les trônes.

Il est vrai aussi qu'en cas de revers l'ennemi entre en France dès le commencement de juillet, c'est-à-dire deux mois plus tôt qu'il n'y viendrait de lui-même; mais est-ce après la marche triomphale du golfe Juan à Paris que Napoléon peut douter de son armée et prévoir une défaite?

Mais de ces 180,000 hommes qu'il a sous la main, l'empereur est obligé de distraire un quart pour garnir les frontières; pour remplacer ce quart qui lui fait faute, les anciens soldats licenciés sont rappelés sous les drapeaux, les conscriptions de 1814 et de 1815 sont levées, les soldats et officiers en retraite sont engagés à rentrer en ligne. Six armées, du Nord, de la Moselle, du Rhin, du Jura, des Alpes, des Pyrénées, s'organisent, tandis qu'une septième armée, sous le nom d'armée de réserve, se réunit sous les murs de Paris et de Lyon que l'on va fortifier.

En effet, toute grande capitale doit être à l'abri d'un coup de main; et plus d'une fois la vieille Lutèce a dû son salut à ses murailles, où vinrent échouer tour à tour les Normands et les Anglais. Si, en 1805, Vienne eût été défendue, l'affaire d'Ulm n'eût pas décidé de la guerre; si, en 1806, Berlin eût été fortifié, l'armée prussienne battue à Iéna s'y fût ralliée, et l'armée russe l'y eût rejointe; si, en 1808, Madrid eût été en état de soutenir un siège, l'armée française n'eût peut-être point, même après les victoires de Spinosa, de Tudelle, de Burgos et de Somo-Sierra, osé marcher sur cette capitale, en laissant derrière elle l'armée anglaise et l'armée espagnole; enfin si, en 1814, Paris eût tenu huit jours seulement, l'armée alliée était étouffée entre ses murailles et les 80 mille hommes que Napoléon réunissait à Fontainebleau.

Le général du génie Haxo est chargé de cette grande œuvre; le général Lhéry fortifiera Lyon.

Donc, si l'ennemi nous laisse jusqu'au 1ᵉʳ juin, l'effectif de notre armée sera porté de 200 mille à 414 mille hommes; s'il nous laisse jusqu'au 1ᵉʳ septembre, non-seulement cet effectif sera doublé, mais encore toutes les villes seront fortifiées jusqu'au centre de la France, et serviront d'ouvrages avancés à la capitale.

En attendant, Napoléon reste avec 125,000 hommes seulement; il les concentre de Philippeville à Maubeuge : il a 200,000 hommes devant lui, c'est vrai; mais s'il attend six semaines encore, ce n'est point 200,000 hommes seulement, c'est l'Europe tout entière qui lui tombe sur les bras. Le 12 juin, il part de Paris; le 14 il porte son quartier-général à Beaumont, où il campe au milieu de 60,000 hommes, jetant à sa droite 16,000 hommes sur Philippeville, et à sa gauche 40,000 hommes vers Sorlé-sur-Sambre. Dans cette position, Napoléon a devant lui la Sambre, à sa droite la Meuse, à sa gauche et derrière lui les bois d'Avesnes, de Chimay et de Gédins.

Dès le commencement de la campagne, le 2e léger avait été incorporé dans la 5e division du 2e corps de la grande armée : il avait pour général en chef le lieutenant-général comte Reille, pour général de division le général baron Bachelu, et pour colonel M. Maigret.

Le 2e corps se composait, outre les divisions que nous venons de nommer, de la division du prince Jérôme, de la division Gérard, de la division Foy et des deux divisions de cavalerie du général Piré, et de 2000 hommes à peu près appartenant à l'artillerie et au génie. — Total 24 à 25,000 hommes.

Ce corps d'armée prit position, le 14 au soir, à Lair-Fostau; le 15, à trois heures du matin, il passa la frontière, se dirigeant sur Marchienne-au-Pont. L'avant-garde rencontra, en avant de Thuin, un poste de cavalerie ennemie, et dans cette ville un bataillon prussien d'environ 800 hommes. Ce bataillon, poursuivi par la cavalerie, l'arrêta quelque temps dans le bois de Montigny-le-Tigneux : mais ayant été pressé par la tête de notre infanterie, et 200 chevaux qui étaient avec lui n'ayant pu le soutenir, il fut défait avec perte d'une centaine d'hommes tués ou blessés et de 200 prisonniers. Le pont de Marchienne fut aussitôt occupé. Après avoir réuni une partie de son corps d'armée, le comte Reille le fit déboucher et marcha sur Jumet au travers du bois de Monceaux tandis qu'il faisait tourner ce bois par sa division de cavalerie. A la sortie du bois l'avant-garde d'infanterie trouva une arrière-garde prussienne qu'elle repoussa, dégageant ainsi le 1er de hussards, qui était venu de Charleroi, et qui était déjà en lutte avec l'ennemi.

Les divisions se formèrent alors à la hauteur de Jumet, la droite au delà de la chaussée, et marchèrent sur le bois de Lombuc et sur Gosselies. Ce fut en ce moment que le maréchal Ney, qui arrivait de Paris, vint prendre le commandement de l'aile gauche de l'armée, composée du 2e corps, du 1er corps qui marchait ensuite, et d'un corps de cavalerie.

Le maréchal poussa aussitôt sur Frasne une division de cavalerie de la garde qu'il avait amenée avec lui, et le corps prit position : la cavalerie et la 5e division, dont le 2e léger faisait partie, à Mellet, les 6e et 7e divisions derrière le bois de Lombuc, et la 9e à Gosselies. Ainsi le général Reille, parti à trois heures du matin, de Lair-Fostan, s'était battu toute la journée et avait fait huit lieues.

L'arrière-garde prussienne s'était retirée sur Épignie, un peu avant la nuit. L'empereur avait donné ordre de pousser une avant-garde dans la direction de Fleurus, la division Gérard fut dirigée sur ce point ; et à dix heures du soir elle s'arrêta à Wagnies, où de son côté elle avait rencontré l'ennemi.

Le maréchal Ney reçut l'ordre d'occuper les Quatre-Bras avec l'aile gauche en poussant une avant-garde jusqu'à Jemmapes.

Le général Reille en informa aussitôt le général d'Erlon, commandant du premier corps, ordonna à ses divisions de se diriger sur les Quatre-Bras, et rejoignit le maréchal, qui, avec la cavalerie de la garde, observait l'ennemi en avant de Frasne.

Les 5e et 9e divisions et celles de cavalerie, étant formées, commencèrent l'attaque vers deux heures.

La 5e division marcha en colonne par bataillon à droite de la route, la 9e avait une brigade sur la route et une réserve. La division de cavalerie Piré flanquait la droite; quant au maréchal, il était de sa personne sur la chaussée avec la division de la cavalerie de la garde : il faisait déployer sur la gauche un corps de grosse cavalerie commandé par le comte de Valmy, qui venait d'arriver.

Pendant ce temps, la 6e division d'infanterie était encore assez éloignée; et le commandant de la 7e rendait compte que l'empereur l'ayant rencontrée à Wagnies, au moment où il se mettait en route pour se diriger sur les Quatre-Bras, l'avait emmenée avec lui à Saint-Amand.

Les 8e et 9e divisions d'infanterie, conduites par le général Reille, avaient donc commencé seules leur attaque sur un terrain assez difficile. La brigade de la 9e division occupa la ferme de Gémioncourt, tandis que la 5e division, dont faisait partie le régiment, traversait deux ravins sous la protection de l'artillerie. Mais, arrivée au plateau qui mène aux Quatre-Bras, cette protection lui manqua, l'artillerie n'ayant pu la suivre; au même instant toute une ligne d'infanterie anglaise qui l'attendait, profitant du désordre qui s'était mis dans les rangs en traversant le deuxième ravin, la chargea et la força de repasser. Mais alors les Anglais se retrouvèrent sous notre feu et furent contraints à leur tour de battre en retraite. Il s'établit alors, jusqu'à la nuit, un feu de tirailleurs et une canonnade qui s'étendaient depuis la chaussée de Bruxelles jusqu'à celle de Namur.

Quant à la brigade qui était sur la grande route, elle se maintint dans sa position; elle favorisa l'attaque de la division du prince Jérôme, qui, arrivée vers trois heures de l'après-midi, fut conduite par le maréchal le long du bois du Bossu. De leur côté, les cuirassiers de Valmy firent une charge brillante, enfoncèrent les carrés, prirent un drapeau et quelques hommes, mais ne purent s'emparer de la position.

En effet, que pouvaient trois divisions d'infanterie contre des troupes d'une force déjà double au commencement de l'attaque et dont le nombre s'était presque triplé par l'arrivée successive de tous les corps de l'armée anglaise! La perte des Anglais fut considérable. Celle des trois divisions d'infanterie et des divisions de cavalerie du 2ᵉ corps fut de 4,000 hommes tués ou blessés. Mais l'ennemi, qui pouvait gagner Ligny, fut arrêté, et les Anglais ne purent rendre aux Prussiens en cette journée le service décisif que les Prussiens devaient leur rendre le surlendemain à Waterloo.

On a vu que Napoléon avait emmené avec lui la division Gérard. En outre, le comte d'Erlon, commandant le premier corps, reçut entre Gosselies et Frasne, à la hauteur à peu près de la chaussée des Romains, communication d'une dépêche du maréchal Ney, par laquelle l'empereur demandait la marche d'un corps de troupe sur la droite de l'armée prusienne. Le comte d'Erlon prit aussitôt la direction en dessus. Mais à peine avait-il fait une lieue que Ney, se voyant engagé non pas avec une simple avantgarde comme il le croyait, mais avec toute l'armée anglaise, rappela à lui par un ordre impératif ce premier corps et le général qui le commandait, le comte d'Erlon. Inutile toute cette journée par la force même des circonstances qui l'avaient tiraillé de tous côtés, il n'arriva en avant de Frasne qu'à neuf heures du soir et releva aussitôt aux avant-postes les troupes du 2ᵉ corps qui, s'étant battues toute la journée, passèrent en seconde ligne.

Le 17 l'armée anglaise se retira sur Waterloo, et son arrière-garde se rejeta successivement devant les troupes qui venaient de Ligny. En effet, comme on le sait, Napoléon avait lancé Grouchy et 30,000 hommes à la poursuite des Prussiens, et venait, avec le reste de son armée, rejoindre Ney et attaquer Wellington, qu'il espérait battre à son tour séparément comme il venait de battre Blücher. Le 1ᵉʳ corps suivit le mouvement progressif de l'armée française, et se mit à la poursuite des Anglais. Le 2ᵉ corps, qui était passé la veille en seconde ligne, se rendit de Hames à Jemmapes, où il demeura toute la nuit du 17 au 18.

Le 18, au point du jour, le comte Reille se mit en marche. Vers neuf heures du matin, il était arrivé vis-à-vis de la ferme du Caillou ; là, il se forma en bataille. Vers onze heures, Napoléon donna ses instruc-

pour l'attaque. Elle devait être faite par échelons formés en avant, et par la droite; le 1er corps à droite de la chaussée, le 2e à gauche. De cette manière, le 2e corps, qui n'avait encore eu aucun engagement, puisque, ainsi que nous l'avons dit, il avait, dans la journée du 16, été entre les deux champs de bataille, devait aborder l'ennemi le premier; tandis que le 1er corps soutiendrait le mouvement, en ouvrant sa gauche du bois d'Hougoumont. Le prince Jérôme, commandant la 9e division, fut dirigé sur ce point ayant derrière sa gauche la division de cavalerie Piré; le général Foy fut placé au centre, et le général Bachelu à droite, s'appuyant sur la chaussée. C'était, on s'en souvient, sous les ordres du général Bachelu qu'était placé le 2e léger. Quant à la division Gérard, comme elle avait perdu beaucoup d'hommes à Ligny, elle était restée pour garder le champ de bataille, absence qui, jointe aux pertes du 15 et du 16, réduisent le 2e corps d'armée à environ 12,000 hommes d'infanterie.

Il avait plu toute la nuit par torrents, mais, vers les neuf heures du matin, le soleil avait paru et séché un peu les terres

20

On voyait alors parfaitement toute l'[armée] anglaise, qui attendait la bataille, a[dossée] à la forêt de Soignies, la droite appuy[ée au] bois et au château d'Hongoumont, le c[entre] à cheval sur la grande route couvert [par] une ferme entourée de haies vives [qu'on] avait fait créneler : la gauche s'éten[dait] vers le village de Mont-Saint-Jean.

Sur les onze heures, le 2ᵉ corps prit p[o]sition; une division, la droite appuyée à [la] route de Bruxelles; une seconde divisio[n] la gauche appuyée au bois d'Hongoumont[;] la troisième division en arrière, en réserv[e,] également sur deux lignes; la cavalerie lé[gè]gère éclairait l'extrême gauche.

Le premier corps prit aussi position : sa division de droite vis-à-vis les Anglais, appuyée au village de Frischermont; la seconde division venait ensuite ainsi que la troisième, dont la gauche était appuyée à la route de Bruxelles; la quatrième division en arrière en réserve; la cavalerie légère, aux ordres du général Jacquinot, éclairait l'extrême droite, l'artillerie en avant de chaque division.

Une batterie de 60 pièces de canon servie par les canonniers de la garde vint s'établir à portée de l'ennemi, la gauche appuyée à la route.

Le 6ᵉ corps, commandé par le comte Lobau, était en réserve en arrière du second, la droite appuyée à la route.

Toutes les réserves de cavalerie, y compris les régiments de la garde, étaient serrées en masse en avant du village de Planchenoit, la gauche appuyée à la grande route.

L'infanterie de la garde était aussi en réserve, à la hauteur des réserves de cavalerie, sur les deux côtés de la route de Bruxelles. L'empereur se trouvait sur une haute butte, élevée à gauche de la route, d'où il pouvait voir tout le terrain où allait s'enflammer la bataille; à gauche de la route le sol descendait en pente douce jusqu'au pied de la position occupée par l'ennemi : à droite, au contraire, il s'élevait et formait comme un grand plateau qui ne se rompait qu'à une portée de canon des Anglais, en sorte que sur le front du 1ᵉʳ corps les deux armées n'étaient séparées que par un ravin sans obstacle.

A une heure, la grande batterie de la garde donna le signal de l'attaque et l'engagement devint général.

Le général d'Erlon (1er corps) dirigeait l'attaque de l'extrême droite, le maréchal commandait celle du centre ; sous le feu de la grande batterie, le général Reille (2e corps) attaquait le bois et le château d'Hongoumont.

Vers trois heures, l'ennemi, malgré la plus vive résistance, fut forcé de céder aux efforts du maréchal et de vider sa position du centre ; mais en abandonnant la hauteur à la gauche de la route il exécutait a droite une charge de cavalerie qui jeta du trouble sur un point du 1er corps.

Pour soutenir cette charge, il fit avancer une batterie à la congrève ; ses nombreuses fusées ne firent aucun mal à nos soldats.

Il n'en fut pas de même de la charge de cavalerie exécutée par deux régiments de dragons anglais sur une division du 1er corps. Cette division, s'étant effrayée, se déforma et fut hors d'état de tirer un seul coup de fusil. Cependant on parvint à lui faire reprendre son ordre de bataille. La batterie de réserve placée sous la protection de cette division fut également désorganisée, et perdit ses chevaux et ses canonniers.

Les deux régiments anglais qui avaient

porté la terreur et la mort sur ce point de notre armée arrivèrent enfin en face de nos réserves de cavalerie. Alors la scène changea; les vainqueurs furent à leur tour repoussés, rompus, sabrés ou pris, pas un ne put regagner l'armée anglaise.

Mais le courage et l'impétuosité de nos escadrons ne purent enfoncer l'infanterie anglaise, qui était en bon ordre et n'avait pas souffert; ces braves soldats restèrent long-temps exposés au feu sur un terrain tellement détrempé par la pluie que l'artillerie n'avançait que difficilement pour les soutenir.

Les divisions Foy et Bachelu (la 5e, dont le 2e léger fait partie) et celles du 1er corps s'avancèrent à leur tour pour attaquer l'infanterie anglaise; ces divisions étaient malheureusement trop faibles pour réussir dans cette attaque: il aurait fallu le concours de toute la garde pour agir d'une manière décisive.

Lorsque cette réserve se porta en avant, la cavalerie et l'infanterie de la 1re ligne avaient déjà souffert si long-temps, qu'une partie du plateau avait été abandonnée, et qu'elles ne purent seconder cette attaque avec beaucoup de vigueur; d'ailleurs les

Prussiens avaient déjà fait trop de progrès sur notre droite, puisque l'on entendait leur canon à Planchenoit. Bulow, qui les commandait, balayait déjà la route en arrière du village où était établi le grand quartier-général, que le bataillon de service défendait de son mieux.

Le 6e corps et quelques régiments de cavalerie furent envoyés pour s'opposer à la marche des Prussiens, qui manœuvraient pour couper notre communication.

Dès lors les blessés commencèrent à se retirer sur Charleroi, les batteries qui manquaient de munitions suivaient la même route. C'est à ce moment que le maréchal, jugeant qu'il serait important de faire occuper la position du centre abandonnée par l'ennemi, et n'ayant point d'infanterie à sa disposition, fit demander une brigade de cavalerie. Cette troupe exécuta son mouvement au trot; mais, par une spontanéité fatale, elle fut suivie par toutes les réserves, même par celles de la garde.

Toute cette cavalerie, au nombre de 15,000 chevaux, vint s'entasser sans ordre et dans un espace étroit où elle se gênait réciproquement.

Quelques charges assez heureuses furent exécutées ; mais l'ennemi avait fait un mouvement en arrière qui le mettait à l'abri de nos coups : son infanterie s'était acculée à la forêt de Soignies, et avait conservé un ordre parfait. La ferme crénelée qui couvrait son centre résistait à tous nos efforts : plus de 2,000 des nôtres y avaient été tués en cherchant à l'enlever.

L'attaque de gauche n'avait pas été plus heureuse au château d'Hongoumont, et cependant tout le 2e corps y avait été attiré successivement. L'attaque de droite n'avait fait aucun progrès, et le comte d'Erlon avait trop à faire sur son front et sur sa droite, surtout depuis l'arrivée de Bulow, pour pouvoir porter secours au maréchal.

L'infanterie du général Durutte (1er corps) supportait seule ou à peu près avec un courage héroïque l'attaque du centre, qui était la plus importante, lorsque le maréchal demanda le secours de la cavalerie pour remplir l'intervalle qui s'agrandissait de plus en plus entre le 1er et le 2e corps.

Le canon prussien retentissait toujours sur les derrières de l'armée française, et s'en rapprochait de plus en plus. L'empereur fit répandre le bruit que c'était celui de Grouchy.

Il était six heures : Napoléon venait de donner l'ordre de renouveler l'attaque du centre, qui s'était ralentie ; mais il fallait de l'infanterie fraîche pour recommencer, et le maréchal n'en avait plus à sa disposition. La moitié des soldats étaient morts ou blessés ; les autres, harassés de fatigues, manquaient de munition. Le maréchal en fit informer l'empereur par son premier aide-de-camp, en lui faisant demander de nouvelles troupes.

L'empereur répondit : *Où voulez-vous que j'en prenne ?* Cependant un dernier effort sur le centre mit les Français en possession de la ferme crénelée qui couvrait le centre de l'ennemi, et qui avait été chèrement achetée.

Entre sept et huit heures du soir, la droite du corps prussien, s'étant réunie avec la gauche des Anglais, força notre extrême droite en menaçant les derrières du 6ᵉ corps.

Cette marche audacieuse détermina l'empereur à envoyer 4 bataillons de la garde au maréchal Ney, avec lesquels il ralentit le succès de l'ennemi. Cette troupe paya de sa vie une défense désormais impossible. D'autres troupes vinrent inutilement apporter le tribut de leur dévouement. Tout devint inutile devant un ennemi six fois plus nombreux et encouragé par le succès. Le jour tombait; le désordre se mit dans les rangs de l'armée française, et la déroute commença. L'ennemi reprit la ferme crénelée, et, ayant établi des batteries sur le plateau, mit le comble aux désastres de la journée. L'empereur fut mêlé à ce désordre affreux. Le maréchal Ney, qui avait eu cinq chevaux tués sous lui dans cette funeste journée, quitta un des derniers le champ de bataille.

Quant au 2e corps, dont le 2e léger faisait partie, il fut un de ceux qui donnèrent le plus bel exemple du dévouement et du courage dans cette funeste déroute. Ses trois divisions d'infanterie se retirèrent en bon ordre et devant l'ennemi jusqu'à Jemmapes; mais aux *Quatre-Bras* tout se mêla, et il lui fut impossible de conserver son ordre de retraite.

Les destinées de l'empereur venaient de s'engloutir dans ce grand naufrage, et avec l'empire cette armée héroïque qui pendant vingt-cinq ans avait fait trembler l'Europe entière. Le 2ᵉ corps perdit 4,000 hommes à la journée de Waterloo! Il en avait perdu autant dans les journées qui avaient précédé.

Le 21 juin, Napoléon est de retour à Paris.

Le 22, la Chambre des pairs et la Chambre des députés se déclarent en permanence et nomment traître à la patrie quiconque voudra les suspendre ou les dissoudre.

Le même jour, Napoléon abdiqua en faveur de son fils.

Le 8 juillet, Louis XVIII rentra à Paris.

Le 14, Napoléon, après avoir refusé l'offre du capitaine Baudin, aujourd'hui vice-amiral, qui lui propose de le conduire aux États-Unis, passe à bord du *Bellérophon*, commandé par le capitaine Maitland, et écrit au prince régent d'Angleterre :

« Altesse royale,

» En butte aux factions qui divisent mon
» pays et à l'inimitié des plus grandes puis-
» sances de l'Europe, j'ai consommé ma
» carrière politique. Je viens, comme Thé-
» mistocle, m'asseoir au foyer du peuple
» britannique. Je me mets sous la protec-

tion des lois, que je réclame de votre altesse royale comme celle du plus puissant, du plus constant, du plus généreux de mes ennemis.

» NAPOLÉON. »

On sait quelle fut l'hospitalité accordée [pa]r le gouvernement britannique à ce nou[v]eau Thémistocle.

De 1813 à 1815, le 2ᵉ léger eut pour co[lo]nels MM. Dorsenne, Lepaige et Maigret.

CHAPITRE X.

Suppression des régiments. — Formation des légio[ns]
— Le 2e léger devient la 5e légion, des Haut[es]
Alpes. — Rétablissement des régiments. — Le [2e]
léger reprend son numéro. — Campagne d'Esp[a]
gne. — Le 2e léger fait partie de l'armée d'ex[pé]
dition. — Prise de Logrono. — Le 2e léger
entre le premier. — Le 2e léger à Madrid, —
marche vers l'Andalousie. — Combat de Visi[llo]
— Combat de Wilches. Le 2e léger s'y distingue.
Siège de C. dix. — Retour en France. — Garnis[on]

Après les Cent-Jours et à la secon[de]
rentrée des Bourbons, les corps d'infante[rie]
légère furent supprimés et remplacés p[ar]
dix légions dites d'infanterie légère; le 2e l[é]
ger fut licencié comme la plupart des autr[es]
corps, et prit le n° 2 dans l'infanterie léger[e].

En 1820 une ordonnance royale prescr[i]
vit la création de régiments d'infanterie [de]
ligne et d'infanterie légère, et la suppressi[on]
des légions.

La légion des Hautes-Alpes, qui s'appel[ait]
la 5e légion d'infanterie légère, forma [le]
noyau du 2e léger actuel. C'était une ru[de]

cession à recueillir : c'étaient 36 années
gloire à continuer et à poursuivre. Nous
ons voir que le 2ᵉ léger actuel était digne
ce splendide héritage.

Lors de la création des régiments, le
léger était à Montbrison; de là il se ren-
t à Bourges, et de là à Besançon, où il
ssa l'année 1821.

En 1822 il séjourne à Dijon.

En 1823 il est assigné pour faire partie
l'expédition d'Espagne.

Le nouveau régiment allait enfin recevoir
son tour le baptême de feu : il fut placé
ans la 3ᵉ division du 1ᵉʳ corps d'armée,
us les ordres du duc de Reggio.

Ce corps était composé de 4 divisions
ont une de dragons : la 3ᵉ, dont faisait par-
ie le 2ᵉ léger, était commandée par le gé-
éral Obert, officier de l'empire, qui avait
onquis ses grades sur les champs de ba-
aille; son général de brigade était le maré-
hal comte de Vitry, enfin son colonel était
M. le duc de Crillon.

La cause de cette guerre était le principe du
ibéralisme que l'Espagne avait substitué au
despotisme de Ferdinand : la Sainte-Alliance
s'était déclarée contre cet ordre de choses;

et la France, faisant de la révolution es[pa]gnole une querelle de famille, s'était en[ga]gée à aller rétablir sur son trône le desce[n]dant de Louis XIV.

Le total de l'armée française présent[ait] un chiffre de 81,000 hommes effecti[fs] 21,000 devaient en être séparés et agir [en] Catalogne.

L'armée espagnole sous les armes s'él[e]vait, non compris les milices, à 70,000 ho[m]mes de troupes régulières ; les milices po[u]vaient monter à 50,000 hommes à peu pr[ès].

Ces troupes étaient commandées par d[es] chefs dont la terrible et sanglante illustr[a]tion remontait à la première guerre : c'[é]taient, entre autres, Mina, Ballesteros [et] l'Abisbal.

Un camp avait été établi à Bayonne ; [le] prince s'y rendit le 28 mars; et le 30 la pr[o]clamation suivante fut mise à l'ordre d[u] jour.

« Soldats, j'arrive parmi vous ; j'ai ét[é] satisfait du bon esprit qui vous anime, d[e] votre constance à supporter les fatigue[s] d'une longue marche pendant l'intempéri[e] de la saison : c'est par l'éclat de toutes le[s] vertus militaires que vous montrerez bientô[t] votre dévouement au roi et à la patrie. *Fidélité, honneur et discipline* sera toujours la devise du drapeau blanc sous lequel vous allez combattre.

» Je veillerai à tous vos besoins.

» Au quartier-général de Bayonne, le 30 mars 1823.

« Louis-Antoine. »

Le 6 avril l'armée reçut l'ordre de se tenir prête à marcher sur la Bidassoa, rivière qui sépare les deux royaumes et dont, par conséquent, le nom se retrouve à tout moment répété dans le cours de notre histoire militaire.

La Bidassoa fut franchie sur un pont de bateaux, et le duc de Reggio, avec le 1er corps d'armée, dont le 2e léger faisait partie, toucha le premier le sol de l'Espagne.

La Navarre et la Biscaye inspiraient quelques inquiétudes : on les connaissait pour des provinces ardentes et vigoureuses qui, dans les gorges de leurs montagnes et dans les épaisseurs de leurs forêts, avaient conservé les mœurs primitives de leurs rudes ancêtres. Mais les Navarrais et les Biscayens étaient irrités contre les Cortès, qui avaient voulu détruire leurs fueros; et au lieu de nous fermer l'entrée de leurs provinces, nous accueillirent à bras ouverts.

Le quartier-général fut d'abord transport à Irun.

Le duc de Reggio marchait après l'avant garde et s'établit à Tolosa, capitale du Guiposcoa, pendant que le général Bourke commandant la 2e division de son corps d'armée, se portait sur Saint-Sébastien, dont il faisait le siège. Le reste de l'armée suivait la même direction que le duc de Reggio et s'établissait à Vittoria, où, comme les vieux soldats de Germanicus, elle pouvait retrouver les ossements blanchis des légions que le Varrus moderne avait laissés dans les plaines. En outre, S. A. R. Mgr. le duc d'Angoulême avait laissé un corps d'armée en Biscaye et un autre en Navarre. Ce dernier avait mission de s'emparer de Pampelune.

Suivons la marche du 1er corps pour ne point perdre de vue le 2e léger.

Pendant que l'avant-garde se portait sur Burgos, la 3e division, dont le 2e léger faisait partie, se reportait de son côté sur Logrono. Le 17 elle arriva devant cette ville ; le 18 on envoya un parlementaire pour sommer Logrono de se rendre.

La ville de Logrono, située sur l'Èbre, sépare la Biscaye de la Castille-Vieille; elle était défendue par 700 hommes et 200 chevaux. On avait barricadé les doubles portes du pont de l'Èbre; et comme le passage de la rivière, grossie par les pluies du printemps, était impossible, il fallait emporter ce pont de vive force pour arriver jusqu'à Logrono. La première porte du pont fut forcée par la 2e brigade; et comme la deuxième porte était défendue avec acharnement, la 1re brigade s'avança à son tour pour prendre part au combat.

L'attaque du 2e léger, qui marchait en tête, fut si vive, que l'ennemi, qui jusque-là avait combattu corps à corps, se replia d'une vingtaine de pas en arrière, et, fuyant à baïonnette, se contenta d'accueillir notre tête de colonne par un feu de peloton qu'elle essuya à demi-portée de pistolet. En ce moment un tambour du régiment, nommé Mareau, se cramponnant d'une main à la muraille et de l'autre continuant à battre la charge, passa par-dessus la porte, et, se trouvant de l'autre côté, l'ouvrit au milieu des balles sans qu'aucune l'atteignît. Toute la division passa aussitôt. L'ennemi opéra sa retraite sur Villa-Medina, où il essaya

de se défendre grâce à deux ou trois admi
rables positions qu'il avait prises. Mais un
charge de cavalerie poussée à fond ayan
éventré son centre, il abandonna toutes se
positions sans les défendre davantage et pri
la fuite. Cette affaire fut des plus brillante
pour la 1re brigade de la 3e division. Le gé
néral ennemi don Julien Sanchès, six offi
ciers, 158 soldats furent faits prisonniers
un drapeau et quelques canons tombèren
en outre entre nos mains. Ce début de cam
pagne eut son retentissement jusque dan
Madrid, et les Cortès, en apprenant cett
première victoire, forcèrent le roi à quitte
sa capitale et à transporter le siége du gou
vernement à Séville.

De son côté le duc d'Angoulême, en ap
prenant cette nouvelle, accéléra la march
de son armée. L'avant-garde du 1er corp
se porta sur Burgos, et le prince fit son en
trée solennelle dans cette ville le 9 mai
L'avant-garde en avait déjà pris possessio
depuis plusieurs jours. Un char de triomph
traîné par 40 jeunes gens avait été dispos
pour S. A., qui refusa d'y monter et q
franchit les portes de la ville à cheval et à l
tête des soldats.

Tous les corps reçurent l'ordre de se réu

ir, le 23 mai, sur un point donné à 4 lieues de Madrid. La division Obert, dont le 2e léger faisait partie, arriva à ce rendez-vous militaire par Agreda et Aunaza. L'occupation de Madrid devait avoir lieu le 24 mai.

Les troupes françaises entrèrent à Madrid par trois côtés différents. Le 2e léger, conduit par le général Obert, entra par la porte d'Alcala.

Cette entrée fut signalée par des fêtes.

A peine arrivé à Madrid, le duc d'Angoulême résolut d'envahir l'Estramadure et l'Andalousie. Le 2e léger fut détaché avec les colonnes mobiles pour faire partie de l'armée d'Andalousie. Par cette nouvelle disposition il se trouvait avoir pour lieutenant-général M. de Bordesoult et pour général de brigade M. le duc de Dino.

Le 8 juin, le corps du général Bordesoult apprit que le général Placencia était à Santa-Cruz. Il s'y porta avec rapidité ; mais l'ennemi, informé à temps de son mouvement, avait abandonné cette position. Le général Bordesoult ordonna aussitôt au duc de Dino de se mettre à la poursuite de l'ennemi avec sa brigade. Le général mit tant d'activité dans sa marche qu'il atteignit l'ennemi en arrière de Visillo, l'attaqua et le culbuta si rapidement qu'il ne put se former én carré Tout fut dispersé en un instant, et un drapeau, 600 fantassins, 50 cavaliers, 18 officiers, 2 pièces de canon, 3 caissons et un vingtaine de voitures de bagages tombèren entre nos mains.

Le général Placencia, coupé de la route d'Andalousie, ne pouvait plus désormais pénétrer en Estramadure que par des chemins affreux, et en traversant la Sierra Morena. Le général Bordesoult ordonna au duc de Dino de se porter avec sa brigade vers la Carolina, seule route praticable par laquelle il pût faire filer son artillerie et ses bagages.

Ce général y était le 19 à 10 heures du matin, il apprit alors que la colonne de Placencia tentait, par une route depuis longtemps abandonnée, d'arriver aux montagnes de Vilches moins difficiles que celles de la Sierra, et par lesquelles il pouvait gagner Jaën : il se dirigea aussitôt sur Vilches, rencontra Placencia et sa colonne formée en bataille sur un plateau défendu par un ravin, et il le fit aussitôt attaquer par deux compagnies du 2e léger soutenues par le reste du régiment. Ces deux compagnies lancées en avant, franchirent le ravin au pas de course, culbutèrent l'infanterie ennemie, et la forcèrent bientôt à prendre la fuite ; mais les escadrons de Placencia, formés dans un pli de terrain, opposèrent à nos tirailleurs une résistance plus sérieuse que ne l'avait fait l'infanterie. Aussitôt les chasseurs de la garde franchirent le ravin, et chargèrent sur l'infanterie qui venait de se retirer sous la protection de la cavalerie ; les Espagnols ne purent résister à cette double attaque, cavaliers et fantassins s'enfuirent pêle-mêle, et 260 soldats et 11 officiers, dont un chef d'escadron, furent faits prisonniers dans cette affaire conduite par le duc de Dino avec autant d'intelligence que de courage.

Le régiment, qui avait pris la première et la plus grande part au succès de cette journée, fut cité dans le 11e Bulletin : les capitaines Verlanges et de Chailau, et les sergents Stayer et Clarc, furent mentionnés comme s'y étant particulièrement distingués. Le capitaine Callotine fut blessé.

La colonne continua son mouvement sur Cadix.

On connaît les brillants détails de ce siége ; détails que nous sommes forcés de passer sous silence, le 2⁰ léger n'y ayant pris aucune part.

La prise du Trocadero porta le découragement dans le parti révolutionnaire de Cadix. Le prince généralissime, voulant profiter de sa victoire, s'occupa sans relâche des travaux du siége, et surtout de l'établissement de batteries destinées à gêner la navigation des bâtiments de l'ennemi, ainsi que les ouvrages qu'il avait pris de la place. Les opérations du siége s'avancèrent avec tant de rapidité, que le 4 septembre, des obus partis des batteries françaises, incendièrent d'immenses magasins de bois situés non loin de Puntalis.

Cadix se rendit après un bombardement de quelques jours, le 1ᵉʳ octobre 1823.

La première condition de la capitulation fut la mise en liberté du roi Ferdinand.

La seconde fut le rétablissement du gouvernement absolu.

Le but de la campagne était atteint. Les troupes françaises revinrent dans leur patrie. Le 2ᵉ léger, qui avait recueilli sa part de gloire dans cette expédition, quitta l'Espagne un mois après la capitulation de

Cadix, et occupa depuis son retour les garnisons suivantes :

1824, Brest.
1825, Rennes.
1826, Rennes et Saint-Omer.
1827, Saint-Omer (dépôt à Aire), Belfort, Strasbourg.
1828, Belfort, Strasbourg.
1829, Strasbourg.
1830, Strasbourg.

A cette époque, il fut appelé à pren're part à l'expédition d'Alger.

CHAPITRE XI.

CAMPAGNE D'AFRIQUE.

La régence d'Alger. — Expédition de Charles-Quint. — Bombardement d'Alger par Duquesne. — Défaite du général espagnol Orelly. — Lord Exmouth. — Hussein-Pacha — Insulte faite au consul français. — Blocus d'Alger. — Expédition. — Le 2ᵉ léger à l'enlèvement des batteries algériennes de Sidi-Ferruch. — Staoueli. — Sidi-Khalef. — Delhi-Ibrahim. — Investissement d'Alger. — Premier retour en France. — Garnisons.

Il existait depuis le commencement du seizième siècle un État qui faisait la honte des puissances chrétiennes de l'Europe. Cet État, c'était la régence d'Alger.

Lorsque le vaste empire des califes croula sous son propre poids, mal assuré qu'il était sur la terre conquise, et que la domination arabe, repoussée pied à pied, puis enfin déracinée par la prise de Grenade, eut été forcée de repasser le détroit, plusieurs petits États se formèrent des débris de la grande monarchie.

De là la naissance d'Alger, qui commence de cette époque seulement à inscrire son nom dans l'histoire.

Un émir était le chef de la ville et du territoire qui en dépendait. Poursuivi sur la terre d'Afrique par les Espagnols, qui, de vaincus devenant vainqueurs et de conquis se faisant conquérants, s'étaient emparés d'Oran et de Bougie, l'émir appela à son secours le renégat Harouri Barberousse. Grâce à ce puissant allié, la conquête espagnole s'arrêta ; mais l'émir mourut empoisonné.

A la mort de ce célèbre pirate, son frère Kaïr-Eddin fut nommé pacha d'Alger par la Sublime-Porte. Mais cette inféodation fut de courte durée ; bientôt Kaïr-Eddin, tout en restant vassal de nom, se fit indépendant de fait.

Alger ne pouvait mentir à sa destinée : fondée par un corsaire, elle se fit la reine de la piraterie ; et du haut de son rocher elle déclara la guerre au reste du monde.

Charles-Quint fut le premier à ramasser le gant jeté par ces écumeurs de mer. En 1541, il mena contre eux une puissante flotte; mais leur jour n'était point venu, et à peine le débarquement était-il effectué qu'une tempête força l'armée espagnole de remonter sur ses vaisseaux, qui ne firent qu'apparaître, et qui, emportés par le vent après des avaries immenses, regagnèrent les ports d'Espagne, laissant la côte d'Afrique toute jonchée de leurs débris. Charles-Quint mourut léguant sa vengeance à qui se sentirait assez fort pour l'accomplir.

Ce fut Louis XIV qui accepta l'héritage. Pendant les années 1682 et 1683, Duquesne bombarda Alger et força le dey à recevoir les conditions qu'il plut au vainqueur de la Hollande de lui imposer; mais à peine la flotte victorieuse eut-elle quitté la côte d'Afrique que les courses recommencèrent, et que presque à sa vue des navires portant le pavillon français furent capturés et leurs équipages emmenés en captivité.

L'Espagne ne pouvait oublier son échec de 1541; Charles III résolut de venger Charles-Quint. En conséquence, en 1775, une armée de 30,000 hommes fut rassemblée et mise sous les ordres du général Orelly; elle était accompagnée d'une puissante artillerie, et menait à sa suite des approvisionnements immenses. Mais, de son côté, le dey avait fait des armements considérables; il poussa contre les 30,000 Espagnols qui le venaient attaquer 100,000 Turcs, Arabes, Maures et Bédouins. Orelly fut vaincu et forcé de se rembarquer.

Après ce succès, le dey se regarda comme invincible. Dès lors les vaisseaux de la régence ne se contentèrent plus d'attaquer les bâtiments qu'ils rencontraient, ils exécutèrent des descentes sur les côtes d'Espagne et d'Italie, et des villages d'abord, et bientôt des villes entières, virent leurs populations conduites en esclavage.

Quelque temps on put croire que les puissances européennes, également insultées, chercheraient une vengeance commune en conduisant quelque nouvelle croisade contre Alger; mais il n'en fut pas ainsi: tout au contraire, et l'une après l'autre chaque puissance acheta à prix d'or l'amitié de la régence; l'Europe se fit tributaire d'un chef de bandits.

La révolution française éclata, occupant le monde autour d'elle; puis vint Napoléon et ses dix ans de guerre, pendant lesquels l'Europe ne fut qu'un vaste champ de bataille; puis enfin la Restauration lui succéda, ramenant la paix universelle.

Pendant cette période de vingt-cinq ans, Alger avait continué ses pirateries; mais à peine y avait-on pris garde, tant on était occupé de suprêmes événements. Une querelle entre la Régence et l'Angleterre ramena l'attention européenne sur le petit coin de l'Afrique : le gouvernement de la Grande-Bretagne venait à son tour de lui déclarer la guerre.

Lord Exmouth sortit de la Manche, conduisant une flotte de 30 vaisseaux, et, après avoir rallié l'escadre hollandaise, se présenta devant Alger le 27 août 1816. Après huit jours de bombardement, les batteries du Môle étaient détruites et une partie de la ville était écrasée par les bombes et par les boulets.

Le dey suivit alors la tactique si heureusement mise en œuvre par ses devanciers : il demanda à traiter, fit au consul britannique les réparations exigées, paya une indemnité considérable pour réparer les pertes éprouvées par les sujets anglais établis dans ses États, et rendit la liberté à mille esclaves chrétiens. Les flottes combinées s'éloignèrent.

Un an après, il ne restait plus dans les rues d'Alger la moindre trace d'incendie; ses fortifications étaient réparées, ses batteries reconstruites, et ses courses plus actives et plus implacables que jamais.

Sur ces entrefaites, Hussein-Pacha monta sur le trône : il y était à peine qu'il se montra plus hostile à la France qu'à aucune autre nation. Un traité, passé en 1817, nous avait rendu nos possessions de la Calle, et, moyennant une redevance de 60,000 fr., nous accordait le monopole de la pêche du corail. Hussein-Pacha porta cette redevance à 200,000 francs, et il fallut subir cette augmentation arbitraire pour ne point nous voir enlever nos établissements.

En 1818, un brick français fut pillé par les habitants de Bône; et quelques réclamations que fit le gouvernement de Louis XVIII, cette insulte resta impunie.

En 1823, sous prétexte qu'elle recélait des marchandises de contrebande, la maison du consul français à Bône fut visitée de force par les autorités algériennes; le résultat de la visite prouva la fausseté de l'accusation. Le consul se plaignit, demanda justice; mais ses plaintes furent inutiles, justice ne lui fut pas rendue.

En 1825 et 26, des bâtiments romains, naviguant sous pavillon français, furent capturés malgré les traités qui existaient entre la France et Alger ; tandis que, au mépris de ces mêmes traités, des marchandises françaises étaient pillées à bord de bâtiments espagnols.

Enfin, le 30 avril 1827, le consul français étant venu à propos de la fête du Beiram pour féliciter Hussein-Pacha, celui-ci, à la suite d'une légère discussion pécuniaire, le frappa de son chasse-mouche en plumes de paon qu'il tenait à la main.

Cette fois l'insulte était trop forte pour être tolérée ; c'était un soufflet donné sur la joue du roi de France Le consul reçut l'ordre de quitter Alger, et le bruit se répandit que cette fois la réparation serait terrible.

Le dey ne fit que rire de cette menace ; et en preuve du mépris qu'il en faisait, il ordonna de détruire tous les établissements français qui se trouvaient sur la côte entre Bône et Alger. L'ordre fut exécuté avec toute l'exactitude de la haine.

Le blocus d'Alger fut décidé : le blocus dura trois ans et couta vingt millions. Au bout de trois ans, il n'avait produit d'autre résultat que d'inspirer au dey une opinion plus exagérée que jamais de sa propre puissance.

Aussi, lorsqu'au mois de juillet 1829 l'amiral de La Bretonnière fut chargé d'aller proposer à Hussein-Pacha les conditions moyennant lesquelles la France consentait à lever le blocus, Hussein-Pacha éleva-t-il des prétentions plus insolentes que n'en avaient jamais eu ses prédécesseurs; de plus, lorsqu'il sortit du palais, il fut insulté par la populace, et à peine eut-il remis le pied à bord qu'à un signal parti de la Casbah les batteries du port firent feu sur son bâtiment.

Ceci était plus qu'une insulte, c'était un défi de guerre; et cependant on hésita quelque temps encore. Les mauvais résultats des expéditions précédentes effrayaient le gouvernement; mais l'opinion publique parlait plus haut que la prudence ministérielle, et dans le mois de février 1830 l'expédition d'Alger fut résolue. L'amiral Duperré fut chargé de l'armement de la flotte; le général comte de Bourmont reçut le commandement de l'armée, et vers la fin d'avril tout se trouva prêt.

Le 2e léger avait été appelé à faire partie de l'expédition; il composait, avec le 4e léger et le 3e de ligne, la première brigade de la première division, commandée par le lieutenant-général Berthezène. Cette première brigade avait pour chef le maréchal-de-camp Porret de Morvan; quant au régiment, son colonel était M. de Frescheville.

Dans les premiers jours de mai, le 2e léger était arrivé à Toulon et avait été transporté à bord des vaisseaux l'*Algésiras* et le *Superbe*; il attendait avec toute la flotte, enchaînée dans le port, que le vent devînt favorable. Pendant cette station, l'ordre du jour suivant fut lu à bord de tous les bâtiments:

« Soldats,

» L'insulte faite au pavillon français vous appelle au delà des mers; c'est pour le venger qu'au signal donné du haut du trône vous avez tous brûlé de courir aux armes, et que beaucoup d'entre vous ont quitté avec ardeur le foyer paternel.

» A plusieurs époques les étendards français ont flotté sur la plage africaine: la chaleur du climat, la fatigue des marches, les privations du désert, rien n'a pu ébranler ceux qui vous y ont devancés, leur courage tranquille a suffi pour repousser les attaques tumultueuses d'une cavalerie brave mais indisciplinée; vous suivrez leur glorieux exemple.

» Les nations civilisées des deux mondes ont les yeux fixés sur vous: leurs vœux vous accompagnent; la cause de la France est celle de l'humanité. Montrez-vous dignes de votre noble mission; qu'aucun excès ne ternisse l'éclat de vos exploits. Terribles dans le combat, soyez justes et humains après la victoire; votre intérêt le commande autant que le devoir.

» Trop long-temps opprimé par une milice avide et cruelle, l'Arabe verra en vous des libérateurs, il implorera notre alliance. Rassuré par votre bonne foi, il apportera dans nos camps les produits de son sol. C'est ainsi que, rendant la guerre moins longue et moins sanglante, vous remplirez les vœux d'un souverain aussi avare du sang de ses sujets que jaloux du bonheur de la France.

» Soldats, un prince auguste vient de parcourir vos rangs; il a voulu se convaincre par lui-même que rien n'avait été négligé pour assurer vos succès et pourvoir à vos besoins. Sa constante sollicitude vous suivra dans les contrées inhospitalières où vous allez combattre.

» Vous vous en rendrez dignes en observant cette discipline sévère qui valut à l'armée qu'il conduisit à la victoire, l'estime de l'Espagne et celle de l'Europe entière.

» Le lieutenant-général, pair de France, commandant en chef,

» Comte DE BOURMONT. »

De son côté, le baron Duperré lança du vaisseau amiral la *Provence* la proclamation suivante :

« Vaisseau la *Provence*, le 18 mai 1830.

» Officiers, sous-officiers et marins!

» Appelés avec vos frères d'armes de l'armée expéditionnaire à prendre part aux chances d'une entreprise que l'honneur et l'humanité commandent, vous devez aussi en partager la gloire; c'est de nos efforts communs et de notre parfaite union que le roi et la France attendent la réparation de l'insulte faite au pavillon français.

» Recueillons les souvenirs qu'en pareille

circonstance nous ont légués nos pères, imitons-les, et le succès est assuré.

» Partons ! *Vive le roi !*

» Le vice-amiral Duperré,
» Commandant en chef l'armée navale. »

Cette proclamation fut accueillie avec un enthousiasme difficile à décrire ; car le mot : *Partons !* avait fait croire à l'armée que la flotte allait lever l'ancre ; mais le vent continuait d'être contraire, et ce ne fut que le 25, c'est-à-dire sept jours après, que, passant de l'est au nord, il lui permit de mettre la voile.

A midi, toute la flotte se mit en mouvement ; à une heure, le premier bâtiment du convoi sortait du port ; à trois heures, la rade disparaissait sous une forêt de mâts. Toutes les manœuvres s'exécutent avec une ponctualité admirable. Un seul accident un peu sérieux signale le départ : le trois-mâts n° 83 se jette en travers de l'*Algésiras* sur lequel est embarqué le 2ᵉ léger, casse la pointe du beaupré de ce vaisseau, et brise son propre mât de misaine ; pendant une heure les deux bâtiments, accrochés l'un à l'autre, semblent deux navires à l'abordage. Enfin ils parviennent à se dégager, chacun reconnaît ses avaries; mais ni l'un ni l'autre n'en a souffert d'assez fortes pour ne point continuer son chemin.

Le 2 juin, la flotte entrait dans la baie de Palma.

Le 9, elle se remit en route.

Le 12 au soir, on signala la côte d'Afrique.

Le 13, à 4 heures du matin, le branle-bas de combat retentit à bord du vaisseau amiral. Le baron Duperré et l'état-major d[e] terre et de mer montèrent aussitôt sur l[a] dunette, et quelques instants après, sur u[n] ordre donné par l'amiral, on vit le brick l[e] *Dragon* et le brick la *Cigogne* quitter leur[s] rangs, prendre la tête de la flotte, s'avance[r] en éclaireurs, et s'approcher de la côte pou[r] reconnaître le sondage.

Contre toute attente, on approcha [de] terre sans qu'un seul coup de feu f[ût] tiré : on croyait la côte hérissée de batt[e]ries, et l'on était persuadé que ce silen[ce] cachait quelque embûche. Toute la matin[ée] fut employée à prendre position.

A midi, on distribua aux troupes po[ur] cinq jours de vivres; avec ordre à chaq[ue] homme d'emporter cette distribution en [dé]barquant.

A deux heures quelques coups de canon furent échangés entre le bateau à vapeur le *Nageur* et deux batteries algériennes, près desquelles s'élevaient cinq ou six tentes entourées de quelques cavaliers arabes.

A cinq heures du soir, l'ordre du débarquement fut donné pour le lendemain.

Le 14, à une heure du matin, les troupes de la première division, dont, comme nous l'avons dit, le 2e léger faisait partie, commencèrent à descendre dans les chalans; le plus grand silence avait été expressément recommandé, afin que l'ennemi restât dans l'ignorance du mouvement qui s'opérait; mais le côté du chalan n° 1 qui était destiné à s'abattre, étant mal fixé, se détacha au moment où plusieurs sous-officiers et officiers du régiment quittant le *Superbe* venaient de mettre le pied sur son bord; on crut alors que le chalan se défonçait. Une dizaine d'hommes sautèrent et s'élancèrent à la nage pour regagner l'échelle du vaisseau, essayant de fuir un danger qui n'existait pas; heureusement ceux qui étaient restés à bord les rappelèrent, et cet accident n'eut d'autre suite que d'inspirer au général la crainte que les Arabes, prévenus par ce bruit, n'essayassent de s'opposer au débarquement. Cette crainte était mal fondée; la première division s'approcha de la côte, et mit le pied sur le rivage sans qu'un seul coup de fusil eût été tiré. Cet heureux succès fut annoncé à toute l'armée par les cris redoublés de *Vive le roi!*

Aussitôt les deux brigades débarquées allèrent se placer en colonnes serrées sur le plateau de la batterie; presque aussitôt l'artillerie, traînée à bras, vint prendre position sur le front de nos colonnes.

Vers neuf heures du matin, la première et la deuxième brigade reçurent l'ordre de marcher à l'ennemi; elles s'avancèrent aussitôt au pas de charge, la première brigade, dont faisait partie le 2ᵉ léger, tenant la droite, et la seconde brigade la gauche. Au moment où elles commençaient leur mouvement, la troisième brigade, qui venait de débarquer, accourut réclamer son rang; la seconde brigade céda alors la gauche et prit le centre.

Cependant, en voyant les Français marcher à lui, l'ennemi avait commencé le feu de sa double batterie, auquel répondait celui de nos bateaux à vapeur, tandis qu'une troupe de six ou sept cents cavaliers accourait à travers les broussailles pour nous

…arger. Quoique voyant le feu pour la première fois, nos soldats continuent leur marche sans s'intimider. Le général Poret de Morvan s'apprête à tourner la batterie ; la colonne Achard, sur le point de se former en carré, attaquera de front. Mais l'ennemi n'attend ni l'une ni l'autre ; il fuit devant la pointe de nos baïonnettes et abandonne ses pièces sans prendre même le temps de les enclouer.

Restaient les Bédouins, qui avaient pendant notre marche fait plusieurs charges sur nous sans parvenir à nous entamer. On lança sur eux des tirailleurs qui commencèrent une vive fusillade ; mais cette fusillade eut peu d'effet, l'ennemi se tenant toujours hors de portée. Alors, entraînés par le désir de joindre ces fuyards, quelques hommes du 2ᵉ léger, commandés par M. Astruc, lieutenant, s'élancèrent à leur poursuite ; mais bientôt les cavaliers ennemis, voyant à quelle faible troupe ils avaient affaire, revinrent sur elle, l'enveloppèrent et massacrèrent ceux qui la composaient depuis le premier jusqu'au dernier. A cette vue, le cri de *Vengeons nos frères!* se fit entendre, et le régiment tout entier s'élança contre l'ennemi ; les Bédouins ne nous attendidirent pas et disparurent au grand galop [de] leurs chevaux.

Le général Berthezène signala com[me] s'étant distingué à cette action M. Bach[,] lieutenant au 2e léger.

Le lendemain on retrouva le cadavre [de] M. Astruc; il avait la tête, les pieds et l[es] mains coupés.

Pendant la nuit du 14 au 15, il y e[ut] plusieurs fausses alertes dans les deux pr[e]mières divisions. Trompés par l'obscuri[té] et se prenant mutuellement pour des part[is] ennemis, nos soldats tirent les uns sur l[es] autres : sept ou huit blessés et deux o[u] trois morts furent les victimes de ces échau[f]fourées.

Le débarquement, commencé dans l[a] journée du 14, continua de s'opérer le 1[5.] Pendant ce temps, le génie traçait la lign[e] d'un camp retranché. Jusqu'au 19, les deu[x] premières divisions conservèrent les posi[]tions qu'elles avaient prises le 14.

Le 19, nous fûmes attaqués sur toute l[a] ligne; cependant l'effort des Turcs et de[s] Arabes se porta particulièrement sur notr[e] aile gauche : un instant même ils pénétrèren[t] dans nos retranchements, mais ils en furen[t] chassés aussitôt. Dans cette vive et rud[e] attaque, trois compagnies du régiment se distinguèrent particulièrement. Les hommes qui les composaient, envoyés en tirailleurs, tombèrent sur un corps de Bédouins embusqués dans un bas-fond, et qui fit presqu'à bout portant sur eux une décharge générale; mais nos jeunes soldats marchèrent droit à eux avec une telle impétuosité que les Arabes, sans même essayer de tenir, s'enfuirent vers un étroit passage où ils s'encombrèrent et où ils furent presque tous massacrés à la baïonnette. Au bout d'une heure de combat, l'ennemi était repoussé sur toute la ligne.

On crut d'abord que le général en chef allait profiter de cet avantage pour marcher en avant; mais l'intention du comte de Bourmont était de ne quitter son camp retranché qu'au moment où l'arrivée de tout son matériel lui permettrait d'assiéger Alger. Cependant, sur l'avis de l'avantage remporté que lui firent passer à Torre-Chica, où il était, les généraux des deux divisions, il monta à cheval de sa personne, et donna l'ordre de marcher à l'ennemi, qui venait de se reformer et s'apprêtait à nous charger de nouveau, en échelons formés chacun d'un régiment disposé en colonne serrée. La brigade Poret de Morvau, dont était le 2ᵉ léger, s'ébranla la première pour exécuter cet ordre, et la première aborda l'ennemi avec son intrépidité ordinaire. Alors ce fut aux Turcs et aux Arabes de reculer à leur tour; ils abandonnèrent leur ligne et se retirèrent, selon leur habitude, tout en tiraillant : notre fusillade et notre canonnade les poursuivent dans tous les replis de terrain où ils essaient de s'enfoncer, tandis que leurs boulets, mal dirigés, passent par-dessus nos têtes sans nous faire aucun mal. Enfin, après une heure de poursuite, on aperçoit les tentes du camp de Staoueli. On espérait que les Arabes feraient un dernier effort pour les défendre; mais, loin de là, ceux qui étaient restés se mêlèrent aux fuyards, et nos soldats entrèrent dans le camp presque sans résistance.

Les résultats de la bataille de Staoueli furent 3 ou 4,000 Arabes et Turcs tués ou blessés, 5 pièces de canon et 4 mortiers enlevés, quatre-vingts dromadaires pris et envoyés immédiatement au camp de Sidi-Ferruch pour le transport du bagage, enfin beaucoup de bétail qui s'en alla renforcer les approvisionnements de l'armée.

Quant à nous, la perte éprouvée par les deux premières divisions, qui furent seules engagées, s'éleva à 450 ou 500 tués ou blessés : le 2e léger eut 20 blessés et 3 morts.

Le 20 on bivouaqua dans le camp des Arabes sous de magnifiques tentes, dont quelques-unes, celles des principaux chefs, pouvaient avoir 60 pieds de long. On les trouva toutes meublées, l'ennemi n'ayant pris le temps de rien emporter ; celle du trésorier contenait même le trésor.

Les deux premières divisions restèrent à Staoueli jusqu'au 24 juin, journée pendant laquelle furent achevés les travaux du premier camp. Dès lors il y eut deux camps : le camp de Sidi-Ferruch, qui, vu son importance, fut appelé la ville, et le camp de Staoueli. Un chemin fut aussitôt tracé pour se rendre de l'un à l'autre.

Ce même jour, à sept heures du matin, une attaque eut lieu sur plusieurs points : on la prit d'abord pour une de ces escarmouches sans importance qui se représentaient à chaque instant ; mais bientôt on s'aperçut que l'affaire devenait plus sérieuse qu'on ne l'avait cru d'abord. L'agha Ibrahim, le même que nous avions battu à

Staoueli, avait rassemblé les fuyards, reçu des renforts, et venait nous demander sa revanche : nos soldats ne la lui firent pas attendre. La première division et la brigade Damrémont, qui faisait partie de la deuxième, marchèrent droit à lui, le joignirent et le culbutèrent. Cependant, plusieurs accidents de terrain prêtant appui à une retraite de tirailleurs, le combat, quoiqu'à notre avantage, s'acharna plus qu'il n'avait fait encore : les Bédouins, embusqués derrière des groupes d'aloès et d'immenses haies de cactus, faisaient un feu de mousqueterie des plus meurtriers. M. de Frescheville, colonel du 2e léger, fut atteint d'une balle à la jambe au moment où il s'avançait à cheval au milieu de ses tirailleurs pour les féliciter sur leur courage.

Quelques centaines de pas plus loin, au moment où les tirailleurs du régiment pénétraient dans une espèce d'enclos dont ils venaient de débusquer l'ennemi, une explosion terrible se fit entendre, et l'on vit monter au ciel comme une immense trombe de vapeur cuivrée, un nuage de poussière et de fumée. Un instant on craignit que le terrain sur lequel on s'aventurait ne fût miné et ne s'ouvrît sous les pieds de nos soldats comme il venait de s'ouvrir à quelques toises en avant d'eux; mais bientôt on reconnut que cette explosion venait du fait d'un magasin à poudre auquel les Turcs avaient mis le feu en se retirant.

Enfin, l'ennemi, repoussé sur tous les points, débusqué de toutes ses positions, nous abandonna la plaine qui s'étend en avant de Staoueli et ne s'arrêta que sur des hauteurs qui s'élèvent à une lieue de là : mais cette position le laissait trop voisin encore de celle que nous comptions prendre ; on l'y poursuivit et on l'en débusqua. Il alla alors s'établir sur les pentes de Bouzaréa, à une lieue à peine d'Alger, où l'on ne jugea point à propos de le poursuivre. Nos troupes s'arrêtèrent à l'extrémité du plateau, séparées seulement de l'ennemi par une étroite vallée au fond de laquelle coulait un petit ruisseau.

Ce combat prit le nom de Sidi-Kalef : c'était celui d'un petit hameau situé sur le plateau dont nos troupes venaient de s'emparer.

Une route fut aussitôt établie entre Sidi-Kalef et Staoueli. Ainsi nous occupâmes trois points de la côte, dont le plus avancé ne se trouvait qu'à une lieue d'Alger.

Le même jour on aperçut de Sidi-Ferruch le convoi qu'attendait le général en chef pour commencer le siége. Le 25, ce convoi mouilla dans la rade ; et le débarquement du matériel qu'il apportait commença sur-le-champ.

Le 28, vers six heures du matin, une troupe considérable de cavaliers apparut tout à coup sur le plateau situé en face de celui qu'occupait le régiment. Le premier bataillon, quoique loin de soupçonner une attaque, était cependant sur ses gardes; mais le deuxième bataillon, qui appartenait au 4e léger, était occupé, sur la permission de son chef, à nettoyer ses armes. Ce fut sur ce dernier que se dirigea la troupe ennemie, composée de 4 à 5,000 Kabaïles ; mais les armes au nettoyage furent remises en prompt état de service. Ces Arabes, qui croyaient nous surprendre, et qui effectivement nous avaient surpris, n'en furent pas moins reçus avec un rare courage ; et le deuxième bataillon avait déjà repris l'offensive, lorsque M. d'Arbouville, chef du premier bataillon, lança sur cette cavalerie ses carabiniers, qui, accourant au pas de course et se déployant en tirailleurs, commencèrent un feu si bien nourri, que les

Arabes furent encore obligés de se retourner vers ces antagonistes inattendus. En ce moment le 3e de ligne, qui, avec le 2e léger, formait la 1re brigade, étant venu en aide aux bataillons engagés, le mouvement offensif de l'ennemi non-seulement s'arrêta, mais se changea bientôt en une véritable fuite.

Dans cette affaire, les deux bataillons avaient eu à soutenir l'effort de 4 à 5,000 hommes : ces hommes étaient célèbres parmi les plus braves de la côte d'Afrique, et cependant ils avaient été contenus, puis repoussés ; leur perte fut considérable, car ils se battirent avec acharnement, s'avançant sous notre feu pour venir couper la tête de nos morts et de nos blessés. De notre côté aussi nous eûmes beaucoup à souffrir, le 2e bataillon seul, et qui, comme nous l'avons dit, appartenait au 4e léger, eut 104 hommes hors de combat, dont un officier. Quant au 1er bataillon, il n'eut qu'une douzaine de soldats tués ou blessés : le capitaine de Chaylan, des carabiniers, fut légèrement touché d'une balle à la main gauche.

Le 29, la 1re brigade, et par conséquent le 2e léger qui en faisait partie, fut commandée pour garder le grand parc de l'armée. Le même jour, le débarquement du matériel de siége étant complétement opéré, on résolut une attaque générale des positions de l'ennemi. Le régiment qui était de garde au parc ne put prendre part à cette attaque, qui, ayant complétement réussi, porta nos colonnes en vue du château de l'Empereur, au siége duquel on commença immédiatement à travailler.

A six heures du soir, on ouvrit la tranchée sous le feu du château.

Le 30, la canonnade du fort retentit plus vive que la veille; mais sans qu'elle eût l'influence de ralentir un instant le zèle de nos travailleurs.

Le 1er juillet, le régiment reçut l'ordre de quitter son poste du grand parc et de s'échelonner entre cette position et le camp et les tentes de Staoueli; pour assurer la route de Sidi el Feruch, et fournir des escortes au convoi. Il fut posté ainsi qu'il suit : les carabiniers et la 1re compagnie du 1er bataillon dans la 7e redoute, les 2e et 3e compagnies dans la 6e; la 4e et l'état-major du 1er bataillon avec le drapeau dans une grande maison crénelée; la 5e dans une petite maison également crénelée; la 6e et les voltigeurs dans la 5e redoute; les carabiniers, les 1re, 2e et 3e compagnies du 2e bataillon, 4e léger, au camp des tentes de Staoueli; les 4e et 5e dans la redoute du Télégraphe, la 6e entre la redoute et le blockhaus, et enfin les voltigeurs dans le blockhaus même, à une lieue du camp retranché de Sidi el Feruch.

Ce fut dans ces différentes positions que le 2e léger fut instruit de la prise du château de l'Empereur et de la reddition d'Alger, qui eut lieu le 5 juillet.

Quelques jours après, le général en chef comte de Bourmont fit une expédition vers Bélidah; mais nous la passerons sous silence, le régiment n'y ayant point pris part.

Le 10 août, le régiment reçut l'ordre de se tenir prêt à s'embarquer pour Oran.

Le 11, on signala en mer un brick portant le pavillon tricolore; et l'on apprit les événements des 27, 28 et 29 juillet.

Le 17 août, 21 coups de canon saluèrent le drapeau des Pyramides, de Marengo et d'Austerlitz qui flottait sur le phare d'Alger et sur la Casauba!

Le 19, l'armée fut instruite de l'avènement au trône de Mgr le duc d'Orléans, sous le nom de Louis-Philippe Ier, et de l'arrivée du général Clausel, nommé au commandement en chef de l'armée expéditionnaire en remplacement du comte de Bourmont.

Le 20, la division fut réduite à 2 brigades la 1re, dont était le 2e léger, passa alors sous le commandement du général Achard, le maréchal-de-camp Poret de Morvan étant retourné en France.

La journée du 23 fut marquée par un événement qui produisit sur les braves du 2e léger une profonde et douloureuse impression. Le corps de M. de Frescheville fut retrouvé horriblement mutilé et presque méconnaissable : ses blessures étaient nombreuses, ce qui indiquait qu'il avait dû résister bien long-temps. Il était entièrement dépouillé de ses vêtements, et sa chemise, ensanglantée et en lambeaux, était tout ce qui lui restait : il fut transporté à l'hôpital, où un détachement du 2e léger alla lui rendre les derniers honneurs.

Le 1er septembre, à la demande du général Achard, le régiment fut relevé de sa position par un bataillon du 14e de ligne. Depuis le jour du débarquement, le 2e léger avait été aux avant-postes et constamment exposé dans des redoutes au soleil, à la poussière et à la rosée. De plus, pendant plusieurs jours il avait occupé les positions insalubres de Staoueli ; aussi s'y était-il déclaré une fièvre qui en peu de jours avait envoyé près de 800 hommes aux hôpitaux: la 6e compagnie du 2e bataillon entre autres était réduite à 6 hommes, parmi lesquels il ne restait pas un seul officier.

Le régiment quitta alors sa position pour aller occuper la poudrière attenant aux jardins du Bey : c'était une maison vaste et bien couverte, où les hommes se trouvaient par conséquent à l'abri des changements atmosphériques, et qui, par sa proximité du rivage, offrait à ceux qui l'habitaient, l'excellente ressource des bains de mer.

Le 2, le général Clauzel passa la revue de la 1re brigade ; ses officiers prêtèrent, entre les mains du général Berthezène, serment de fidélité au roi Louis-Philippe, à la Charte constitutionnelle et aux lois du royaume.

Le même jour, M. de Bourmont fit ses adieux à l'armée dans l'ordre du jour suivant :

« Alger, 2 septembre 1830.

» Monsieur le général Clauzel vient prendre le commandement en chef de l'armée : en s'éloignant des troupes dont commandement lui a été confié, le maréch[al] éprouve des regrets qu'il a besoin d'expr[i]mer; la confiance dont elles lui ont donn[é] tant de preuves, le pénètre d'une vive r[e]connaissance. Il eût été bien doux pour lu[i] qu'avant son départ, ceux dont il a signal[é] le dévouement en eussent reçu le prix. Mai[s] cette dette ne tardera point à être acquittée[:] le maréchal en trouve la garantie dans l[e] choix de son successeur; les titres qu'on[t] acquis les militaires de l'armée d'Afrique auront désormais un défenseur de plus.

» Le maréchal de France
» Comte de BOURMONT. »

Le 20 septembre le 2e léger passa dans la 4e division de l'armée d'Afrique (général Cassan); mais cette division ayant été dissoute le 9 décembre suivant, le bataillon expéditionnaire rentra en France dans le courant du même mois.

Le 21 décembre, il partit d'Avignon pour se réunir au 2e bataillon et au dépôt, qui avaient eu l'ordre de se rendre de Dijon à Perpignan.

De 1830 à 1835, le régiment occupa les garnisons suivantes :

1831, Perpignan.
1832, id.
1833, id.

Pendant le mois de novembre de cette dernière année, le régiment fut compris dans l'organisation de la division active des Pyrénées-Orientales : il y resta pendant les années 1834 et 1835. Cette division était celle du général de Castellane, c'est-à-dire une des meilleures de l'armée et bien préparée par cette excellente école d'instruction militaire auxtrav aux de l'armée d'Afrique.

Enfin, le 31 octobre, les 1ᵉʳ et 2ᵉ bataillons s'embarquèrent à Port-Vendre et furent transportés à Oran.

Ils étaient désignés pour faire partie du corps d'expédition de Mascara et pour venger la défaite de la Macta.

CHAPITRE XII.

Expédition de Mascara. — Le 2e léger fait partie de la 1re brigade. — Arrivée de Monseigneur le duc d'Orléans. — Ordre du jour du maréchal Clausel. — Combats du Sig, de l'Habrah. — Le 2e de ligne s'y distingue. — Combat de Sidi Embarck. — Entrée à Mascara. — Le 2e léger a formé l'avant-garde pour marcher en avant, il forme l'arrière-garde au retour de l'expédition. — Dévouement et humanité des soldats du 2e léger. — Expédition de Tlemcen. — Expédition de Medeah. — Enlèvement du col du Mouzaïa par le 2e léger et les zouaves. — Combats glorieux livrés sur l'Atlas et construction d'une route au milieu de l'Atlas, par le 2e léger. — Bouffarick. — 1e Expédition de Constantine. — Le 2e léger y prend part (2e brigade). — Dévouement d'un soldat du 2e léger. — Le chef de bataillon Changarnier et 300 hommes du 2e léger sauvent l'armée française pendant la retraite. — Combat de Boudonaou. — Le 2e léger immortalise son drapeau. — 2e Expédition de Constantine. — Le 2e léger à l'avant-garde. — Assaut de Constantine.

A peine arrivés en Afrique, les deux bataillons de guerre du 2e léger furent placés dans la première brigade du corps expéditionnaire dirigé sur Mascara, sous les ordres du général Oudinot, qui était venu venger la mort de son frère. Cette brigade se composait.

Des Douairs, des Smélas et des Turcs du bey Ibrahim,

Du 2e régiment de chasseurs à cheval,

De quatre compagnies du bataillon des zouaves,

Du 2e régiment d'infanterie légère,

D'une compagnie de mineurs,

D'une compagnie de sapeurs,

De deux obusiers de montagne.

Le 21 novembre à 4 heures du matin le maréchal Clauzel, gouverneur-général, parti d'Alger le 19, vers midi, était en vue d'Oran. Là il attendit l'arrivée de Mgr le duc d'Orléans, qui, après avoir visité les deux vaisseaux *la Ville de Marseille* et *le Scipion*, fit son entrée dans la ville au bruit du canon des forts et des batteries de guerre.

Le même jour, M. le maréchal adressa aux troupes expéditionnaires l'ordre suivant :

« Oran, 21 novembre 1835.

« Le maréchal-gouverneur-général témoigne aux régiments envoyés de France en Afrique la satisfaction qu'il éprouve de les voir réunis aux troupes de la division d'Oran, pour concourir avec elles à la vengeance d'une insulte faite à nos armes.

» Le maréchal a une pleine confiance dans le courage et la patience à supporter les fatigues de la guerre des régiments dont la réputation est si bien établie déjà ; et il espère que le but de leur passage en Afrique sera bientôt et complétement atteint.

» Les troupes de la division expéditionnaire apprendront avec plaisir que le prince royal, qui les a devancées en Afrique, veut les suivre dans la campagne qui va s'ouvrir, partager leurs fatigues et leurs dangers : chaque soldat doit être fier de marcher avec le fils du roi des Français, chaque soldat doit être certain de trouver en lui un protecteur juste et éclairé.

» La France a déjà su apprécier la noble conduite du prince, et lui a payé un tribut d'éloges pour sa louable résolution de prendre part à des périls inconnus dans les guerres des pays civilisés : nous autres soldats, nous montrerons au prince que son père, en nous le confiant, a eu raison de compter sur notre dévouement; et nous le lui rendrons, nous le rendrons à la France avec de nouveaux titres à leur amour et à leur reconnaissance. »

Tout était disposé pour le départ, lorsqu'un empêchement inattendu fit craindre un instant que l'expédition ne pût avoir lieu : on avait fait prix avec les Arabes alliés pour la location de 7 ou 800 chameaux, dess aux transports des vivres, des bagages les munitions, quand tout à coup on ap- t que les Arabes, au lieu de tenir leur ole, dirigeaient leurs chameaux sur Me- guin. Aussitôt M. de Quiroye, sous-in- dant militaire, monte à cheval, et, pre- nt avec lui un détachement des chasseurs Afrique, se met à leur recherche, bat la aine, et finit par ramener 600 chameaux, uantité qui, à la rigueur, pouvait être ffisante.

On avait fait tout ce qu'on avait pu pour btenir des renseignements sur les forces et a position d'Abd-el-Kader; mais comme il 'y avait que les Arabes à qui l'on pût de- mander ces renseignements, et que les ré- ponses des Arabes ne sont jamais fort positi- ves, ils avaient répondu seulement que le chef avait beaucoup de soldats : or, dans la bouche des Arabes, beaucoup ne désigne aucun nombre, et veut aussi bien dire 1,500 que 20,000. La seule chose dont on fut par- faitement sûr c'est que l'émir rassemblait ses troupes derrière le Sig, et que son avant-garde, poussée jusqu'à Tlélat, obser- vait de ce point tous les mouvements du camp du Figuier.

Le 27 novembre, à midi, le général Oudinot reçut l'ordre de partir et d'occu[per] l'ancien camp de Tlélat; il se mit aussitôt [en] marche, avec quatre compagnies de zouav[es,] le bataillon des chasseurs d'Afrique, le b[a-]taillon du 66ᵉ, les deux bataillons du 47ᵉ [de] ligne, un bataillon du 2ᵉ léger, le 2ᵉ régi[-]ment de chasseurs à cheval, les troup[es] d'Ibrahim-Bey, cavalerie et infanterie, u[ne] batterie de campagne et deux obusiers.

Le 28, on ne vit rien que 3 ou 40 Arabes qui se replièrent devant le be[y] Ibrahim.

Pendant la nuit du 28 au 29, toutes le[s] cimes de l'Atlas et tous les mamelons de l[a] forêt de Muley-Ismael s'illuminèrent comme des volcans.

Le 29 au matin, le général Oudinot, désigné avec sa brigade pour former l'avant-garde, reçut l'ordre de se mettre en route : il prit aussitôt la route qui traverse la forêt de Muley-Ismael et conduit à la plaine du Sig. Un instant, sur ce chemin déjà illus-tré par nos armes, il s'arrêta à l'endroit où son frère avait été tué en chargeant à la tête des chasseurs d'Afrique, et adressa aux soldats une allocution à laquelle ceux-ci répondirent par des cris de vengeance.

Une halte dans les plaines du Sig avait été

arrêtée à l'avance. C'était de l'autre côté de cette rivière qu'allaient s'offrir à nous les obstacles sérieux. Ce qu'on avait appris de l'état des routes ne permettait pas d'espérer qu'on pût conduire jusqu'à Mascara, ni les prolonges ni les batteries de campagne. Il fut alors résolu avec cette promptitude de décision qui appartient spécialement au maréchal Clauzel, qu'on laisserait sur le Sig tout ce qui pourrait être un obstacle ou un retard pour l'expédition. Un camp retranché fut donc tracé sur la rive droite de la rivière, et deux ponts jetés afin d'établir une communication facile d'un bord à l'autre. De leur côté les Arabes commencèrent par regarder nos travaux, comme s'ils étaient de simples curieux; puis le 30, vers midi, on les vit descendre des sommets de l'Atlas, choisir un point au pied de la montagne, en faire le centre d'une réunion d'hommes et de chevaux, qui s'augmenta pendant toute la journée, et qui, dans la soirée, parut se monter à 4 ou 5,000 hommes. Le lendemain, on s'aperçut qu'eux aussi avaient établi un camp sur la même rive que nous et à la droite du nôtre.

Pendant la nuit du 30, nos travaux furent poussés avec activité.

Dans la matinée du 1ᵉʳ novembre, quelques hostilités eurent lieu.

Dans l'après-midi, une reconnaissance fut résolue. M. le maréchal Clausel désirait savoir à quoi s'en tenir sur le chiffre des troupes réunies dans le camp. Il espérait qu'une démonstration menaçante forcerait les Arabes à déployer leurs forces, et qu'ainsi il pourrait apprécier leur nombre.

Le maréchal sortit en conséquence du camp français vers une heure. Il avait avec lui des bataillons d'Afrique, un bataillon du 17e léger, un du 2e, les zouaves, les Arabes auxiliaires, le 2e régiment de chasseurs à cheval et la batterie de campagne.

15 ou 1,800 Arabes étaient réunis auprès d'un marabout en avant du camp, auquel ils servaient en quelque sorte de poste avancé. Le maréchal lança sur eux les troupes auxiliaires, soutenues par le 2e chasseurs à cheval, les zouaves de Lamoricière et deux pièces de canon. Ces troupes, au milieu desquelles on remarquait M. de Richepanse, chef d'escadron, et plusieurs officiers d'état-major du maréchal, chargèrent avec tant d'ardeur, que le poste fut pris en un instant. Les tentes et tout ce que l'ennemi n'avait pas eu le loisir d'enlever ou n'avait pas eu le

ps de jeter à la rivière tombèrent entre [nos] mains. Pendant ce temps, les femmes Arabes, qui assistaient à leur défaite du [haut] des cimes de l'Atlas, accablaient nos [sol]dats d'injures et excitaient leurs maris [à n]ous exterminer tous. Mais, comme nous [a]vons dit, malgré ces encouragements, les [Ar]abes ne purent tenir contre l'impétuo[sit]é de nos soldats et se réfugièrent, les uns [dan]s les montagnes, les autres sur la pente [de] l'Atlas, qui s'étend jusqu'au défilé de [M]uley-Ismaïl.

Quoique l'ordre eût été donné au général [O]udinot de ne point s'engager dans la mon[t]agne, les tirailleurs étaient tellement achar[n]és à la poursuite des Arabes qu'on ne put les arrêter et qu'on les vit s'avancer à mesure que l'ennemi reculait; mais alors le maréchal, jugeant qu'un pas de plus serait dangereux, envoya l'ordre positif de la retraite. Elle s'opéra sous les yeux de S. A. R. Mgr le duc d'Orléans, qui, placé au milieu de la ligne des tirailleurs de l'arrière-garde, se trouva un instant exposé au feu croisé qui partait de la gauche, de la droite et du fond de la gorge. En ce moment, ce qu'avait prévu le maréchal Clausel arriva : l'émir, nous voyant en retraite, lança sur nous son

infanterie et sa cavalerie qu'il tenait ca[chées]
dans une gorge profonde ; un second [com]bat s'engagea aussitôt sur la gauche [et] prolongea plus de deux heures. Mais q[uoi]que ce renfort comprît 5 ou 6,000 cava[liers] et un nombre de fantassins qu'on ne p[ou]vait apprécier, attendu que, combattan[t au] milieu des chevaux, ils ne présentaient p[as] une masse, nos tirailleurs, soutenus [par] l'artillerie, luttèrent avec succès contre e[ux]; enfin le maréchal ayant fait conduire de [s] nouvelles pièces d'artillerie de campag[ne] sur les bords du Sig, ces pièces s'établire[nt] à demi-portée de canon des Arabes et co[m]mencèrent à tirer à mitraille : au mên[e] moment le lieutenant de lanciers Napoléo[n] Bertrand, à la tête d'un peloton de cha[s]seurs indigènes, ayant fait, malgré l'infé[é]riorité du nombre, une charge poussée [à] fond, les Arabes se mirent en retraite aprè[s] avoir éprouvée une perte que nous ne pûme[s] préciser, mais qui devait être considérable[.] Quant à nous, nous eûmes en tout 10 ou 12 hommes tués et 43 blessés. A six heures du soir les troupes étaient rentrées dans le camp du Sig.

Le 2ᵉ léger avait combattu toute la journée avec son courage accoutumé : un de ses officiers, le lieutenant Plantier, reçut à la cuisse une blessure assez grave pour nécessiter l'amputation.

La journée du 2 fut occupée à perfectionner les travaux du camp, auquel on donna le nom de fort d'Orléans : pendant que les ouvrages s'exécutaient, le prince et le maréchal gouverneur visitaient les blessés.

Cependant la rencontre de la veille avait donné lieu à de graves reflexions. On avait vu les Arabes combattre avec acharnement, et la victoire avait été décidée surtout par l'emploi de l'artillerie : le maréchal hésitait donc plus que jamais à se priver de ce puissant moyen; un conseil fut tenu le soir, où l'on décida de ne rien laisser en arrière, ni hommes, ni bagages, ni canon. On savait, par la conservation des forts de Tlélat et de Douera, que les Arabes n'étaient dans l'habitude ni de détruire ces sortes d'ouvrages, ni de s'en servir pour leur propre défense, on pensa donc qu'on le retrouverait tel qu'on l'abandonnerait; et c'était une grande tranquillité de savoir qu'en cas de retraite on était assuré de retrouver sur sa route un point de ralliement et de repos.

Pendant toute la journée du 2, qui fut consacrée, comme nous l'avons dit, à mettre la dernière main aux travaux commencés, on remarqua que les Arabes se portaient en grand nombre en avant du camp et s'établissaient aux abords d'une gorge qu'ils nous croyaient obligés de franchir, et par laquelle passait la route la plus directe pour aller à Mascara : mais le maréchal avait changé son itinéraire, préférant un chemin plus long, mais plus praticable, dans lequel il avait l'espérance de faire passer son matériel ; aussi vit-il avec grand plaisir ces dispositions de l'ennemi.

Le 3, au lever du soleil, toute l'armée traversa le Sig sur les deux ponts jetés d'avance par le génie, et commença à s'étendre dans une plaine d'une longueur de 7 à 8 lieues : pendant cette marche, on comptait sur une attaque ; aussi toutes les dispositions furent-elles prises pour la repousser. L'armée s'avança dans un ordre serré, afin de faire face de tous côtés et surtout de manœuvrer sur son flanc droit; afin que si les Arabes se laissaient déborder par notre tête de colonne, nous pussions nous retourner vigoureusement sur eux et les acculer à l'Atlas : en conséquence, les généraux Oudinot, Perregaux et d'Arlanges formèrent leurs brigades en colonnes par pelotons enfermant dans leurs intervalles l'artillerie, les bagages et les chameaux ; le colonel Combes, placé à l'arrière-garde avec la 4ᵉ brigade, était en outre chargé, en cas de mouvements contre l'ennemi faits par les trois autres brigades, de protéger le convoi, qui alors se trouverait isolé.

Le maréchal-gouverneur ne s'était point trompé dans ses prévisions. A peine l'arrière-garde avait-elle quitté les bords de la rivière, que 3 ou 4,000 cavaliers tombèrent sur elle, et s'acharnèrent particulièrement sur le 47ᵉ et le 66ᵉ de ligne, mais sans pouvoir même parvenir jusqu'à la colonne, protégée qu'elle était par ses tirailleurs et par un feu d'artillerie parfaitement dirigé ; en même temps que ces cavaliers attaquaient notre arrière-garde, les troupes de l'émir se portaient vivement en avant de nous pour nous intercepter le passage tandis que 1,000 à 1,200 Arabes, descendant des mamelons inférieurs de la montagne, attaquaient notre droite.

Mais toutes ces attaques, quoique faites avec la vigueur et la rapidité familières aux Arabes, n'empêchaient point l'armée de continuer sa marche : elle arriva en conséquence, du même pas que si elle défilait pendant une parade, à la hauteur du marabout de Sidi-Kourouff, où se trouvait le camp d'Abd-el-Kader; ce fut alors seulement que l'émir, lançant contre nous sa nombreuse cavalerie et un bataillon régulier de 1,500 hommes à peu près, se mêla à la sanglante partie qui se jouait, marchant en personne, et ayant près de lui ses secrétaires, ses étendards et sa musique.

C'était une trop belle occasion à notre artillerie de faire son office pour que le maréchal la négligeât : aussi, profitant du moment où l'ennemi, contre son habitude, s'ébranlait par masses, il fit avancer quelques pièces de canon dont le feu fut si bien dirigé, que le premier coup tiré porta en plein dans le groupe que formait Abd-el-Kader et son état-major, tua un de ses porte-drapeaux, et alla blesser un de ses secrétaires qui marchait près de lui. En voyant tomber le porte-drapeau, le groupe qui entourait l'émir se sauva au galop. L'émir seul se retira au pas.

Cependant 4 ou 5,000 cavaliers continuaient de nous harceler; mais tenus à distance par l'artillerie et les tirailleurs, ils n'empêchaient point la colonne de continuer sa marche; cependant, comme on le comprend, cette marche était lente, et l'on commençait à craindre de ne pouvoir atteindre l'Habrah avant la fin de la journée; or l'Habrah seul pouvait nous donner de l'eau, il fallait donc tout faire pour arriver sur ses bords.

Depuis le matin on avait remarqué que les Arabes, aussitôt qu'ils étaient repoussés dans leurs attaques, au lieu de se reformer et de revenir sur nous, comme c'est leur habitude, se dirigeaient au grand galop de leurs chevaux en avant de nous, et en suivant la rampe inférieure de la montagne : le maréchal pensait donc avec raison que toutes ces forces s'amassaient ainsi sur un seul point pour défendre quelque passage difficile ; et bientôt, par l'aspect même du pays que nous allions avoir à traverser, cette probabilité se changeait en certitude.

En effet on voyait la plaine se rétrécir entre l'Atlas et la forêt de l'Habrah, nous présentant une espèce de défilé qu'il fallait absolument franchir. Aussi le maréchal, présumant que l'ennemi avait rassemblé toutes les forces, que nous avions vues voltiger sur nos flancs et dépasser notre avant-garde, pour les faire converger sur ce point, ordonna-t-il une halte pour donner aux

soldats quelques instants de repos ; puis o
se remit en marche en colonnes plus ser
rées encore qu'auparavant.

La route que nous suivions était coupé
par un premier rideau qui nous voilait l
terrain sur lequel nous attendait l'ennemi
derrière celui-ci il y en avait un second
voilant à son tour un immense ravin do
nous ignorions l'existence ; derrière ce ravi
se trouvait le marabout de Sidi-Embarc
tout entouré de fosses mortuaires ombra
gées par des bouquets d'arbres ; une très
forte embuscade était cachée dans ce ravi
et 6 pièces de canon en batterie, sur n
mamelon de l'Atlas, l'enfilaient dans tou
sa longueur. Selon toute probabilité, apr
l'échec qu'il venait d'éprouver il y ava
deux heures, et en voyant la nouvelle rou
adoptée par l'armée française, Abd-el-Kad
avait pris ces dispositions, qui, par la rap
dité et l'adresse avec laquelle elles avaie
été exécutées, eussent fait honneur mêm
à un habile stratégiste.

Comme nous l'avons dit, le maréchal
masqué par le premier rideau dont no
avons parlé, ne pouvait ni juger le terrair
ni apprécier à quel genre de surprise il po
vait se prêter. Impatient donc d'en juge

par lui-même, il mit son cheval au galop; le duc d'Orléans en fit aussitôt autant; et le prince et le maréchal, précédés seulement de quelques tirailleurs, et escortés d'un peloton de chasseurs de 5o à 6o chevaux au plus, se portèrent en avant, traversèrent le premier rideau, et s'avancèrent aussitôt sur le second.

Mais en arrivant à celui-ci, et au moment où l'on pouvait distinguer le revers opposé, les dix ou douze voltigeurs qui éclairaient la route vinrent se heurter contre une masse énorme de cavaliers arabes sur laquelle ils firent feu; prévenus par cette fusillade, le prince et le maréchal aperçurent à deux cents pas d'eux une armée tout entière; le péril était imminent; aussitôt le capitaine Bernard, qui commandait l'escorte, ne calcule rien que son dévouement, il se met à la tête de la petite escorte, crie *en avant!* s'élance sur les Arabes, suivi de deux états-majors, du prince et du maréchal, charge à fond dans cette multitude, la repousse à cinq cents pas environ, fait remettre le sabre au fourreau, prendre la carabine, et commence un feu de tirailleurs si admirablement dirigé que l'ennemi ne pouvant croire que 5o ou 6o hommes osent s'aventurer ainsi, hésite, s'arrête, craint quelque embuscade, et donne le temps à 2 compagnies d'infanterie et à 2 obusiers d'avancer à portée, de se mettre en batterie et de faire feu : derrière ces 2 compagnies marchait la brigade Oudinot, accourant au pas de course, mais en bon ordre, et avançant sa droite formée par le 2e léger, et qui s'appuie à la montagne.

En ce moment une détonation se fait entendre, et annonce l'artillerie d'Abd-el-Kader. Le maréchal ordonne aussitôt à Oudinot de continuer son mouvement de droite, et à la brigade Perregaux de se porter parallèlement sur la gauche. Tout à coup les voltigeurs du 2e léger et les zouaves arrivent au bord du ravin où les attend l'embuscade : c'est là qu'est une partie de l'infanterie d'Abd-el-Kader, qui a attendu notre arrivée couchée à plat ventre, et qui, en nous apercevant, se relève et fait feu à bout portant. Aussitôt derrière elle tout s'enflamme : marabout, pierres mortuaires, bouquets d'arbres, tandis que l'artillerie, servie lentement mais assez bien pointée, nous prend en écharpe et creuse nos rangs. Alors la tête de colonne dans laquelle sont le prince et le maréchal se trouve exposée à un triple feu, tandis qu'en outre elle sert de point de mire aux canonniers de l'émir. Un boulet passe au-dessus de l'état-major et va un peu à gauche s'enterrer à vingt pas du prince.

Alors, de quelque côté qu'on tourne la vue, devant, derrière, sur les flancs, à l'abri des tombeaux, disséminés parmi les arbres groupés au pied des montagnes, on ne voit que des masses d'Arabes qui nous enveloppent entièrement et font éclater autour de nous une ceinture de flamme et de fumée : tout a convergé sur ce point, l'émir et toute son armée sont là.

La situation est terrible ; il faut en sortir promptement et par un coup décisif : les zouaves et les voltigeurs du 17e et du 2e léger, conduits par Oudinot, marchent à l'ennemi la baïonnette en avant. En ce moment une balle atteint Oudinot à la cuisse. On le croit blessé à mort, mais la balle heureusement n'a traversé que les chairs. Au moment de crainte qu'inspire cet accident succède toute la réaction de la vengeance. Forcé de se faire panser, Oudinot se retire ; le général Marbot prend sa place ; le mouvement se continue ; l'ennemi, abordé à la baïonnette par le 2e léger, le 17e et les zouaves, ne peut tenir contre l'impétuosité française : on se poignarde un instant dans le ravin. Mais il abandonne la place sans même avoir le temps d'enterrer ses morts. Les trois régimens se mettent à sa poursuite.

En même temps la section d'artillerie de montagne, voyant le ravage que font dans nos rangs les boulets ennemis, accourt sous le commandement du lieutenant de Florence, fait feu sur les 2 ou 3,000 cavaliers qui protégent et entourent les 6 canons d'Abd-el-Kader, les disperse, puis, dirigeant batterie contre batterie, démonte les pièces et éteint leur feu. Le passage de droite est forcé, l'artillerie de l'émir n'existe plus, ou du moins se trouve hors d'état de lui être d'aucun usage.

Pendant le temps que la droite des Arabes, ainsi forcée, ouvre passage à l'armée, le général Perregaux attaque le bois de l'Habrah à la tête des voltigeurs du 17e léger et des trois compagnies d'élite du 10e léger, et des 13e et 63e régimens de ligne. Alors l'enivrement du feu, l'enthousiasme du combat gagne tout le monde; chacun, officier et soldat, fait plus que son devoir, c'est une lutte antique, un combat corps à corps dans lequel les Arabes se défendent avec un admirable courage; mais, enfin, à gauche comme à droite, l'artillerie appelée par le maréchal Clausel arrive à son tour; les obus, qui éclatent, épouvantent l'ennemi, la mitraille le décime; écrasé sous un ouragan de fer, pressé par la baïonnette de nos soldats, il est culbuté et fuit laissant ses morts et ses blessés en notre pouvoir.

Dès lors l'ennemi est battu; le chemin est ouvert, rien ne s'oppose plus à notre marche, et nous arrivons victorieux sur l'Habrah, où nous établissons notre bivouac, moitié sur la rive gauche et moitié sur la rive droite.

Le lendemain 4, à Ouled-Sidi-Ibrahim, les deux compagnies de voltigeurs du 2e léger chassèrent l'ennemi des premiers contreforts de l'Atlas.

Le soir on campa autour du marabout de Sidi-Ibrahim : la nuit fut fort tranquille.

Le 5, l'ennemi nous laissa faire notre étape tout entière sans nous attaquer sérieusement : un groupe de quelques centaines d'Arabes parut vouloir s'opposer à notre passage; mais le maréchal les fit attaquer sous les yeux du prince par les zouaves du capitaine Cuny, et par les voltigeurs du 2e léger commandés par le capitaine Digonnet, et l'ennemi fut culbuté.

Ce fut notre dernier combat : les Arabes, découragés de ces combats et de ces embuscades dans lesquels ils avaient constamment eu le dessous, abandonnèrent, les uns après les autres, ce chef qui les avait appelés à la victoire, et sous lequel ils venaient successivement d'être écrasés trois fois ; de sorte que nous n'eûmes plus à lutter que contre les difficultés du terrain, et le manque d'eau et de bois.

Le 6, le maréchal Clausel ayant appris dans la nuit d'une manière certaine que le combat de Sidi-Embarck avait complétement démoralisé les Arabes, et que Mascara avait été livrée au pillage et abandonnée, décida de profiter du désordre dans lequel devait se trouver cette ville pour se porter sur elle au plus vite.

Une colonne de troupes de ligne fut aussitôt formée, et composée des trois tribus alliées, des zouaves, du 2e léger, du 17e de ligne, des trois compagnies d'élite de la 2e brigade et de la cavalerie ; elle se mit en marche à huit heures du matin.

Vers quatre heures de l'après-midi, on commença de s'apercevoir qu'on approchait d'une ville de quelque importance aux plantations de vignes, aux figuiers et aux jardins à travers lesquels on passait. Enfin, à huit heures du soir, par une pluie battante et par une obscurité profonde, le 2e léger entrait à Mascara, et se logeait dans la ville haute : le prince et le maréchal établirent leur quartier-général à l'extrémité de la ville et près de la porte de l'Orient, dans la maison même de l'émir.

Deux ou trois jours de halte à Mascara suffirent pour nous faire comprendre le peu d'importance de toutes les villes arabes, comparables à peine à des villages : d'abord, et sur sa renommée de capitale, on avait eu l'intention d'y établir le bey Ibrahim. Mais en voyant la difficulté qu'on éprouverait à établir avec lui des communications, on renonça à ce projet, et l'on résolut de brûler la ville.

Le 9 cette résolution fut exécutée, et, du haut de la colline qui domine Mascara, l'armée put voir en se retirant ce terrible spectacle d'une ville tout entière en flammes.

Le 17, l'armée, continuellement assaillie par un temps affreux, après avoir traversé dans son entier la plaine du Sig, touché à

Mostaganem et à Arzew, était de retour à Oran (1).

Le lendemain 10, le 2e léger moins les compagnies d'élite, retenues à Oran pour l'expédition de Tlemcen, fut embarqué; il arriva à Alger le 21.

A peine arrivé à Alger, le 2e léger fut désigné pour occuper les avant-postes. Divers détachements du régiment, soit sous les ordres du général Desmichels, soit sous le commandement du général Bro, parcoururent alors la plaine de la Mitidja, et eurent plusieurs engagements avec les Hadjoutes; tandis que les quatre compagnies d'élite prenaient part aux brillants combats de l'expédition de Tlemcen et débloquaient les Coulouglis de cette ville.

Le maréchal, décidé à pousser la guerre le plus vigoureusement possible, ne prit à Alger que quelques jours de repos, et composa immédiatement un petit corps d'armée de 6,000 hommes pour opérer sur Médéah.

Le 2⁰ léger fut placé dans la première brigade, sous les ordres du général Bro.

(1) Une partie des détails que nous venons de reproduire sont empruntés à la brochure de M. Berbrugger, qui contient, de toute cette belle expédition, un récit aussi animé que fidèle.

Le 28 mars l'armée bivouaqua à Haouch-Mouzaïa, et le 29 elle commença de gravir les premiers contreforts de l'Atlas : les zouaves, sous les ordres du lieutenant-colonel de Lamoricière, formaient l'extrême avant-garde, puis venaient le 2ᵉ léger, le 13ᵉ de ligne, le 63ᵉ et la cavalerie. Comme le génie commençait à peine à cette époque à tracer cette belle route qui devait plutard nous ouvrir un passage au cœur de l'armée ennemie, on suivit le sentier arabe.

Les Sumatas avaient fait leur soumission ; mais les Mouzaïas avaient dans leur langage emphatique déclaré au maréchal-gouverneur que nous n'arriverions au sommet du col qu'en traversant un mur de flammes.

Le 30, au point du jour, l'ordre fut donné d'enlever le fameux pic de Mouzaïa et de se porter le plus rapidement possible sur le col : les Arabes étaient peu nombreux, mais leur position était magnifique. Le lieutenant-colonel de Lamoricière, en tête des zouaves et soutenu par le 2ᵉ léger, ordonna de battre la charge : les deux régiments abordèrent l'ennemi à la baïonnette et la position fut emportée. Le soir nous étions maîtres du col, et la muraille de feu des Mouzaïas n'avait pu nous arrêter.

Le lieutenant Henry, du 2e léger, reçut dans cet engagement une balle qui lui fracassa le poignet gauche.

Les positions dominant le col furent fortement occupées, et l'on bivouaqua près d'un lac au milieu d'une grande forêt de chênes verts.

La route avançait avec beaucoup de lenteur : les accidents de terrain, les roches que la pioche des travailleurs rencontrait à fleur de terre présentaient des difficultés inouïes. Les Arabes tiraillaient continuellement avec nos avant-postes.

Le 2 avril, trois compagnies du 2e léger, qui occupaient un mamelon en avant et à gauche du col, résistèrent toute la journée à des Kabaïles qui, arrivés sur un pic dominant cette position, les fusillaient presqu'à coup sûr. Le 3 on reçut l'ordre de les chasser et de les refouler au loin.

Nos soldats, qui attendaient cet ordre avec impatience, s'élancèrent droit à l'ennemi; qui tint ferme : on se fusilla à dix pas, pendant plus d'une heure. Le capitaine Montredon eut l'œil gauche emporté d'une balle, et le lieutenant Fretac fut tué roide :

mais ces deux événements ne firent qu'exalter le courage de nos soldats ; ils cessèrent le feu, marchèrent à la baïonnette sur les Arabes, les débusquèrent de leurs positions et les poursuivirent jusqu'à ce qu'ils eussent disparu dans les gorges de leurs montagnes. Ce fut le dernier engagement que l'armée expéditionnaire eut à soutenir dans cette campagne. Le 2e léger en eut les honneurs. Plusieurs mois s'écoulèrent sans rien amener de bien important.

Le 17 octobre, un petit corps de troupes, sous les ordres du général Brossard, fut réuni en avant de Bouffarick, près de la tribut d'Ouled Haich, et dût élever en cet endroit un blockaus, pour surveiller le pied de la montagne ; le 2e léger en fit partie : pendant sept jours les Arabes ne firent aucune démonstration hostile; mais le 25, au point du jour, ils attaquèrent nos travailleurs. La compagnie de voltigeurs du 1er bataillon les repoussa, en gravissant la montagne, et incendia deux ou trois villages.

Le 26, pendant la nuit, les Kabaïles nous coupèrent l'eau : le lendemain matin on rétablit son cours.

Le 27, l'eau était de nouveau coupée ;

le général Brossard ordonna au 2e léger de pénétrer dans la montagne le plus loin possible, tandis que la cavalerie et les zouaves se porteraient du côté de Bélidah et couvriraient nos mouvements de ce côté : le 2e léger revint chargé de butin, ayant rendu à l'eau son cours naturel. Le 27, les travaux étant terminés, le régiment rentra dans Bouffarick.

L'expédition de Constantine venait d'être décidée. Le but de cette expédition était de s'emparer de la ville, et d'en nommer Joussouf gouverneur : une armée se rassemblait en conséquence à Bône, et un bataillon du 2e léger fut désigné pour en faire partie.

Ce bataillon partit de Bouffarick le 27 octobre, et fut embarqué le 4 novembre; débarqué à Bône le 6, il fut placé dans la 2e brigade avec le 17e léger. Le 13 novembre l'armée quitta Bône; le bataillon du 2e, composé seulement de cinq compagnies, n'avait au plus que 280 hommes.

Le 15, le maréchal fit relever quelques pierres de l'ancien poste romain de Guelma et le fit occuper par nos soldats.

Trente lieues à peu près séparent Bône de Constantine : les caravanes vont en trois jours d'une ville à l'autre; une armée arabe en met ordinairement huit.

Les trois haltes de la caravane sont :

Le premier jour, la vallée de Jas-Ama;

Le deuxième jour, la vallée de Oued-Zenati;

Le troisième jour, après avoir traversé la rivière de Jas-Hamman et quelques petites montagnes, elle arrive à Constantine par la porte d'El Cantara.

Les huit haltes de l'armée arabe sont :

Le premier jour, les fontaines situées au milieu de la plaine de Bône;

Le second jour, les fontaines de Mas-el-Barda;

Le troisième jour, les fontaines de Meouel-Iofa;

Le quatrième jour, le faîte des montagnes de Hamman-Mascoulin;

Le cinquième jour, un lieu nommé Messenia;

Le sixième jour, les bords de la rivière El-Zenati;

Le septième jour, les fontaines de El-Heria;

Enfin, le huitième jour, on arrive à Constantine après avoir traversé le mont Petzouf.

Quant à Constantine, c'est, selon Danville, Cyrta, l'ancienne résidence des rois d Numidie. Massinissa y régna soixante ans Sous le Bas-Empire, elle fut nommée Constantine parce que, suivant Aurélius-Victor Constantin l'aurait embellie.

Voici la description qu'en donne le maréchal Clauzel lui-même.

La ville de Constantine est la capitale du beylick qui porte son nom ; elle est située au pied du petit Atlas, sur le Oued-Rummel. Sa population est de 25 à 30,000 âmes, Maures ou Juifs ; elle a 1,700 maisons couvertes en tuiles, et 800 hommes capables de porter les armes. Elle est placée en amphithéâtre s'élevant vers le nord-ouest dans une presqu'île contournée par la rivière, et dominée par la montagne El-Mansourah, dont elle est séparée par une grande anfractuosité où coulent les eaux de l'Oued-Rummel, qui, au-dessus de la ville, reçoit Houed-Bon-Marzouy, dans un lieu appelé El-Kouar ou les Arceaux. Ces arceaux sont des aqueducs antiques. Ce ruisseau, qui a sept ou huit lieues de cours, vient de l'ouest et aboutit à la rive droite du Rummel.

Au nord-est de la ville on voit la montagne El-Mansourah, qui s'étend dans la direction du sud-est au nord-ouest; elle est dépouillée d'arbres, mais la terre serait facilement mise en culture. On la compare au mont Bouzaréa. Vis-à-vis Constantine, deux mamelons s'élèvent sur les plateaux de Mansourah : celui de l'est domine la ville, à grande portée de canon ; il est couronné par deux marabouts en maçonnerie, appelés Sidi-Mabrouy : l'autre mamelon, au nord-est, porte le nom des Tombeaux de Sidi-Maid. De ces appendices, très-accidentés et couverts de tombeaux israélites, on battrait la ville.

Au sud-ouest de Constantine, à 1,500 mètres du faubourg, sont les hauteurs de Koudiat-Aty, sur lesquelles il y a des tombeaux musulmans; elles dominent les approches de la ville. Constantine, entourée de jardins et de cultures, est dans un site agréable; au sud et à l'ouest, la vue s'étend très-loin ; on aperçoit des montagnes boisées au delà des plaines et des pays peu accidentés; au nord-est l'horizon est borné par les hauteurs de Mansourah.

Le 16, l'armée expéditionnaire passe la Seybouse à Medjez-Ammar. Le 17, l'on gravit le col de Raz-El-Ackba. Pendant ces deux jours, les Arabes ne nous opposèrent aucune résistance. Enfin, le 21, après la nuit la plus affreuse, on aperçut les faubourgs de Constantine.

On croyait entrer à Constantine sans coup férir. Il y avait plus, on s'attendait à ce que les ennemis d'Achmet-Bey viendraient se réunir à nous ou nous ouvriraient les portes; mais, deux ou trois jours avant notre arrivée, quelques Kabaïles s'étant introduits dans la place, avec des têtes coupées à des cadavres déterrés, avaient annoncé que nous étions battus et sur le point d'être anéantis : il en résulta chez les habitants une recrudescence de haine contre nous, dont le résultat fut la résolution de se défendre.

Lorsqu'il arriva devant la place, le maréchal en trouva les portes encore ouvertes. Entouré d'un gros d'officiers, il s'en approcha alors lui-même jusqu'à une centaine de toises. Les habitants allaient et venaient sur le pont avec une agitation de mauvais augure. Tout à coup on hisse un pavillon rouge, on ferme les portes, et un boulet parti de la place vient couvrir de terre le groupe dont fait partie le maréchal.

Aussitôt et pour répondre à ces hostilités inattendues le maréchal donne l'ordre aux 1er et 2e bataillons légers d'Afrique de tourner la ville avec l'avant-garde et d'aller s'emparer de la hauteur de Koudiat-Aty, située au sud de cette dernière. Les bataillons exécutent ce mouvement, franchissent Oued-Bou-Mezouck, puis l'Oued-Rummel et atteignent en colonne le pied de la position. Le général commandant la brigade détache en tirailleurs, pour aborder le plateau supérieur, la 8e compagnie, commandée par le lieutenant Bidon. Peu d'instants après il détache dans la même direction la 7e compagnie, capitaine Vieille; puis ensuite la 1re, commandée par le lieutenant Southoul. Derrière ces compagnies marchaient les têtes de colonne de l'avant-garde. La cavalerie ennemie se présente pour charger vers la gauche ; mais en apercevant ce renfort, les troupes sorties de Constantine prennent la fuite et rentrent en désordre dans la ville. La 1re brigade s'établit alors sur le Koudiat-Aty; le bataillon du 2e léger s'empare des écuries du bey et les occupe. Le quartier-général et le reste de l'armée restent sur le plateau de Mansourah.

Cette première journée coûta 5 tués et 5 blessés.

Le 22, la pluie qui tombait par torrents empêchait de passer le Rummel. On essaya alors d'enfoncer la porte d'El Cantara et de se frayer un passage par cette porte. A cette occasion le maréchal voulant faire porter un ordre au général de Rigny, commandant la 1re brigade, et la crue du Rummel ne permettant point de le franchir à gué, demanda un homme de bonne volonté pour traverser ce torrent à la nage. Le carabinier Mourauble, du 2e léger, se présente aussitôt, se déshabille, attache les dépêches sur sa tête, par un froid glacial se jette dans le Rummel, parvient à l'autre bord sous le feu de la place, traverse un espace d'une demi-lieue qui n'était pas occupé par nos troupes et est assez heureux pour parvenir sans accident jusqu'au général, auquel il remet ses dépêches.

Le 23 novembre, dès le matin, un corps nombreux de cavalerie se présente en arrière de la hauteur de Koudiat-Aty, sur les mamelons qui précèdent le camp du 3e chasseurs. Le général commandant la brigade se porte à sa rencontre avec les chasseurs, le 17e léger, le 2e léger, la 1re compagnie du 2e bataillon d'Afrique et 2 pièces de montagne. En son absence, le colonel Duvivier était chargé de défendre le plateau de Koudiat-Aty avec son bataillon et un bataillon du 17e lécer. L'infanterie, peu nombreuse d'ailleurs, se présenta pour tirailler; mais le colonel fit établir rapidement quelques petits parapets en pierres ou en briques, et avec une trentaine de tirailleurs, ainsi lâchés, il dégoûta l'ennemi, qui se retira bientôt sans nous avoir blessé un seul homme.

Quant à la compagnie engagée contre la cavalerie, elle eut quatre blessés.

Dans la nuit du 23 au 24 novembre, l'ordre fut donné au colonel d'attaquer avec le bataillon d'Afrique la porte située en face de Koudiat-Aty et que l'on appelle la porte du Marché. Mais cette attaque ayant échoué malgré le courage des assaillants, la perte des hommes ayant été considérable et le froid devenant excessif, le maréchal donna l'ordre de la retraite pour le 24 au matin.

La première brigade dut rallier l'armée. Le bataillon du 2e léger fut chargé de couvrir la retraite; une section de voltigeurs sous les ordres de M. le sous-lieutenant Grauchette, formant l'extrême arrière-garde du bataillon, en vint alors aux mains de si près avec les Arabes, qui, nous voyant nous retirer, se ruaient hors de Constantine, que, n'ayant pas le temps de charger leurs armes, nos soldats leur lançaient des pierres. Mais de moment en moment la situation du 2e léger devenait plus critique ; le bataillon, qui comme nous l'avons dit, était de 250 hommes à peine, n'était soutenu que par une trentaine de chevaux sous les ordres du capitaine Morisse, et n'avait point d'artillerie : à chaque instant de nouveaux renforts arrivaient à l'ennemi. Bientôt, il se trouva assailli à la fois par plus de 6,000 cavaliers. A cette vue le commandant Changarnier fait sonner le ralliement pour ses tirailleurs, arrête son bataillon, forme le carré et crie à ses soldats « Mes amis, ne craignez rien, ils ne sont que 6,000 et vous êtes 200. » Aussitôt trois hourras de Vive le roi sont poussés avec enthousiasme. L'ennemi, qui chargeait et qui ne se trouvait plus qu'à 25 pas de nous, s'arrête indécis ; le commandant Changarnier profite de ce moment d'hésitation, et fait commencer le feu de deux rangs : le désordre se met dans cette masse de cavalerie agissant sans ensemble et sans chefs ; le bataillon en profite pour se remettre en marche, et soutient l'arrière-garde pendant tout le reste de la journée. Le capitaine T. Alret fut tué roide d'une balle au front.

Le 27, au col de Raz-el-Achbah, le bataillon se trouva de nouveau engagé avec une grande quantité de Kabailes, auxquels il fit éprouver des pertes considérables. Le lendemain, au passage de la Seybouse, il s'empara des premières hauteurs du côté de l'eau : enfin le 1er déc., après cette expédition à la fois si fatale et si glorieuse, le 2e léger rentra à Bône, fut embarqué le 4 en même temps que le maréchal, arriva à Alger le 6, et le 7 rejoignit le reste du régiment au camp de Douera.

Pendant ce temps, les Arabes avaient voulu profiter du peu de troupes laissées dans la province d'Alger, par suite de l'expédition de Constantine, pour faire des razzias sur les tribus amies et inquiéter nos postes : en conséquence, le 6 novembre au matin le blockhaus d'Oued-Haric, occupé par 40 hommes du 2e léger, fut vivement attaqué. Le bey de Miliana dirigeait l'attaque en personne ; mais, malgré l'acharnement de l'ennemi et le secours de 4 petites pièces d'artillerie qu'il avait amenées, il fut repoussé avec perte : mais il ne s'éloigna point pour cela et s'apprêta à recommencer l'attaque le lendemain.

Mais le lendemain le lieutenant-général Rapatel arriva à Bouffarick avec toutes les troupes qu'il avait pu réunir, déboqua le blockhaus, et marcha vers Belidah, sur laquelle il jeta quelques obus.

Le 31 janvier 1837 le général Bro part de Bouffarick à trois heures du matin avec les zouaves, le 2e léger, et la cavalerie, pour faire une razzia sur la tribu de Sidi-Abschi. Au point du jour la tribu est surprise, et nous ramenons une vingtaine de prisonniers.

Le 7 janvier, M. le colonel Menne, du 2e léger, parti pour aller au secours de la tribu kabaïle de Rilan, surprend les Hadjoutes qui la menaçaient, et les fait poursuivre par les spahis : 8 Arabes sont tués, 20 faits prisonniers, et 40 chevaux restent en notre pouvoir.

Le 22, pour protéger le ravitaillement de Tlemcen, on essaie de faire croire aux Arabes que l'on veut se porter sur Miliana. En conséquence le général Bro, avec les zouaves, le 2e léger, un bataillon du 63e et la cavalerie, quitte Bouffarick, tombe au point du jour sur la tribu d'Oued-Laleg, lui enlève tous ses troupeaux, franchit la Chiffa à la nuit tombante, passe le lendemain le Bouroumi et l'Oued-Ger, fait construire des camps sur ces deux rivières, et rentre à Bouffarick après un engagement insignifiant. Le 25 et le 27 mars suivants le général Bro fait encore avec sa petite colonne deux reconnaissances dans le pays des Hadjoutes, pour surveiller les rassemblements considérables que réunit cette tribu.

Sur ces entrefaites le nouveau gouverneur, M. le lieutenant-général Damrémont, voulut voir par lui-même si l'on ne pourrait pas occuper Belidah, et visiter en même temps les postes établis dans la Mitidja; en conséquence, on forma trois brigades à Bouffarick : le 2e léger fut placé dans la première.

Le 28 une reconnaissance fut dirigée sur Belidah. Enfin le 2, le 2e léger, après avoir occupé les avant-postes pendant dix mois, rentre à Alger.

Mais ce moment de repos accordé au régiment fut court : le 9 mai le 1er bataillon du 2e léger, le 1er du 48e et la cavalerie allèrent s'établir à dix lieues d'Alger, à la ferme de Régalia, pour faire rendre aux tribus de l'est les troupeaux qu'elles avaient enlevés à cette ferme; le 12 le 2e bataillon rejoint le petit corps de troupes placé sous le commandement du colonel Schauembourg, du 1er chasseurs d'Afrique. Le lendemain la petite colonne va camper au Boudouaou, et entre en pourparlers avec les Arabes.

Le 18, fatigué de leurs lenteurs calculées, le colonel Schauembourg par une marche de nuit se trouve au point du jour maître du col de Beni-Aicha, que l'ennemi surpris défend à peine. Il ordonne aussitôt d'envoyer deux compagnies du 2e léger sur le plus haut piton de droite du col pour allumer des feux et indiquer ainsi notre présence à la colonne du général Perregaux, qui devait débarquer vers l'embouchure de l'Isser. Mais à peine se furent-elles acquittées de leur mission, que ces deux compagnies furent attaquées par un millier d'Arabes. Une compagnie de voltigeurs fut aussitôt envoyée à leur secours; un combat acharné, dans lequel périrent M. le lieutenant Costa et le sous-lieutenant Hourd au 2e léger, et qu'une pluie battante parvint seule à interrompre, s'engagea. Bientôt on s'aperçut que les signaux étaient inutiles, le mauvais temps n'avait point permis à la colonne Perregaux de quitter Alger; et nous nous trouvions, forts de 2,000 hommes à peine, dans un pays inconnu, dont on ne savait qu'une chose : c'est qu'il était habité par les Arabes les plus guerriers de l'est de la province, et que ces Arabes étaient tous réunis.

Le lendemain 19, on donna l'ordre de la retraite. Nous n'avions plus de vivres et les cartouches commençaient à manquer. Le temps était beau. Nous partîmes tard. Le col de Beni-Aicha étant fortement gardé, nous suivîmes les bords de l'Améo. Bientôt nous vîmes toutes les montagnes voisines se couvrir de Kabaïles, qui, voyant notre petit nombre, se précipitèrent sur nous. La lutte s'engagea aussitôt vive et acharnée. En un clin d'œil le 48e, qui formait l'arrière-garde, épuisa ses cartouches; alors les deux bataillons du 2e léger, à qui il en restait encore quelques-unes, tirent face à tout, ménageant les munitions, et chargeant à la baïonnette toutes les fois qu'ils se trouvaient trop pressés. Cette manière de combattre amena bientôt les luttes corps à corps. Vingt duels particuliers eurent lieu. La retraite dura ainsi douze heures, pendant lesquelles on se battit et l'on marcha sans prendre un seul instant de repos et sans que les soldats se décourageassent un seul instant. Pas un blessé ne fut abandonné, la cavalerie ayant donné ses chevaux et marchant avec les fantassins. Enfin, le soir, lorsque pour les deux bataillons il ne restait plus 50 cartouches, lorsque pour le[s] pièces de montagne il ne restait plus qu[e] 6 obus, on arriva à Boudouaou, où l'on trouv[a] campée la colonne venue d'Alger. Dan[s] cette journée, M. le lieutenant Tronchet, u[n] des plus braves officiers du 2e léger, fut mortellement blessé en enlevant un mamelon.

Le gouverneur, ayant besoin dans l'oues[t] d'un corps de troupes considérable, ne laissa au Boudouaou qu'un millier de soldats, qui devaient construire une redoute. Les Arabes, informés de notre mouvement, crurent avoir bon marché de cette poignée d'hommes, et le 25 mai vit un des plus beaux faits d'armes qui aient eu lieu depuis notre entrée en Afrique.

Le corps d'observation de l'est, placé sous les ordres du commandant de La Torre du 2e léger, était composé du 1er bataillon du 2e léger, de 4 compagnies du 48e de ligne, 45 chasseurs d'Afrique, et 8 obusiers de montagne. Le tout formait un effectif de 900 hommes.

L'épaulement qu'on était en train de faire n'avait encore que peu de relief, lorsque, le 25 mai, au lever du soleil, cette poignée d'hommes vit la rive droite du Boudouaou se couvrir comme d'une nappe de neige; 5,500 Kabaïles à pied et 500 Arabes à cheval s'étaient réunis pour l'écraser.

L'ouvrage s'élevait sur un petit plateau d'où l'on descend par une pente assez longue, surtout vers la gauche, jusqu'à un petit ruisseau qui coule au fond de la vallée. A mi-côte, un amas de cabanes arabes, entourées d'épines et de cactus, puis, au-dessous, des ruines romaines semées au milieu des arbousiers et de lentisques. A droite, s'élevait une chaîne de mamelons.

Il fallait s'en tenir à des dispositions purement défensives. Elles furent bientôt prises; la redoute ébauchée servit de réduit. Deux compagnies y furent lancées avec l'ambulance et les deux pièces de montagne; 14 prolonges de l'administration furent avec deux autres compagnies parquées en carré derrière l'ouvrage, qui n'était pas encore fermé de ce côté. Deux compagnies furent jetées dans le village, et des tirailleurs embusqués dans les ruines. Le reste de l'infanterie se prolongeait sur les crêtes de droite.

La masse ennemie s'ébranle tout entière; l'attaque commence avec peine; les ruines sont enlevées; des bandes kabaïles, cheminant dans les ravins comme dans des boyaux de tranchée, approchent à couvert des mamelons de droite. Enfin leur cavalerie se dirige au galop vers la route d'Alger, pour attaquer les Français sur leurs derrières. Mais les 45 chasseurs à cheval, habitués à ne pas compter leurs ennemis, se déploient sur un rang et chargent les Arabes sur leur flanc avec une telle vigueur, que ceux-ci tournent bride et vont se rallier à distance pour attendre l'effet de l'attaque de l'infanterie.

Celle-ci était terrible. Les deux compagnies avaient été délogées du village, et déjà les Kabaïles s'élançaient vers la redoute avec des cris de fureur.

Il faut vaincre ou mourir. Cette alternative, qui enfante les paniques dans les mauvaises armes, inspire un héroïque effort à ces braves gens. Le capitaine Chaspoul, du 2e léger, saute le parapet avec sa compagnie, et court droit à l'ennemi sous le feu le plus meurtrier; l'impulsion se communique à toute la ligne par un de ces mouvements électriques si fréquents dans nos armées. Les officiers les premiers chargent à l'arme blanche, le cri A la baïonnette! s'élève de tous les rangs. Les musulmans sont repoussés dans le village, qu'ils défendent encore avec acharnement. Des monceaux de cadavres s'entassent dans ce labyrinthe de masures ; mais rien ne peut résister à la *furie française*. Le village est repris ; c'était le nœud de la position. Les Kabaïles l'ont compris, et ils reviennent à la charge avec une aveugle rage. Cette intrépidité mal dirigée les perd ; ils ont cessé leurs attaques sur la droite, et notre infanterie a promptement regagné de ce côté le terrain qu'elle avait perdu. En même temps les deux pièces de montagne, amenées par les lieutenants Letellier et Bousquet, écrasent à coups de mitraille la masse confuse qui se présente autour du village. L'ennemi est rejeté sur les ruines ; la journée est aux Français.

Une compagnie du 48e, accourue sans ordre de la Régalia au bruit du canon, veut se diriger sur la ligne de retraite des Kabaïles. Ceux-ci ne comprenant rien à ce mouvement plus hardi que sage, achèvent de se débander et regagnent en courant leurs montagnes pour ensevelir les nombreux morts que cette héroïque journée leur avait coûtés. 70 hommes hors de combat furent la seule perte des Français. Il fallait profiter de ce brillant succès. Deux jours après, le général Perregaux pénétrait dans le pays des Issers avec une colonne dont le 2ᵉ léger faisait partie. 300 Kabaïles étaient réunis sur une montagne appelée Drolh. Culbutés par notre infanterie, chassés par les chasseurs du 1ᵉʳ régiment dans un terrain où d'autres cavaliers n'eussent osé passer au pas, ils s'enfuient de toutes parts. Ben-Zamoun rentra dans sa retraite. Les grands et les marabouts des Issers vinrent s'incliner devant le général Perregaux :

« Que la main fermée qui tient le glaive, s'ouvre pour laisser tomber la grâce ! » dirent-ils.

La main s'ouvrit, les vaincus donnèrent des otages, payèrent des indemnités, et le général ne rentra à Alger qu'après avoir reconstitué le pays avec cette prévoyance de l'avenir qui marquait toutes ses entreprises.

MM. les lieutenants de Gibon et les sous-lieutenants Mignon et Morin avaient été plus ou moins grièvement blessés dans cette affaire.

Ainsi 5,000 Arabes avaient été repoussés par une poignée de braves, et l'est de la Mitidja était à l'abri de leurs incursions.

Le 6 juin le 2e léger, après avoir laissé une compagnie à la ferme de la Régalia, part pour Douera, fait partie du corps d'armée qui sous les ordres du gouverneur doit opérer dans lo'uest et rentre à Mustapha le 10, c'est-à-dire au moment même où la nouvelle du traité de la Tafna parvient à Alger et met fin aux hostilités.

M. le gouverneur général, qui depuis le 15 août se trouvait dans la province de Bône pour préparer lui-même l'expédition contre Constantine, envoya le 29 août à Alger l'ordre de faire partir un bataillon du 2e léger, du 11e de ligne et des zouaves : le 2e bataillon fut choisi pour prendre part à la campagne qui allait s'ouvrir ; en conséquence, embarqué le 31 août, il débarqua à Bône le 2, quitta cette ville le 4 et arriva le 7 au camp de Medjez-Hammar, où se trouvaient déjà le gouverneur, l'état-major général, l'artillerie de siége, le 23e et le 47e de ligne. Le bataillon du 2e léger passa la Seybouse et campa parallèlement à cette rivière, sa droite appuyée aux zouaves.

Le bataillon fit partie de la reconnaissance militaire qui quitta le 11 Medjez-Hammar, gravit le col de Raz-el-Ackba, répara la route tracée en 1836 par le maréchal Clauzel, poussa jusqu'à l'Oued-Zenati eut deux petits engagements insignifiant avec l'ennemi, et rentra au camp le 12.

Pendant les nuits des 19, 20 et 21 no avant-postes échangèrent quelques coups d fusil avec les Arabes ; le 22 leur attaqu< fut plus sérieuse, et l'artillerie fut forcée de s< mettre de la partie Le 23 Achmet-Bey gouverneur de Constantine, parut en per sonne au point du jour, et fit attaquer aussi tôt les postes en avant de la Seybouse. So< principal effort se porta sur un mamelon occupé par les zouaves et le 2e léger, mame lon qui était la clef du camp.

Le général Rulhières, qui commandait e< l'absence du gouverneur-général, préven< par le lieutenant-colonel de Lamoricière que l'infanterie du bey allait entrer en ligne fit aussitôt passer l'eau à un bataillon du 47 de ligne : le choc des Arabes fut rude ; mai< ils étaient attendus de pied ferme, et ils ne purent nous faire reculer d'un pas. Seule ment, comme ils étaient cinq ou six fois plus nombreux que nous, force fut pendant qua tre heures aux 2 régiments attaqués de se tenir seulement sur la défensive ; mais pen dant ces quatre heures aussi, tous les efforts des Arabes vinrent mourir sur la pointe de nos baïonnettes : enfin ils se retirèrent après une perte considérable, en laissant une vingtaine de cadavres en notre pouvoir.

Le 27, on apprit l'arrivée du duc de Nemours; le bataillon du 2e léger fut commandé pour aller au-devant de lui. Après deux jours de marche le prince arriva au camp, et y fut reçu avec un enthousiasme mêlé de reconnaissance pour le roi qui a toujours un de ses fils à envoyer là où il y a un danger à courir.

Le 28, l'ordre d'embrigadement parut : le bataillon fut placé sous les ordres du lieutenant-colonel Lamoricière, et forma avec les zouaves l'avant-garde de la brigade de Nemours. Les trois premières brigades quittèrent Medjez-Hammar le 1er octobre à huit heures du matin, gravirent le col et campèrent sur le sommet, attendant la quatrième, qui partit le lendemain avec le reste du matériel : au moment où elle quittait le camp, l'ordre suivant avait été lu.

« Soldats !

» L'expédition contre Constantine va commencer, vous êtes appelés à venger l'honneur de vos frères d'armes qui, trahis par les éléments, ont vu leur courage et leurs efforts échouer l'année dernière sous les murs de cette ville ; l'ardeur et la confiance qui vous animent sont les gages du succès qui vous attend : la France a les yeux sur vous, elle vous accompagne de ses vœux et de sa sollicitude, montrez-vous dignes d'elle, du roi qui vous a confié un de ses fils, du prince qui est venu partager nos travaux, et que la patrie soit glorieuse de vous compter au nombre de ses enfants.

» Le pair de France, gouverneur-général,

» COMTE DAMRÉMONT. »

En ce moment un second fils du roi débarquait à Bône. Celui-là n'était envoyé par personne, il y venait conduit par son courage ; mais, quelque diligence qu'il fît, il devait arriver trop tard : un an après il prenait sa revanche à Saint-Jean d'Ulloa.

L'armée se mit en marche par un temps magnifique ; mais, comme elle arrivait au Raz-el-Ackba, la pluie commença de tomber, et ne cessa plus qu'à quatre heures du soir : aussi le passage du col présenta-t-il de graves difficultés. Cependant on parvint à les surmonter, et le 2 octobre l'armée entière campa à Sidi Tamtam, le 3 à Douer-Ben-Hamlony, le 4 à Meris, le 5 on gravit les hauteurs et on aperçut Constantine; enfin le 6, les deux premières brigades arrivèrent devant la ville et occupèrent le Mansourah; quelques Arabes sortis de Constantine voulurent alors inquiéter le placement des troupes, mais ils furent repoussés par les zouaves et le 2ᵉ léger.

Le général Rulhières traversa le Rummel, et alla s'établir avec deux brigades sur le plateau de Koudiat-Aty. L'on reconnut bientôt que c'était de ce côté seulement que l'on pouvait faire brèche dans la muraille. On n'en construisit pas moins sur le Mansourah trois batteries destinées à prendre celles de la place à revers; mais, par suite de la pluie, les travaux furent bien lents. Le 7, deux autres sorties des Arabes furent repoussées. Le 8, nous ouvrîmes le feu, nous fîmes peu de mal, celui de la Casauba fut pourtant éteint. L'on vit alors que tout l'effet devait se faire par Koudiat-Aty; la pluie tombait par torrent, et il fallait d'incroyables efforts pour nous porter sur Koudiat-Aty. Toute l'artillerie de siége, la batterie de brèche furent placées à 150 mètres de la ville. Aussi, le 10, l'ennemi, voyant le danger qui le menaçait, fit-il en grand nombre une sortie qui fut repoussée par la légion étrangère et le bataillon d'Afrique. Le soir le bataillon, avec la 1re brigade, quitta aussi le Mansourah : le 11, à dix heures, un boulet fit écrouler un morceau de la muraille, et marqua le point de la brèche ; dans la nuit les pièces furent transportées à 120 mètres de la muraille.

Le matin de ce jour, le gouverneur était sorti à sept heures du matin de son bivouac, établi au marabout de Sidi-Maboueck, et s'était rendu sur le plateau de Koudiat-Aty pour visiter la batterie de brèche. Arrivé à un endroit où le terrain était un peu affaissé et formait une espèce de col, le gouverneur rencontra M. de Maistre, chirurgien, qu'il avait remarqué la veille pour son ardeur à aller panser les blessés sous les balles des Arabes ; il lui adressa quelques paroles louangeuses : préoccupé du danger que courait le général en s'arrêtant dans cet endroit, M. de Maistre, au lieu de le remercier, lui fit observer le sifflement des balles, et lui montra tout autour d'eux le sol sillonné par les boulets comme si le soc d'une charrue y eût passé. Le gouverneur fit le signe d'un homme qui est habitué à marcher sur un pareil terrain, continua en souriant sa route vers la batterie de brèche, s'y établit, et y resta jusqu'à six heures du

A sept heures il était revenu à Sidi-
[...]ueck avec l'espoir que la brèche serait
[practi]cable le lendemain.
[Le] lendemain, à 6 heures et demie du
[mati]n, le général sortit, comme la veille, de
[son] bivouac, et s'achemina de nouveau vers
[la b]atterie. Arrivé à l'endroit où 24 heures
[aup]aravant il avait rencontré le docteur,
[il s]'y arrêta de nouveau pour examiner les
[tra]vaux faits pendant la nuit, et pour étu-
[die]r la brèche, qu'on découvrait parfaitement
[déj]à. Le général Rulhières lui renouvela
[alor]s l'avis que lui avait donné la veille
[M.] de Maistre, l'engageant à prendre un
[au]tre chemin pour descendre à sa batterie.
« Bah! répondit le gouverneur, autant celui-
[ci] qu'un autre; allons toujours. » Au même
[i]nstant une détonation se fit entendre, et
un boulet, après avoir touché la terre à 20
pas en avant du groupe sur lequel il était
dirigé, atteignit en ricochant le gouverneur
dans le flanc gauche, au-dessous du cœur.
Le gouverneur saisit aussitôt le bras du général Rulhières, qui lui-même avait la figure
tout en sang des pierres que le boulet avait
fait rejaillir; et s'écriant : « O mon Dieu! »
il tomba mort. « Le gouverneur est tué, »
s'écria M. de Rulhières. A ces mots le gé-

néral Perregaux, qui était de quelque[...] en arrière, accourt et se penche sur le [...] du comte de Damrémont. En ce mom[...] est lui-même atteint d'une balle au-des[...] de l'œil, et blessé mortellement; il tom[...] genoux à côté du mort.

Le comte de Damrémont venait de [...] comme 100 ans auparavant avait fini le [...] de Berwick.

Le général Vallée prit le comman[...]ment de l'armée et donna aussitôt ses ordr[...] de sorte que les opérations ne furent p[...] interrompues.

Pendant la nuit du 12 au 13, la brèc[...] fut reconnue praticable, et l'assaut fut fix[...] au lendemain. Trois colonnes furent formé[...] pour monter à la brèche; les deux pre[...]mières compagnies d'élite du bataillon firen[...] partie de la première colonne, sous les ordres du lieutenant-colonel Lamoricière.

L'assaut était indiqué pour 5 heures; et [...] cependant les soldats attendaient encore le [...] feu de l'artillerie, qui, ayant continué toute la nuit, avait produit une brèche de 30 à 40 pieds de large : c'était un éboulement escarpé de toute la hauteur de la muraille, et assez à pic pour que le sommet en fût confondu avec les terrasses des maisons voisines, qui n'étaient au reste qu'un véritable monceau de décombres. Les troupes qui devaient monter à l'assaut se tenaient dans les retranchements; elles étaient, comme nous l'avons dit, divisées en 3 colonnes : la 1re, sous les ordres du lieutenant-colonel Lamoricière, se composait de 40 sapeurs, de 300 zouaves, et des 2 compagnies d'élite du 2e léger; la 2e, commandée par le colonel Combes, se composait de la compagnie franche du 2e bataillon d'Afrique, de 80 sapeurs du génie, de 100 hommes du 3e bataillon d'Afrique, de 100 hommes de la légion étrangère, et de 300 hommes du 47e; enfin la 3e colonne, aux ordres du colonel Corbin, formée de 2 bataillons, était composée de détachements pris en nombre égal dans les 4 brigades.

A 9 heures, le signal de l'assaut fut donné par 3 coups de canon. Aussitôt la 1re colonne culbuta les sacs à terre derrière lesquels elle était abritée; le colonel Lamoricière parut le premier, l'épée à la main. Cette 1re colonne s'élança aussitôt vers la brèche au pas de course et aux cris de : Vive le roi !

Immédiatement après elle sortit la colonne du colonel Combes, à laquelle s'était mêlé par fraude le détachement du 23e qui ne devait marcher qu'avec celle du colonel Corbin. Les 2 colonnes gravirent la brèche, qui fut couronnée en un instant, malgré la fusillade dirigée sur elle, par le colonel Lamoricière et ses soldats; mais, arrivé là, il essaie en vain de pénétrer par la ville, arrêté qu'il est par les décombres, qui ne laissent apercevoir aucune issue. Un combat des maisons s'engage alors terrible et acharné, pendant lequel les sapeurs ouvrent à coups de hache deux passages par lesquels s'écoulent à droite et à gauche deux petites colonnes qui se répandent dans la ville tandis que le lieutenant-colonel Lamoricière, à la tête de la colonne du centre, et le chef de bataillon de Sérigny, à la tête du détachement du 2e léger, heurtent de face l'obstacle qui leur est opposé. En ce moment une grande muraille, déjà ébranlée par nos boulets, s'écroule et ensevelit vivants sous ses murs M. de Sérigny et une partie des compagnies d'élite du 2e léger. Tout à coup une détonation effroyable se fait entendre, la brèche s'ouvre comme un volcan sous les pieds de nos soldats; tout disparaît dans un nuage de poussière et de fumée : puis, quand le nuage s'élève, on voit une ligne rompue d'hommes qui redescendent en roulant du haut en bas de la brèche. Une mine venait de sauter : 200 hommes étaient broyés, moulus, mutilés. Le lieutenant-colonel Lamoricière avait disparu à moitié brûlé et enterré sous ces ruines. Le capitaine Leflot, le lieutenant Rigoudit, le sous-lieutenant Fontanille, le lieutenant Blauvilain, le lieutenant d'état-major Letellier et 31 sous-officiers et soldats de la compagnie de voltigeurs, tous du 2e léger, étaient blessés ou brûlés. En ce moment le colonel Combes, percé de deux balles, dont une lui avait fait une blessure mortelle, revint vers la batterie où était le prince pour lui rendre compte de l'état de la brèche, comme s'il n'eût attendu pour tomber que d'avoir rempli ce dernier devoir. En achevant son rapport, il s'évanouit. Le lendemain, il était mort.

Pendant ce temps la 3e colonne montait à son tour à l'assaut sous les ordres du colonel Corbin, et, ralliant tout ce qui pouvait se tenir encore debout, traversait le cratère fumant et disparaissait à son tour dans la ville à la suite des soldats de Lamoricière et de Combes qui y étaient déjà entrés.

En ce moment le général Rulhières marchait avec une réserve et se disposait à pénétrer par sa gauche pour gagner le haut de la ville, quand un Maure lui apporta la capitulation. Le gouverneur, qui s'était retiré à la Casbah, voyant qu'il allait être forcé sur ce dernier point, venait de se brûler la cervelle. Quant aux Arabes, croyant dans leurs idées de guerre mortelle qu'ils seraient tous passés au fil de l'épée, ils se précipitèrent pêle-mêle vers la seule issue qui leur restât. C'était un précipice à pic creusé derrière la citadelle. Pressés, poussés, emportés les uns par les autres, ils commencèrent alors à se ruer sur cet effroyable escarpement, d'où bientôt l'armée débrouille un torrent d'hommes, de chevaux, d'enfants et de femmes, dont plus de la moitié resta mutilée sur les angles des rochers.

Vers une heure enfin, le calme se rétablit dans la ville, le drapeau tricolore fut élevé sur les principaux édifices publics, et S. A. R. Mgr. le duc de Nemours, commandant du siége, vint prendre possession du palais du bey.

Le 14, le bataillon fut caserné dans Constantine près de la brèche qu'il avait si vaillamment escaladée la veille. Le 17 il se réunit aux autres régiments pour passer la revue du duc de Nemours, qui, plein d'émotion encore d'un succès dont il avait partagé les dangers et dont il allait partager la gloire, dit à l'armée ces paroles qu'elle garde dans son cœur :

« La France ajoutera avec orgueil une page à son histoire pour raconter la prise de Constantine, et, cette page, elle la mettra au milieu de celles dont elle s'honore. Quant à moi, je suis fier d'avoir fait partie d'une armée si remarquable par sa résignation dans les fatigues et les souffrances, et par son courage dans les dangers. »

Le 29 le bataillon quitta la ville, et le 9 novembre il arriva à Bône. Le 24 décembre, le demi-bataillon de droite s'embarqua pour Alger ; quant au demi-bataillon de gauche, il ne rejoignit le régiment que le 6 janvier 1838. Tout le 2⁰ léger se trouva alors réuni à Alger.

Ce ne fut pas pour long-temps : le soir même, le lieutenant-colonel Changarnier part d'Alger avec le 1ᵉʳ bataillon, 25 chasseurs d'Afrique, et va occuper la Maison-Carrée avec mission d'éclairer l'est de la province dont Abd-el-Kader s'est approché. Le 9, le 2ᵉ bataillon et deux compagnies d'élite du 3ᵉ, un bataillon de la légion étrangère et 200 chevaux partent avec le lieutenant-général Rulhières; le 11, après diverses reconnaissances, le lieutenant-général prend position sur le Hamize : Abd-el-Kader envoie dire encore que ses intentions sont pacifiques et se dirige sur Médéah. Le 12, un petit corps de troupes campe à Rudra; le 13, le lieutenant-général rentre à Alger, et le colonel même du 2ᵉ léger va avec le 1ᵉʳ bataillon et un bataillon de la légion étrangère protéger la reconnaissance et la délimitation de la barrière de l'est.

Le régiment occupe la Maison-Carrée, la Ressauta et la Régalia; il est chargé de maintenir la sécurité dans l'est, que de nombreuses reconnaissances parcourent journellement.

Le 27 mars, le 2ᵉ léger quitte ses cantonnements. Le colonel Menne, avec le 1ᵉʳ bataillon, 4 compagnies du 2ᵉ et 2 obusiers, va prendre position sur le haut Hamize, près du marché de ce nom. On commence les travaux d'un vaste camp que l'on appelle Fondouch, puis le lieutenant-colonel Changarnier, avec le 2ᵉ bataillon, deux compagnies du 3ᵉ et deux obusiers, se porte à nos extrêmes limites sur Oued-Rudra, s'y établit et fait tracer l'enceinte du camp retranché le Rasa-Momtapna.

Le 18 octobre, le lieutenant-colonel Changarnier va reconnaître les gorges de Oued-Rudra et revient sans avoir été inquiété.

Le maréchal Vallée voulant faire sa jonction avec la colonne du général Galbois, partie de Constantine, le 2ᵉ léger commence les travaux d'une route qui doit être praticable pour l'artillerie. Le mauvais temps fait renoncer le maréchal à son projet.

Le 19 juillet 1839, le 2ᵉ léger rentre à Alger après avoir occupé le camp de l'est pendant dix-huit mois.

CHAPITRE XIII.

Expédition des Bibans. — Le 2⁰ léger en fait partie. Entrée triomphale de Mgr le duc d'Orléans à Alger au retour de cette expédition. — Combats de Belidah, d'Oued-Ialleg, livrés par le 2⁰ léger. — Marche pénible du régiment sur Cherchell. — Retour du prince royal en Afrique. — Combats de l'Afroum, de l'Ouedjer. — Le 2⁰ léger s'y distingue sous les yeux du duc d'Orléans. — Combat non moins glorieux de l'Oued-el-Hachem. — Enlèvement des redoutes du col de Mouzaïa. — La principale gloire de cette journée revient au 2⁰ léger. — Le 2⁰ léger à Médéah, à Miliana, au bois des Oliviers, dans la vallée du Chéliff. — Construction et défense du camp d'Ain-Taslazid. — Nouveau combat des Oliviers: le 2⁰ léger y rougit pour la dernière fois ses baïonnettes du sang arabe. — Retour en France.

Le régiment était déjà depuis deux mois et demi à Alger, lorsque Mgr le duc d'Orléans y arriva vers la fin de septembre. Depuis quelque temps déjà il était question, vaguement, d'une expédition importante; la présence du prince donna une nouvelle vraisemblance à ce bruit: quelques jours après, le 2⁰ léger reçut subitement l'ordre d'embarquer ses trois bataillons pour Philippeville. Le 7 octobre ils se trouvaient réunis dans cette ville; le 8, les deux premiers bataillons prirent la route de Milah, lieu désigné pour la réunion de l'armée qui devait opérer dans l'ouest de la province. Le 3ᵉ reste à Philippeville, sert d'escorte au prince royal et au maréchal Vallée, qui y débarquent le 8 au matin, et en partent le 10 dans l'après-midi; le 14, il avait rejoint les deux premiers à Milah.

Le prince royal avait voulu visiter Constantine, ce qui l'avait un peu retardé; après y avoir séjourné quatre jours, le prince était le 17 à Milah.

Un ordre du jour sépara l'armée expéditionnaire en deux divisions : le 2ᵉ léger fut appelé à faire partie de la 1ʳᵉ division, qui prit le nom de division d'Orléans.

L'armée, après avoir dépassé les camps de Milah et Djmilah, franchit le col des monts et arriva à Sétif.

Là, le maréchal est arrêté quatre jours par la pluie : on profite de cette halte pour visiter de magnifiques ruines romaines; on retrouve un temple, un théâtre, deux mosaïques, et un arc de triomphe si admirablement conservé, que l'idée vint un instant au prince d'en numéroter les pierres et d'envoyer tout entier en France ce trophée de granit.

Le 17, le duc d'Orléans, le maréchal Vallée, le 17e léger, le 23e de ligne, le 1er bataillon du 22e de ligne, le 3e chasseur d'Afrique, l'artillerie et les bagages campent à Milah.

Un ordre du jour divise ces troupes en deux divisions ; le 2e léger fait partie de la 1re division (division d'Orléans).

Le 26, l'armée campe à Agredi; le 27 elle se rapproche des montagnes de Dra-el-Amar, qui touchent aux Bibans.

Le 28 Son Altesse Royale annonça aux soldats qui formaient sa division qu'ils allaient revenir à Alger par les Bibans et franchir les Portes-de-Fer : ce passage mystérieux où jamais un Européen n'avait mis le pied, et que les Romains eux-mêmes, les maîtres souverains de la Numidie, n'avaient point osé franchir. Des cris d'allégresse partis de tous les rangs de la division accueillent la nouvelle de cette aventureuse expédition. A 10 heures du matin Mgr. le duc d'Orléans, après avoir reçu des chefs kabaïles le tribut qu'ils payent au souverain, se dirigea vers les Bibans. Des scheiks connus sous le nom de *scheiks des Portes-de-Fer* servent de guides et dirigent les têtes de colonne. A midi la division arrive devant ce passage célèbre s'y engage immédiatement. A 4 heures les soldats l'avaient franchi.

Le chaînon de l'Atlas appelé Portes-de-Fer formé par un immense soulèvement qui a élevé verticalement les couches de roches horizontales à l'origine. L'action des siècles a successivement enlevé les portions de terrains qui réunissaient les bancs de roches, de telle sorte qu'elles présentent aujourd'hui une suite de murailles verticales qu'il est presque impossible de franchir et qui se prolonge au loin en se rattachant à des sommets d'un accès plus difficile encore. Au milieu de cette chaîne coule l'*Oued-Biban*, ruisseau salé qui s'est ouvert passage à travers un lit de calcaire noir dont les faces verticales s'élèvent à plus de 100 pieds de haut et se rattachent par des déchirements inaccessibles aux murailles qui couronnent les montagnes. Le passage dans trois endroits n'a que 4 pieds de large : il suit constamment le lit de la rivière torrentueuse qui l'a ouvert et qui y ramène constamment des cailloux roulés. Dès que la pluie augmente le volume des eaux, le passage devient impraticable; le courant, arrêté par des rétrécissements auxquels on a donné le nom de portes, s'élève quelquefois jusqu'à la hau-

teur de 30 pieds, et s'échappe ensuite
violence par une étroite vallée qu'il ec
entièrement : c'est la seule issue à ce pas

L'avant-garde s'y est précipitée ayant
tête le prince royal et M. le maréchal Va
aux sons de nos musiques militaires et
acclamations des soldats. En quittant le
chers gigantesques, les sapeurs gravè
sur leurs parois cette simple inscription

ARMÉE FRANÇAISE, 28 OCTOBRE 1839.

Au sortir de ce sombre défilé on retro
le soleil, qui semblait avoir disparu et
éclairait une jolie vallée, et chaque sol
gagna la grande halte, tenant à la main
palme arrachée aux troncs de vieux palmi
qui avaient crû jusque-là à l'ombre redou
des rochers du Liban. Un orage viole
troubla bientôt la sérénité du ciel et emp
cha l'armée d'arriver le soir même à Ben
Mansour. Le 29 la colonne arriva dans
village à dix heures du matin. Elle ava
hâte d'y parvenir. Depuis deux jours l
manque d'eau s'était fait vivement sentir
les chevaux n'avaient pu boire depuis cin
quante heures ; et les soldats, fatigués pa
de longues marches, avaient hâte de se dés
altérer. Les Arabes appellent cette parti

de la route le *chemin de la Soif*, et jamais nom ne fut plus justement donné. A six heures du soir elle s'établit sur la rive droite de l'Oued-Hamza.

La colonne avait suivi depuis Sétif la grande voie qui conduit de Constantine à Médéah par les plaines élevées de la Mejana et de l'Oued-Beni-Mansour. Pour se rapprocher d'Alger elle devait se porter dans la vallée de l'Oued-Hamza. Le 30, Mgr le duc d'Orléans ayant appris que Ben-Salem, bey de Sebaoun, avait l'intention d'arrêter à Hamza la marche de la colonne, se porta, avec toutes les compagnies d'élite de sa division, toute la cavalerie et deux obusiers de campagne pour aller à sa rencontre. Il était quatre heures du matin quand Son Altesse Royale se mit en marche. Le maréchal Vallée se disposa à la soutenir si le combat s'engageait.

Au moment où la tête de la colonne du prince royal débouchait dans la vallée d'Hamza, elle aperçut Achmet-Bensalem, dont les troupes se prolongeaient sur la crête opposée à celles que suivait l'armée française. Après avoir fait occuper fortement les hauteurs de l'Oued-Hamza, Mgr le duc d'Orléans lança la cavalerie dans la vallée.

L'ennemi n'attendit pas la charge rapide et impétueuse des chasseurs et des spahis dirigés par le colonel Miltgen, il s'enfuit dans la direction de Médéah. Le fort de Hamza, que nos soldats occupaient en ce moment, est un carré étoilé dont les revêtements sont en partie détruits. Les logements construits par les Turcs n'existent plus ; 12 pièces encllouées sans effort gisaient sur le sol. Il n'y avait aucune espèce d'approvisionnement. Après deux heures de halte la colonne se remit en marche et s'établit, vers cinq heures du soir, sur la rive gauche du ruisseau de Marbre.

Le 31, en arrivant à l'Oued-Beni-Djaad, l'arrière-garde, formée par le 2e léger, fut attaquée par la cavalerie arabe, qui, après avoir tiré quelques coups de fusil sur elle, prolongea sa droite et vint s'établir sur un mamelon qui domine la plaine. Mgr le duc d'Orléans ordonne à la cavalerie de la rejeter dans le ravin. Ce mouvement fut appuyé par deux compagnies du 2e léger conduites par le prince. En un instant les Arabes furent culbutés et dispersés, et la colonne vint s'établir près de l'Oued-Zeitoun. Le 1er novembre, la colonne pénétra dans le massif de l'Atlas qui touche au mont Amonal. Les

Arabes n'osèrent inquiéter sa marche sagement protégée. A quatre heures du soir, elle traversa l'Oued-Kadara, où elle rencontra les troupes de la division d'Alger, et vint s'établir à six heures du soir sous le canon du camp de Foudouck.

Ainsi se termina cette grande opération dirigée par le maréchal Vallée. Un corps de 3,000 soldats venait de parcourir 120 lieues d'un pays inconnu jusqu'alors aux Européens, de promener les drapeaux français au milieu des tribus étonnées, et d'inscrire le nom de la France sur les rochers mystérieux des Bibans.

Le lendemain, en arrivant à la hauteur de la Maison-Carrée, le prince royal fit serrer la division en masse, et réunit autour de lui les officiers de tous grades pour leur faire ses adieux. Voici les paroles avec lesquelles Mgr le duc d'Orléans prit congé de ses braves compagnons de voyage :

« Messieurs, en vous faisant mes adieux au moment d'une séparation que je vois arriver avec regret, je suis heureux de pouvoir vous remercier du concours que vous m'avez prêté, et du dévouement que vous avez apporté à la belle entreprise que l'habileté consommée du chef illustre qui nous commande et un concours particulier de circonstances heureuses nous ont permis d'accomplir avec un si éclatant succès : l'honneur d'avoir marché à votre tête dans cette circonstance mémorable sera toujours un des plus beaux souvenirs de ma vie. Votre campagne est finie aujourd'hui, messieurs ; ma tâche, à moi, va commencer : c'est de faire connaître les titres que vous acquérez chaque jour à la reconnaissance de la patrie et aux récompenses du roi, dans ce pays difficile où tout s'use excepté le cœur des hommes énergiques comme vous. En cessant d'être votre chef et le compagnon de vos travaux, je resterai l'ardent défenseur de vos droits : la cause est bonne, puissé-je la gagner ! Je dirai toutes les grandes choses que l'armée a faites en Afrique, toutes les épreuves qu'elle subit avec un dévouement d'autant plus admirable qu'il est souvent ignoré et quelquefois méconnu. Dans les pays inconnus que nous avons traversés ensemble, je ne me suis pas cru absent de la France ; car la patrie est pour moi partout où il y a un camp français : je ne me suis pas cru éloigné de ma famille ; car j'en ai trouvé une au milieu de vous et parmi les soldats dont j'ai admiré la persévérance dans les fatigues, la résignation dans les souffrances, le courage dans les combats. La plupart d'entre vous ont déjà presque entièrement payé dans ce pays la dette que leur a imposée le service de la patrie; et si de nouvelles circonstances me rappelaient en Afrique, je n'y trouverais que de nouveaux régiments auxquels vous aurez montré l'exemple : mais partout où le service de la France vous appellera, vous me verrez accourir au milieu de vous; et là où sera votre drapeau, là sera toujours ma pensée. »

Mais ce ne fut pas tout, et le prince ne voulut pas se séparer ainsi de sa noble et fidèle escorte; officiers et soldats furent tous invités pour le 5 novembre à un grand banquet d'adieu, auquel devaient assister des détachements de tous les corps qui se trouvaient à Alger.

Le prince voulut ensuite défiler à la tête des troupes devant M. le gouverneur-général, et lui remettre les troupes dont il lui avait confié le commandement.

Le spectacle qui s'offrit alors aux yeux de tous était vraiment admirable. Sous le beau soleil d'Afrique, la colonne se déploya majestueusement sur une hauteur au pied

de laquelle s'étend la vaste plaine de la
Mitidja. A sa tête marchait le prince qui
doit un jour porter la noble couronne de
France, et qui, dans une glorieuse expédition, venait de joindre de nouvelles contrées aux vastes États qu'il doit gouverner.
La colonne, après avoir fait halte pendant
une heure à la Maison-Carrée, se dirigea
vers Alger. En arrivant au fort-Babazoum,
un nouveau spectacle s'offrit aux regards :
la foule se pressait de toutes parts autour de
nos braves; les populations européenne et
indigène faisaient entendre de longues et
solennelles acclamations. Au milieu de ces
cris de triomphe, les Kabaïles, les Biskris,
les Mozabites se présentèrent à leur tour
et témoignèrent l'admiration que leur inspirait cette expédition aventureuse dont la
tradition n'avait pas conservé d'exemple.
La marche triomphale de la colonne continua au milieu de la population enthousiasmée jusqu'à la porte d'Alger, où Son
Altesse Royale fut reçue par les autorités
civiles et militaires. A son entrée dans la
ville on remarqua avec étonnement le
grand nombre de femmes musulmanes que
ce spectacle avait attirées, et qui jouaient
sur des instruments du pays des airs de

victoire particuliers aux musulmans. Sur
la rade, tous les bâtiments étaient pavoisés,
pour saluer l'entrée des soldats de la colonne, et le canon des forts annonçait au
loin qu'un jour de triomphe luisait pour la
France et pour l'armée.

La place Bab-el-Oued fut choisie pour
salle à manger : un immense carré de tables
avait été formé entre le fort Neuf et celui
des Vingt-Quatre heures ; et sur les tables,
trois mille deux cent quarante-deux couverts avaient été dressés. Au centre se trouvait une table particulière réservée aux officiers, et à laquelle le prince royal se
plaça ayant auprès de lui le maréchal gouverneur-général et tout l'état-major de la
colonie. Un temps superbe favorisait cette
magnifique réunion, et le spectacle qui s'offrait à tous les regards était vraiment admirable : la population tout entière de la ville
s'était rangée sur la première pente de la
montagne à laquelle Alger est adossée. Le
jardin des condamnés avait été envahi par
la foule : les costumes de toutes les cou-
leurs, de toutes les nations, se mariaient admirablement aux teintes vertes des arbres,
au-dessus de la cime desquels se détachait,
gracieusement éclairé, le minaret de Sidi-

Abderrahman, mosquée révérée de l'islam entier; au nord, la mer, calme, puissante et majestueuse, développait sa nappe infinie; de nombreuses barques de pêcheurs, des bâtiments de commerce, arrivant à Alger, montraient à l'horizon leurs blanches voiles; à gauche on apercevait le fort Neuf transformé en une immense cuisine, d'où venait de sortir le dîner monstre que le prince royal offrait à ses compagnons d'armes. Au milieu de cette vaste enceinte s'élevait le buste du roi entouré de ces glorieux drapeaux confiés par lui à l'honneur de l'armée, et qui depuis neuf ans flottaient si noblement sur tous les points de l'Algérie.

A la fin du dîner, M. le maréchal se leva et porta la santé du roi; ce toast fut aussitôt accueilli par d'unanimes acclamations : les musiques des régiments se mêlèrent aux cris des convives et des spectateurs, et le canon, de sa voix retentissante, alla porter au loin les vœux que les soldats formaient pour le chef suprême des armées de terre et de mer.

Mgr le duc d'Orléans monta ensuite sur la table à laquelle il avait dîné; en portant à son tour la santé de l'armée, il lui adressa les paroles suivantes :

« Au nom du roi je porte cette santé :

» *A l'armée d'Afrique et à son général en chef, le maréchal Vallée, sous les ordres duquel elle a accompli de si grandes choses!*

» A cette armée qui a conquis à la France un vaste et bel empire, ouvert un champ illimité à la civilisation, dont elle est l'avant-garde; à la colonisation, dont elle est la première garantie.

» A cette armée qui maniant tour à tour la pioche et le fusil, combattant alternativement les Arabes et la fièvre, a su affronter avec une résignation stoïque la mort sans gloire de l'hôpital, et dont la brillante valeur conserve dans notre jeune armée les traditions de nos légions les plus célèbres !

» A cette armée, compagnie d'élite de la grande armée française, qui, sur le seul champ de bataille réservé à nos armes, doit devenir la pépinière des chefs futurs de l'armée française, et qui s'enorgueillit justement de ceux qui ont déjà percé à travers ses rangs !

» A cette armée qui, loin de la patrie, a

le bonheur de ne connaître les discordes intestines de la France que pour les maudire, et qui, servant d'asile à ceux qui les fuient, ne leur donne à combattre pour les intérêts généraux de la France que la nature, les Arabes et le climat !

» Au chef illustre qui, après Constantine, a donné à l'Afrique française un cachet ineffaçable de permanence et de stabilité, et fait flotter nos drapeaux là où les Romains n'avaient point osé porter leurs aigles !

» C'est au nom du roi, qui a voulu que quatre fois ses fils vinssent prendre leur rang de bataille dans l'armée d'Afrique, que je porte ce toast.

» C'est au nom de deux frères dont je suis maintenant fier, dont l'un vous a commandés dans le plus beau fait d'armes que vous ayez accompli, et dont l'autre s'est vengé au Mexique d'être arrivé trop tard à Constantine, que je porte cette santé.

» C'est aussi, permettez-moi de vous le dire, comme lié d'une manière indissoluble à l'armée d'Afrique, dans les rangs de laquelle je m'honore d'avoir marché sous les ordres de deux maréchaux illustres, que je porte cette santé.

» *A la gloire de l'armée d'Afrique et au maréchal Vallée, gouverneur-général !*

En ce moment, un cri immense de *Vive le roi! vive le duc d'Orléans!* se fit entendre, proféré par vingt mille spectateurs ; le canon mugit de nouveau, et le plus ancien des lieutenants qui avaient assisté à l'expédition s'approcha du prince et lui offrit, au nom de ses camarades de tous les corps, et au nom de l'armée qui l'entourait, une palme cueillie à la sortie des Portes-de-Fer mêmes et qui était fraîche et verte encore. Ce lieutenant était M. Salaun-Penquer, du 23e, que nous avons déjà eu si souvent l'occasion de citer.

« Monseigneur, dit-il au prince, cette palme vous est offerte par votre division : cueillie aux Bibans par les mains de vos soldats, emblème de toutes les vertus guerrières dont vous leur avez si noblement donné l'exemple dans la mémorable expédition que nous venons d'accomplir; ils ne doutent pas qu'elle ne vous soit précieuse, et que vous ne l'acceptiez comme un gage de leur amour et de leur reconnaissance. Vive le duc d'Orléans! »

Le prince royal se tournant alors vers le gouverneur-général :

« Monsieur le maréchal, lui dit-il, vous avez été mon chef dans la mémorable circonstance dont cette palme est destinée à me retracer le souvenir ; le bonheur que j'éprouve à la recevoir serait incomplet si votre suffrage ne se joignait pas à celui des braves dont je la tiens : je vous demande la permission de l'accepter.

»—Prenez, prenez, monseigneur, répondit le maréchal profondément ému, la voix des soldats est la voix de Dieu.

»—Messieurs, dit alors le prince, se retournant vers les officiers et sous-officiers de sa division, je ne pourrai jamais vous exprimer combien je suis touché et ému du don que vous me faites, je contracte en ce moment vis-à-vis de vous une dette que je ne sais si je pourrai jamais acquitter ; dans les moments difficiles je me rappellerai que j'ai reçu cette palme de ceux dont l'héroïque persévérance emporta Constantine d'assaut ; dans les privations je me rappellerai qu'elle me fut donnée par des hommes dont aucune privation ne lassa l'énergie, et quand au jour du danger je vous représenterai cette palme vous vous rappellerez à votre tour que vous l'avez cueillie dans des lieux réputés inaccessibles, et vous saurez prouver alors que rien n'est impossible aux soldats français. »

Alors Mgr le duc d'Orléans prit la palme des mains de M. Salaun-Penquer.

En ce moment un tonnerre de voix se fit entendre, criant : Vive le roi ! vive le duc d'Orléans ! chacun se pressa, se poussa pour arriver plus proche de lui ; et pendant long-temps bras, shakos et mouchoirs s'agitèrent avec délire autour du prince dominant toute cette multitude.

Le duc d'Orléans venait à peine de quitter Alger, que l'assassinat du commandant Raphel, du 24e de ligne, et l'attitude hostile que prirent aussitôt les Hadjoutes forcèrent le maréchal Vallée à croire à la rupture du traité de la Tafna.

Le 11 novembre, à dix heures du soir, le 3e bataillon du 2e léger reçut l'ordre de partir le lendemain 12 pour le camp de l'Arbah, afin d'y relever le bataillon d'Afrique qui allait s'établir à Bouffarick.

Le 20, l'ennemi se montra de toutes parts. Pendant que dans l'ouest les Hadjoutes surprenaient et massacraient l'escorte d'un convoi, et que l'on déplorait le désastre d'Oued-Lalley, le bey de Médéah envahit l'Outhan de Beni-Mouza. Le 3e bataillon du 2e léger, sous les ordres du commandant Levaillant, soutint alors un combat contre un millier de cavaliers, et rentra au camp avec les honneurs de la journée.

Ce bataillon, fort de 254 hommes, bloqué pendant soixante jours par des forces considérables, manquant des objets de première nécessité, rationné pendant dix jours à un litre d'eau, sans communication aucune avec Alger, se défendit non-seulement avec succès contre les attaques des Arabes, mais il profita de toutes les occasions pour faire des sorties, prendre quelques troupeaux et incendier plusieurs tribus kabaïles.

Le 24 janvier il fut relevé par un bataillon du 48e et un demi-bataillon du 58e, et vint rejoindre au camp supérieur, à Belidah, ses deux premiers bataillons.

Le 21 novembre, les deux premiers bataillons du 2e léger avaient quitté Alger. Dans la nuit, le maréchal apprit le désastreux événement de Oued-Lalley.

Le 25, au point du jour, les Arabes essayèrent de mettre le feu à la ferme de Haouch-Chaone, à une portée de canon du camp. Le colonel Changarnier sort aussitôt, dirige un bataillon du 2e léger droit à l'ennemi et un autre sur la gauche pour le tourner; mais les cavaliers, beaucoup plus nombreux qu'on ne le pensait, se portent tous sur le bataillon de droite : le colonel Changarnier vole au secours de cette faible troupe, et prend ses dispositions contre cette masse de cavalerie ; les Arabes, voyant l'air déterminé, le sang-froid de cette poignée de soldats, n'osent pas même attaquer, et la colonne rentre au camp après avoir lancé plusieurs obus sur les groupes les plus avancés.

Le 28, deux bataillons vont faire lever le blockaus d'Oued-Haïch, en ramènent à Bouffarick la garnison et le matériel : la pluie tombait par torrents.

Le 30, à neuf heures du soir, le 2e léger se dirige, par une nuit obscure, vers le camp de l'Haracht, brûle tout ce que l'on ne peut amener sur les prolonges, et rentre le lendemain à midi.

Le 2 décembre, le maréchal veut concentrer à Douera toutes les troupes pour couvrir le Sahel ; les deux bataillons du 2e léger font partie de ce rassemblement, et, jusqu'au 13, escortent presque tous les jours des convois de vivres soit à Bouffarick, à Mahelma ou à Koléah.

Le 13, le général Rulhières dirige en personne un fort convoi sur Belidah ; on passe la nuit à Bouffarick, et le lendemain 14, de bon matin, le convoi se met en marche. À peine eut-on dépassé le blockaus de Beni Mered, que l'on aperçut vers la gauche une masse nombreuse d'Arabes. Pour la première fois, les Français eurent alors à combattre les soldats réguliers de l'émir. Les Kabaïles s'étaient embusqués à trente pas de la route, ils firent un feu de deux rangs des plus nourris. La cavalerie les chargea et en tua une cinquantaine, dont les cadavres restèrent en notre pouvoir.

L'ennemi se rapprocha de la montagne aussitôt, et vers les deux heures nous étions à Belidah.

Le 15, l'eau de l'Oued-Kebir, que des conduits amenaient au camp supérieur, était coupée depuis plusieurs jours; 4 ou 5,000 Arabes, établis au-dessus de Belidah, bloquaient et le camp et la ville : le général Rulhières ordonne à un bataillon du 2ᵉ léger de s'établir entre le camp supérieur à Belidah pendant qu'on rétablit le cours d'eau. Le feu s'engage aussitôt : tout d'un coup 3 ou 400 hommes réguliers tombent sur l'extrême droite des tirailleurs du 2ᵉ léger, que rien ne soutenait. Ils avaient un tambour qui battait la charge. Nos soldats ne reculent pas d'un pas; et cette compagnie, commandée par M. le lieutenant de Guyon, se battait depuis une demi-heure à l'arme blanche avec ces réguliers, quand d'autres compagnies accoururent et forcèrent l'ennemi à remonter dans la montagne, laissant plusieurs cadavres. L'eau coulait au camp supérieur. Le général Rulhières, enthousiasmé du 2e léger, proposa de faire porter ce régiment à l'ordre de l'armée. Le 17, les deux bataillons étaient de retour à Douera.

Jusqu'au 30 ils parcourent en tout sens le Sahel sans rencontrer l'ennemi.

Le 30, le maréchal Vallée arrive à Douéra, et campe à Bouffarick avec toutes les troupes disponibles. Là il se convainc par ses yeux que l'ennemi est en effet très-nombreux autour de Belidah. Il laisse alors à Bouffarick le convoi destiné pour le camp supérieur, et le 31 au matin il se met en marche en se dirigeant par la plaine sur Oued-Lalleg. Les cavaliers arabes que l'on apercevait avant le départ s'engagèrent aussitôt à l'arrière-garde avec le 17e léger. A hauteur de Oued-Lalleg, l'on change de direction, ou oblique à gauche et l'on marche sur Belidah. L'ennemi, dont les forces augmentaient sans cesse, nous serre de plus en plus, en essayant de nous entourer, quand, à une lieue du camp supérieur, l'on aperçoit trois bataillons d'infanterie régulière en bataille, drapeaux au centre, et rangés sur notre droite, parallèlement à nos flanqueurs. Le colonel Changarnier, du 2e léger, fait prévenir le maréchal, qui ordonne de charger l'ennemi.

Aussitôt le 2e léger, au pas de course, s'élance sur les réguliers au milieu d'un épouvantable feu de deux rangs. Le 1er chasseurs d'Afrique, arrivé de l'arrière-garde où il se trouvait, se hâte de charger à son tour et aborde l'ennemi avec la plus grande vigueur ; cette infanterie, attaquée par nous à la baïonnette et sabrée par nos chasseurs, est bientôt dans une déroute complète; tandis que 3 ou 400 cavaliers arabes, maintenus par l'artillerie et par le 23e de ligne, n'osent pas même bouger.

Nos trophées furent 1 pièce de canon, 3 drapeaux, 3 caisses de tambours, et plus de 400 fusils; 300 cadavres restèrent en notre pouvoir.

Le convoi arriva le lendemain à Belidah, et les Arabes atterrés ne se montrèrent plus.

Le 2e léger stationna à Bouffarick jusqu'au 16 janvier; il en partit le 17 pour aller occuper le camp supérieur, et chaque jour 600 hommes de ce régiment et autant du 24e de ligne protégeaient et exécutaient les travaux de défense de Belidah.

Le 29 les Arabes embusqués pendant la nuit dans les jardins et dans le lit de l'Oued-Kebir essayèrent de surprendre les travailleurs, mais aussitôt le lieutenant-colonel Drolenveaux, du 2e léger, donne l'ordre d'attaquer et de débusquer l'ennemi. Pendant que nos soldats s'élançaient sur lui avec la plus vive ardeur, le colonel Changarnier sort du camp supérieur avec tout le monde disponible ; il va droit à la montagne, laissant quelques compagnies pour maintenir la cavalerie arabe qui voulait entrer en ligne. Les Arabes se retirèrent alors si rapidement, que l'on retrouva sur le champ de bataille 2 ou 300 pantoufles qu'ils avaient abandonnées pour courir plus vite.

Le 2e léger eut à regretter au nombre de ses morts M. le capitaine Buisset, dont il faisait le plus grand cas.

Jusqu'au 12 mars le 2e léger, occupant le camp de Belidah, continua avec le 24e de ligne tous les travaux de défense, fit des percées dans les jardins environnants et tirailla avec les avant-postes ennemis. Dans ces petits engagements, M. le capitaine Girandet et M. le sous-lieutenant Fournet du 2ᵉ léger furent grièvement blessés.

L'insulte faite au pavillon français, par la prise d'un navire de commerce échoué sur la côte, ayant nécessité une expédition contre la ville de Cherchell (1) dont le port menaçait de devenir un nouveau foyer de piraterie, le 2ᵉ léger fut désigné pour prendre part à cette expédition.

Le corps expéditionnaire, composé de trois colonnes, et commandé par le maréchal Vallée, se mit en mouvement le 12 mars 1840.

La première colonne, sous les ordres du général d'Houdetot, partit de Coleah, suivit le Sahel et brûla toutes les tribus qu'elle rencontra.

La colonne du centre, sous les ordres du maréchal Vallée, traversa la Chiffa, à l'ancien camp, et alla bivouaquer à l'Oued-Jer sans avoir été inquiétée. Avec elle venaient

(1) Cherchell est l'ancienne Césarée, capitale de la Mauritanie césarienne, que Juba II mit un soin particulier à embellir. Elle n'a conservé que peu de débris de son ancienne grandeur. Elle ne compte guère maintenant que 4 à 5,000 habitants.

les bagages, l'artillerie et 1,000 chevaux des deux régiments de marche.

La colonne de gauche, commandée par le général Duvivier, et composée du 2ᵉ léger, du 24ᵉ de ligne et de 400 chevaux des chasseurs d'Afrique, traversa l'Oued-Kébir avant son confluent avec la Chiffa et longea l'Atlas.

Les Arabes étaient peu nombreux ; cependant ils attaquèrent l'arrière-garde et tiraillèrent avec elle jusqu'après le passage de la Chiffa.

La marche du corps expéditionnaire à travers les tribus des Hadjoutes et le territoire des Kabailes du Chenouan fut marquée par un sillon d'incendie et de dévastation.

Le 13, les trois colonnes étaient réunies à Bordj-el-Arba sur le versant du Sahel-Chenouan. La colonne de gauche, dont faisait partie le 2ᵉ léger, ne cessa de tirailler pendant toute la journée du 13 avec les cavaliers kabailes, et n'arriva que fort tard, le soir, après une marche pénible au milieu des marais, au point de réunion indiqué.

Le 14 la brigade Duvivier forma l'arrière-garde pendant toute la journée, et le soir se trouva fort éloignée de la colonne. Elle bivouaqua seule.

Le 13 au matin le kalifa de Miliana, qui, la veille, avait tenté d'arrêter la marche du maréchal Vallée, au débouché de l'Oued-Rachem, vint s'établir sur la route de Cherchell avec plusieurs centaines de cavaliers, afin de disputer le passage à l'arrière-garde.

Un combat assez vif s'engagea alors entre la cavalerie arabe et les soldats du 2ᵉ léger, mais il fut de courte durée; les Arabes prirent la fuite, mais non cependant sans revenir la charge et sans harceler l'extrême gauche. Nos soldats continuèrent de marcher ainsi en tiraillant jusqu'auprès des ruines d'un aqueduc romain, non loin de la mer. Cherchell, but de l'expédition, n'était plus qu'à une lieue.

Bientôt le cri de *Vive la France!* sortit des rangs de la brigade Duvivier; les soldats venaient d'apercevoir les minarets de l'antique Césarée, sur lesquels flottait le drapeau tricolore. Il y avait déjà plusieurs heures que le maréchal Vallée avait pris possession de Cherchell. Les habitants de la ville, craignant la juste vengeance des Français, l'avaient précipitamment évacuée.

Aussitôt commencèrent les travaux de mise en défense de la place. Des redoutes et des blockaus furent élevés et formèrent une excellente ligne d'avant-postes.

Le 19, le 17e léger fut laissé à la garde de Cherchell sous les ordres du colonel Bedeau, et le corps expéditionnaire reprit la route d'Alger.

La brigade Duvivier fut encore désignée pour former l'arrière-garde, et deux compagnies d'élite du 2e léger chargées de soutenir la retraite.

Le 20 mai, à Bordj-el-Arba, la brigade d'Houdetot suivit le Sahel pour retourner à Koléah. Le 23e remplaça le 2e léger à l'arrière-garde. La pluie et la grêle tombaient par torrents. Arrivé devant la Chiffa, le corps expéditionnaire éprouva les plus grandes difficultés pour franchir cette rivière qui, en quelques heures, l'hiver, n'est plus guéable.

Ce ne fut qu'à onze heures du soir, après des efforts inouïs et au milieu de l'obscurité la plus profonde, que le corps d'armée fut réuni sur la rive droite. Beaucoup d'hommes s'égarèrent et ne revinrent que deux jours après à Belidah. Un soldat du 2e léger se noya.

Le 21 le régiment rentra au camp supérieur de Bélidah, et reprit, comme par le passé, les travaux de défense.

Les ducs d'Orléans et d'Aumale arrivèrent sur ces entrefaites à Alger pour prendre part aux opérations de la campagne qui allait s'ouvrir contre Abd-el-Kader.

Comme ce chef venait de se montrer dans l'est de la province, M. le maréchal Vallée crut prudent de réunir à Bouffarick la première division, dont le commandement fut donné à monseigneur le duc d'Orléans, et d'aller reconnaître en personne l'état des choses avec les troupes de la deuxième division. En conséquence, le 26 avril, le maréchal s'étant rendu au camp supérieur, l'armée fut séparée en deux divisions et une réserve. Le 2e léger fut alors placé dans la deuxième brigade de la première division, sous les ordres du maréchal-de-camp Duvivier et de monseigneur le duc d'Orléans.

L'expédition que l'on préparait avait pour but de pénétrer dans la province de Tittery et d'occuper Medeah.

Les renseignements reçus de l'intérieur avaient fait connaître au maréchal qu'Abd-el-Kader se préparait à nous opposer la plus vigoureuse résistance, et que dans ce but il avait convoqué à la guerre sainte tous ses cavaliers de la plaine du Chélif, et qu'il avait échelonné dans les gorges de l'Atlas, que nous devions franchir, toute son infanterie régulière. Nous allions donc avoir, selon toute probabilité, affaire à 10 ou 12,000 cavaliers et à 6 ou 7,000 fantassins, auxquels nous n'avions, de notre côté, à opposer que 8 à 9,000 hommes.

Le 27, à deux heures et demie du matin, la première division, dont, comme nous l'avons dit, faisait partie le 2ᵉ léger, se mit en marche, ayant son avant-garde composée d'un demi-bataillon du régiment conduit par le lieutenant-colonel Drolenvaux. Le prince royal, qui commandait cette division, avait ordre de se prolonger dans la direction de Borgi el Arbah, de passer l'Oued-Ger, et de prendre position à la tête du lac Alloulah, de manière à déborder le bois des Karessas, dans lequel les autres colonnes devaient pénétrer.

On s'avança lentement pour exécuter cet ordre; on passa la Chiffa et le Bouroumi, et, arrivé près de l'Oued-Ger, on fit un à-droite pour aller camper près du bois des Karessas.

Vers quatre heures, au moment où la première division était déjà établie au bivouac, le bey de Miliana déboucha dans la plaine par une des gorges de l'Atlas, et vint s'établir parallèlement à notre flanc gauche avec intention visible de nous offrir le combat. La première division courut aussitôt aux armes et se forma à gauche en bataille, essayant de déborder l'ennemi, tandis que la deuxième marchait vers la coupure de la chiffa.

Ce fut la cavalerie qui aborda la première les Arabes et qui, par une charge poussée à fond et dans laquelle le colonel Miltgen fut blessé mortellement, repoussa la cavalerie arabe sur les hauteurs de l'Afroum, tandis que de son côté, c'est-à-dire à gauche, le premier de marche avait un engagement assez vif avec l'ennemi. A peine notre infanterie vit-elle la cavalerie arabe ébranlée qu'elle se précipita au pas de charge, l'atteignit et la culbuta. Les Arabes se retirèrent à grande course de chevaux et disparurent par une des gorges de l'Oued-Ger.

Il était nuit, nous campâmes sur le lieu même du combat.

Le 28, on n'aperçut pas l'ennemi.

Le 29, l'armée s'ébranla vers six heures

du matin, la première division marchant en tête, et ayant toujours pour avant-garde un bataillon du 2e léger. Vers neuf heures, on aperçut au fond de la plaine, près de l'Oued-Bourkika, des masses énormes de cavalerie: c'était l'émir lui-même, à la tête de 7 ou 8,000 hommes, qui venait à nous en longeant le lac Alloulah. Dès que son mouvement fut prononcé, et que l'on crut remarquer que son intention était de combattre, le maréchal Vallée fit faire face en arrière, et disposa ses troupes en échelons de manière à barrer toute la plaine; mais au moment où ce mouvement de grande conversion fut opéré, l'ennemi, sur les intentions duquel on s'était trompé, se trouva hors de notre portée : la première division fit cependant un mouvement pour le joindre; mais cette tentative fut inutile, et le 17ᵉ léger seul eut un petit engagement avec les Arabes.

On bivouaqua sur la rive gauche de l'Oued-Ger.

Alors le maréchal se décida à tenir la plaine pendant quelques jours pour essayer d'amener les Arabes au combat. En conséquence, du 30 avril au 6 mai, l'on manœuvra dans le petit rayon du Bouroumi à la Chiffa, l'arrière-garde s'engageant parfois avec les cavaliers, dont la réserve n'entra jamais en ligne. A Haouch-el-Aga on traça des ouvrages de campagne.

Dans la nuit du 29 au 30, le maréchal avait reçu de Bélidah une dépêche télégraphique venant d'Alger; laquelle annonçait que la ville de Cherchell était attaquée par des forces considérables, tandis qu'au contraire tout était tranquille dans la province d'Oran. D'un autre côté arriva l'avis positif que toute l'infanterie régulière de l'émir avait pris position au col de Mouzaïa, et que cette position avait été fortifiée avec le plus grand soin. Le maréchal, après en avoir conféré avec monseigneur le duc d'Orléans, résolut alors d'attaquer le col afin d'effrayer l'ennemi par cet acte de vigueur. Mais, avant de tenter ce coup de main, il fut convenu qu'on dégagerait Cherchell, et que l'on réunirait à l'armée expéditionnaire toutes les troupes qu'on pourrait tirer de la province d'Oran.

Le 7, le corps expéditionnaire bivouaqua à Bord-jel-Arbah; le 8, il se dirigea sur Cherchell.

C'est encore la première division, commandée par monseigneur le prince royal, qui marche à l'avant-garde.

On franchit l'Oued-Nador, puis l'Oued-Hachem, et alors on vit toutes les positions que nous devions occuper et longer pour être maîtres de la vallée, couverte de Kabaïles. Le duc d'Orléans ordonna aussitôt à quatre compagnies du régiment d'en débusquer les Arabes. Cet ordre fut à peine donné que le tambour battit, et que les quatre compagnies, s'élançant au pas de course, enlevèrent la position en un clin-d'œil ; mais à peine avons-nous dépassé cette première crête que les Kabaïles reparaissent, se forment en demi-cercle, et essaient de nous envelopper. Aussitôt le colonel Changarnier ordonne à ses hommes de se cacher derrière la crête que l'ennemi s'apprête à couronner, le mouvement s'exécute ; et lorsque les Kabaïles paraissent, nos soldats se relèvent, s'élancent sur eux à la baïonnette, les joignent, et engagent un combat corps à corps dans lequel l'ennemi perd 26 hommes et une grande partie de ses armes, arrachées de ses mains pendant l'engagement. C'est là que tomba mortellement frappé le lieutenant Beugnot du 2e léger.

Monseigneur le duc d'Orléans, témoin de ce succès, en témoigna toute sa satisfaction au colonel Changarnier, qui transmit aussitôt à ses soldats les éloges du prince.

Le 9, on arriva à Cherchell ; et l'on y trouva les 2,000 hommes qu'on avait tirés de la province d'Oran, et qui étaient déjà campés sur les montagnes qui s'élèvent au sud de la ville.

Les Kabaïles, commandés par Ben-Aracth, avaient investi cette place pendant six jours, puis s'étaient retirés après avoir éprouvé des pertes considérables. Le maréchal prit dans la ville les vivres et les approvisionnements nécessaires, et, le 10, il quitta le bivouac dès le matin. L'arrière-garde alors était formée par le 2e léger. Le 11 au soir le corps expéditionnaire était de retour à la ferme de Mouzaïa après avoir été inquiété toute la journée par l'attaque des cavaliers, sur lesquels le régiment conserva toujours ses avantages accoutumés.

Le soir, la nouvelle se répandit que l'attaque du col était fixée au lendemain. A deux heures du matin la première division était sur pied ; et elle voyait devant elle, confondus avec les étoiles, les feux de l'ennemi, qui gardait le passage qu'elle allait franchir.

Le col de Mouzaïa se trouve dans un enfoncement de la chaîne principale, à peu de distance d'un piton élevé qui domine au loin la position.

Le Téniah ne peut être abordé de front; et lors même qu'on pourrait y arriver ainsi, il est tellement dominé par des rochers à pic qu'il serait impossible de s'y maintenir. La route qui y conduit, construite en 1836 par M. le maréchal Clauzel, suit d'abord une arête qui se dirige du sud au nord, et qui permet d'arriver sans grande difficulté jusqu'au tiers de sa hauteur; puis, arrivée là, la route se développe jusqu'au col sur le versant occidental de la montagne en contournant plusieurs arêtes: de sorte qu'elle est dominée constamment par les crêtes qui se rattachent, d'un côté, au piton de Mouzaïa, et, de l'autre, au col lui-même. A droite de la route se trouve un profond ravin qui prend naissance au col, et dont la berge occidentale, extrêmement tourmentée, ne peut être abordée sans d'incroyables dangers. A l'ouest du col, la chaîne se bifurque, s'abaisse, et se rattache par une crête peu élevée au territoire de Bouazouan.

Le col n'est donc abordable, en venant de Mouzaïa, que par la crête orientale, dominée tout entière par le piton de Mouzaïa. Or, comme nous l'avons dit, depuis six mois Abd-el-Kader avait fait exécuter d'immenses travaux de défense. Des redoutes liées entre elles par des branches de retranchements couronnaient tous les saillants de la position, et sur le point le plus élevé du piton un réduit presque inabordable avait été construit; en outre, d'autres ouvrages se développaient encore sur la crête et se prolongeaient jusqu'au col : les arêtes que la route contourne étaient elles-mêmes couronnées de redoutes, et le col lui-même était hérissé de batteries.

Telle était la position qu'il s'agissait d'enlever en une journée et comme on eût fait d'un passage ordinaire.

L'armée fut divisée en trois colonnes d'attaque.

La première colonne, sous les ordres du général Duvivier, fut composée du 2ᵉ léger, d'un bataillon du 24ᵉ et d'un bataillon du 41ᵉ. Elle avait pour mission de s'emparer du piton de Mouzaïa.

La deuxième colonne devait gravir perpendiculairement une crête de gauche pour prendre à revers les retranchements arabes, se prolonger et faire sa jonction avec nous.

Enfin, la troisième colonne aborderait le col de front dès que le mouvement de la gauche serait vigoureusement prononcé.

La deuxième division devait couvrir la première et former l'arrière-garde.

A quatre heures du matin, l'armée expéditionnaire se mit en marche et s'avança, sans éprouver de résistance, jusqu'à l'endroit où la route cesse de suivre la crête. Arrivée à ce point, la première division, à qui est réservée toute la fatigue mais aussi toute la gloire de la journée, fait une halte de deux heures; enfin, à midi, la brigade Duvivier fait tête de colonne à gauche, et l'on commence à gravir les premières hauteurs qui conduisent au pic.

Alors les deux compagnies de voltigeurs du 2ᵉ léger se déploient en tirailleurs et forment tête de colonne, tandis que le reste s'avance en masse serrée divisée par pelotons: c'était du courage du régiment qu'allait dépendre le succès ou la défaite de la journée; il s'agissait pour lui de soutenir cette vieille réputation africaine qu'il s'était faite; il sentait les yeux de l'armée tout entière fixés sur lui; chaque homme grandissait en face de lui-même par l'importance de la situation. Aussi chaque homme, sans paroles, sans cris, comprit-il noblement sa tâche, et jura-t-il mentalement de vaincre ou de mourir.

Tout à coup on aperçoit les premiers retranchements : trois redoutes se présentaient, la première dominée par la seconde, la seconde par la troisième. A peine le régiment est-il à portée de mousquet qu'une fusillade terrible se fait entendre, sans que de son côté il y réponde par un seul coup de feu; seulement ses voltigeurs s'écartent, débordent la première redoute et en chassent les Arabes.

On s'y arrête un instant; mais comme l'on se trouve sous le feu de la seconde, les clairons sonnent la charge et l'on continue de monter.

Alors la mousqueterie recommence; une atmosphère étouffante, qui pèse sur nos soldats, empêche la fumée de s'élever et les enveloppe d'un nuage au milieu duquel ils continuent d'avancer sur une pente tellement rapide, que les morts et les blessés tombent précipités par-dessus le chemin où le reste de l'armée attend, plein d'anxiété, le résultat de cette seconde attaque : elle est conduite par les plus braves officiers, qui comprennent qu'il n'y a plus de grade, que chacun est soldat, et qu'il faut que tous payent de leur personne. Ainsi, en tête des colonnes d'attaque marchent le général Duvivier, le colonel Changarnier, le lieutenant-colonel Drolenvaux, etc. Dès le commencement de l'action, le capitaine Rigondit est tombé roide mort; le lieutenant de Gibon et l'adjudant Choisy sont grièvement blessés. Le feu des Arabes redouble; mais rien n'arrête la marche du terrible régiment : il aborde la seconde redoute comme la première, l'emporte, comme la première, sans tirer un coup de feu, poignarde à la baïonnette les Arabes qui ne fuient pas assez vite, et se retrouve immédiatement sous le feu du troisième retranchement

Là il y eut un moment non pas d'hésitation, mais d'arrêt. Les clairons, blessés ou harassés de fatigue, n'avaient plus la force de sonner la charge. Les officiers alors se jettent en tête du régiment en poussant des hourras furieux. Le régiment est enlevé de nouveau, et marche tête baissée contre la troisième redoute. Deux ou trois clairons se réunissent et sonnent cette troisième charge; le lieutenant Guyon est frappé au cœur, et tombe roide mort; les lieutenants Desgrés et de Gibon roulent sur la pente mortellement blessés; des avalanches d'hommes les suivent, mais l'élan est donné; on arrive au pied de la redoute, au milieu d'un feu effroyable; on se hisse, on se soulève; les morts servent de marchepied aux vivants, et le drapeau du 2ᵉ léger flotte sur le sommet du pic, où il se déploie aux acclamations de toute l'armée.

Pendant que ce glorieux combat se livre au-dessus de sa tête, monseigneur le duc d'Orléans continue de s'avancer par la route à la tête des deux autres colonnes. Arrivé à la crête boisée qui prend naissance à droite du piton, le colonel Lamoricière s'élance à son tour à la tête de ses zouaves suivis eux-mêmes de la seconde colonne d'attaque; leur tâche à eux aussi est rude et dangereuse : la pente qu'ils gravissent est presque impraticable. Mais la marche du 2ᵉ léger, qu'elles entendent retentir entre chaque détonation de la fusillade, les enflamme d'émulation, une première redoute est débordée et enlevée rapidement; une seconde est enlevée par le premier bataillon des zouaves : on s'élance sur la troisième; mais, au moment où l'on croit qu'on va l'atteindre, on s'en trouve séparé par une gorge profonde et à pente rapide. En même temps un feu de deux rangs, régulier et bien nourri, plonge dans nos colonnes. Deux bataillons d'Arabes réguliers et un grand nombre de Kabaïles descendent du col et accourent au secours de leurs frères. Il y a un instant d'hésitation dans les rangs; mais tout à coup on entend le clairon du 2ᵉ léger, qui sonne sur les derrières de l'ennemi : le colonel Lamoricière s'élance de nouveau à la tête de ses zouaves; l'élan donné par lui se communique au reste de la colonne, la gorge est franchie, le retranchement abordé, nos soldats en un instant ont escaladé les ouvrages. Ils sont dans l'intérieur de la redoute avant que les Arabes aient eu le temps de l'abandonner; c'est une lutte corps à corps, un sanglant pêle-mêle; cinquante duels ont lieu ensemble; enfin les vaincus essaient de regagner le col, mais les vainqueurs les y poursuivent de toute la vitesse que leur permet l'escarpement du terrain. La deuxième colonne n'est point restée en arrière du 2ᵉ léger. Comme lui, elle a accompli sa tâche de gloire; comme lui, elle a droit aux applaudissements de l'armée et à la reconnaissance de la patrie.

Dès que la deuxième colonne a atteint la crête, le prince royal à son tour précipite son mouvement; à la tête du 23ᵉ et du 48ᵉ, il s'élance vers le col. Vainement l'ennemi essaie de l'arrêter en démasquant une batterie dont les boulets prennent la route en écharpe; on lui oppose une batterie de campagne qui, mieux dirigée qu'elle, éteint bientôt son feu. Alors le prince royal lance un bataillon du 23° en tirailleurs sur la gauche, se met à la tête des deux autres, et marche droit au col, dont il s'empare et où le duc d'Aumale, qui a donné son cheval au colonel Guesvillers, et qui combat dans les rangs des grenadiers du 23°, arrive un des premiers.

Le col une fois occupé, l'ennemi se retira aussitôt dans toutes les directions; à sept heures du soir le corps expéditionnaire avait pris position sur le col même, tout en continuant d'occuper le piton et les crêtes de Mouzaïa.

Mais si la journée fut glorieuse pour le 2e léger, cette gloire fut chèrement achetée; plus de 200 des siens furent mis hors de combat, et nous avons déjà dit quels braves officiers il avait perdus.

Le maréchal Vallée cita dans son rapport au ministre, comme s'étant particulièrement distingués entre les plus braves : le lieutenant-colonel Drolenvaux; les chefs de bataillon Levaillant et de Lusy; les capitaines Leflot, Bêche, Sontoul; les lieutenants de Gibon, Porion, Granchette, Massot; les sous-lieutenants de Goyon, de Bray; l'adjudant Choisy; les sergents-majors Guilheim et Esmien; les sergents Pierre et Parisot; le caporal Bessière; le chasseur Thomas et le sapeur Bonel.

Citons entre plusieurs autres un trait de courage inséré dans les annales du régiment:

Michel, clairon, tombe frappé d'une balle à la tête. Il continue de sonner la charge, tout en attachant son mouchoir autour de sa tête pour arrêter le sang, se relève, et marche avec le régiment. Le soir on fut obligé de le trépaner.

Le 13, on envoya une colonne chercher à Haonch-Mouzaïa la cavalerie et le convoi que, dans le doute de la victoire, on avait laissé au camp.

Le 14, le convoi arriva conduit par les zouaves.

Le 15, on descendit peu à peu le revers sud du col en traçant une route pour l'artillerie.

Le 16, le maréchal ordonna au duc d'Orléans d'aller prendre position au pied de la pente sud dans le bois des Oliviers.

Le 17, l'ennemi fut vu occupant, sur le Nador et sur les mamelons voisins, des retranchements naturels formés par les rochers. Mais, comme on pouvait, en appuyant à droite, passer hors de la portée de son feu, on jugea inutile de le chasser de ses positions. On se contenta seulement de contenir avec de l'artillerie une troupe de 3,000 cavaliers arabes, puis on tourna tout à coup brusquement à gauche et l'on aperçut Médéah. Alors toute l'infanterie arabe s'élance pour se jeter entre nous et la ville; mais la première division la suit en colonnes serrées, et, protégée par l'artillerie de campagne qui ouvre immédiatement son feu et fait pleuvoir sur les Arabes une pluie de boulets, elle s'empare des hauteurs voisines de Médéah et s'y établit aussitôt.

L'occupation de la ville fut résolue. On y laissa le général Duvivier avec 2,400 hommes et de l'artillerie. Tous les habitants avaient fui.

Jusqu'au 19 mai, l'armée bivouaqua autour de Médéah. Les remparts furent relevés, des ouvrages de campagne établis, les approches de la place déblayés. Enfin, le 20 au matin, le maréchal ordonna le premier mouvement de retraite, la deuxième division formant l'arrière-garde.

Comme on s'y était attendu, à peine le corps expéditionnaire était-il en marche que toute la cavalerie arabe s'ébranla et vint fondre sur le 17° léger. C'était Abd-el-Kader en personne avec 4 à 5,000 chevaux.

Le 17° léger attendit l'ennemi avec calme, et lorsqu'il fut à sa portée il marcha droit à lui et l'aborda à la baïonnette. Alors commença un combat sanglant et acharné dans lequel on se fusilla à bout portant. Enfin l'ennemi, après avoir éprouvé des pertes considérables, s'arrêta pour attendre son infanterie, que l'émir rappelait en toute hâte des positions où il l'avait placée. Le colonel Bedeau profita du moment de répit que lui donnait cette trêve pour s'établir dans le bois des Oliviers, que le reste de la colonne quittait en ce moment pour pénétrer dans le long défilé qui conduit au col.

Le combat recommença ensuite avec non moins d'acharnement et dura jusqu'au soir.

Ce ne fut que le lendemain au point du jour que le 2° léger, après avoir gravi les hauteurs de droite dans la plus profonde obscurité, atteignit le pic de Mouzaïa. Il s'attendait à quelque vigoureuse affaire sur ce point; mais il avait fait une telle diligence qu'il avait prévenu les Arabes, et qu'il n'eut affaire qu'à quelques Kabaïles trop faibles pour lui faire aucun mal.

Le lendemain, vers huit heures du matin, toute l'armée était redescendue en plaine et campait autour de la ferme de Mouzaïa, où on laissa le premier de ligne, et le même soir le régiment avait rejoint Belidah sans avoir aperçu l'ennemi.

Le 2° léger occupa de nouveau le camp supérieur.

« Je ne saurais, dit le maréchal Vallée dans son rapport au ministre sur cette brillante expédition, donner trop d'éloges au dévouement de tous les corps : le 2° et le 17° légers, les zouaves et le 23° de ligne ont déjà en Afrique une réputation à laquelle tous les autres régiments s'efforcent d'atteindre... »

Le 2° léger n'est pas un de ces régiments qu'on habitue à un long repos. Aussi, le 2 juin, le maréchal Vallée étant arrivé au camp supérieur, un ordre du jour parut, le 3, qui maintint l'armée en deux divisions. Le 4, on quitta Bélidah pour aller camper à Haouch-Mouzaïa ; le 5, on passa le Bououmi et l'Oued-Ger et l'on pénétra près de l'Oued-Bourkika dans un pays très-boisé et très-raviné. L'ennemi ne s'attendait pas à notre marche par le pays que nous traversions, de sorte que l'arrière-garde n'eut qu'un petit engagement avec les Kabaïles.

Le 7, le 2ᵉ léger protégea le passage du haut Oued-Ger en maintenant l'ennemi de l'autre côté de l'eau; depuis le matin, des masses considérables de cavaliers se montraient à notre gauche et dans la direction de Milianah. Le maréchal pressait la marche pour arriver le soir même dans la plaine du Chéliff.

L'arrière-garde souffrit beaucoup de la chaleur et du manque d'eau. Ceux qui avaient passé les premiers avaient tout épuisé. Plusieurs hommes tombèrent morts, et ce ne fut qu'à dix heures du soir que, près d'un petit ruisseau presqu'à sec, on rejoignit l'armée dans la vallée du Chéliff. Pendant toute la route l'ennemi nous avait peu inquiétés.

Vers le milieu de la nuit, une grande lueur rouge apparut à l'horizon près du mont Zaccar. Comme c'était précisément dans la direction de Milianah, on présuma qu'Abd-el-Kader avait mis le feu à la ville. Au point du jour on se mit donc en route afin d'arriver à temps, s'il était possible, pour la sauver, et bientôt on l'aperçut toute fumante. L'émir avait placé ses troupes derrière une ligne de rochers qui lui permettait de se retirer sans danger, et deux pièces de petit calibre défendaient sa position.

Le maréchal Vallée donna aussitôt l'ordre d'attaquer et de pénétrer dans la ville. On obéit. Les deux pièces de canon de l'émir nous envoyèrent quelques boulets qui n'atteignirent personne.

On avait formé deux colonnes d'attaque. Une, sous les ordres du colonel Changarnier, du 2ᵉ léger; l'autre, sous les ordres du colonel Bedeau, du 17ᵉ léger. Dès que le mouvement commença, l'artillerie, placée à l'extrême gauche de notre ligne, ouvrit son feu; aussitôt le 2ᵉ léger et le 24ᵉ de ligne s'élancent à l'envi, abordent les Arabes à la baïonnette, les débusquent des jardins de Milianah, gravissent par une pente roide et toute coupée de rochers, et soutenus par la seconde colonne qui aborde l'ennemi de front, escaladent les remparts et se ruent dans la ville. Elle était déserte et tout enflammée.

L'ennemi, après ce premier échec, n'essaya pas même de se rallier et se retira précipitamment sans qu'on pût le joindre.

Pendant les journées du 9, du 10 et du 11 toutes les brèches de l'enceinte furent réparées et des ouvrages de campagne élevés pour protéger les abords de la place, où le colonel d'Illens, du 3ᵉ léger, fut laissé avec un bataillon de ce régiment et un bataillon de la légion étrangère.

Le 12 au matin, l'armée quitta Milianah. Mais à peine avait-elle fait deux lieues qu'elle vit paraître les bataillons réguliers et les Kabaïles. Aussitôt la première brigade couronne les hauteurs de l'ouest et aborde l'ennemi toutes les fois qu'il s'approche assez d'elle pour lui en offrir l'occasion. De son côté, le 2ᵉ léger joint les Kabaïles et les cavaliers, les attaque, et, dans un vif engagement, leur tue et blesse un grand nombre d'hommes. Trente cadavres abandonnés par les Arabes restèrent sur le champ de bataille.

Pendant ce double combat, la deuxième division débouchait par la plaine. A sa vue les cavaliers se retirent et se contentent d'inquiéter l'arrière-garde formée par la première brigade.

Alors on parcourt le pays en détruisant les établissements et en brûlant les moissons. Le soir du 14, toute la plaine du Chéliff semblait un vaste lac de feu.

Le gros de l'armée suivait, pendant ce temps, la route arabe qui conduit de Miliadah à Médéah. Cette route, presque impraticable pour l'artillerie, nécessita de la part du génie des travaux incroyables. Enfin on arriva à la ferme de Mouzaïa.

Abd-el-Kader s'était porté avec toutes ses forces près des montagnes du même nom. Aussi, à sa vue, le maréchal Vallée laissa Médéah sur sa droite et vint camper au bois des Oliviers. Il fut décidé qu'après une halte de quatre ou cinq heures pour reposer les troupes on s'emparerait du col par une marche de nuit.

A onze heures et demie, le colonel Changarnier, du 2e léger, partit avec cinq bataillons. Ses instructions étaient d'attaquer les Arabes à la baïonnette, de les culbuter, et, après les avoir dispersés, de couronner les crêtes qui dominent la route, afin d'assurer le passage du corps expéditionnaire. On suivit en silence la route du col, et, contre l'attente générale, on arriva au but sans rencontrer l'ennemi.

Au point du jour, le reste de notre infanterie et la cavalerie quittent le bois des

Oliviers ; mais le mouvement est à peine commencé que les cavaliers arabes se jettent dans les ravins et attaquent avec fureur le 48ᵉ, qui forme l'arrière-garde, tandis que l'infanterie régulière, forte de cinq bataillons, secondée par les Kabaïles, essaie de nous déborder par la droite et par la gauche.

Mais c'est surtout sur la droite que se portent les efforts de l'ennemi. Les Arabes essaient de s'emparer d'une crête d'où ils domineraient la route; mais le 17ᵉ léger, lancé contre eux, les atteint, les culbute et les poursuit la baïonnette dans les reins. A gauche la lutte n'est pas moins acharnée, et sur les deux flancs le canon gronde sans interruption.

A ce bruit, le colonel Changarnier accourt du col avec deux compagnies d'élite du 2ᵉ léger et une compagnie de chasseurs à pied. Cette petite troupe se jette aussitôt au milieu des réguliers, et là commence un de ces combats corps à corps dont le 2ᵉ léger compte un si grand nombre dans son journal de guerre. Pendant près d'une heure, on se tiraille à bout portant, on se poignarde à coups d'iatagans et de baïonnettes, on lutte main à main; le lieutenant de Goyon, du 2ᵉ léger, est blessé mortellement; le lieutenant Costamagna reçoit une balle au bas-ventre; mais par un dernier effort l'ennemi est culbuté, précipité dans des ravins impraticables, et disparaît comme anéanti. Aussitôt le feu cesse sur toute la ligne, et le maréchal fait reposer les troupes harassées de chaleur et exténuées par un combat qui nous coûte 32 morts et 264 blessés.

Quant au 2ᵉ léger, il n'y eut point de repos pour lui; il retourna occuper le pic de Mouzaïa et les hauteurs de droite.

Le 20, à six heures du matin, le corps expéditionnaire se porta sur Médéah en passant au pied du Nador.

Le 21, le maréchal Vallée, malgré la chaleur de l'atmosphère et la fatigue des troupes, s'étant décidé à compléter les approvisionnements de Milianah, chargea le colonel Changarnier, du 2ᵉ léger, de cette opération. Il mit alors, dans ce but, un corps de 5,000 hommes, pris dans les deux divisions, sous les ordres de cet officier. Ce corps, dont faisait partie le 2ᵉ léger, quitta Médéah le 22 à quatre heures du matin, et rencontra presque aussitôt une nombreuse cavalerie qui manœuvra sur ses flancs. Après une escarmouche entre elle et les tirailleurs du 2ᵉ léger, on bivouaqua le soir sur le Chéliff.

Le 23, à neuf heures du matin, nous étions au pied du Zaccar, nous en couronnâmes bientôt les crêtes, le 17ᵉ léger à droite, le 2ᵉ léger à gauche, le 24ᵉ fermant la gorge de la vallée.

Pendant que nous étions en communication avec Milianah le 24ᵉ de ligne soutint le choc de toute la cavalerie de l'émir, qui avait mis pied à terre, et, renforcé par les zouaves et par une batterie de montagne dont tous les coups portèrent, fit fuir l'ennemi, qui s'éloigna rapidement. A cinq heures du soir le convoi était revenu de Milianah et nous étions campés dans la plaine du Chéliff.

Le 24, nous continuâmes à brûler et à saccager toutes les moissons; les bataillons réguliers se montrent alors à une grande distance. Le colonel Changarnier ralentit la marche pour leur donner le temps d'entrer en ligne. Ils refusent le combat, et les cavaliers seuls tiraillent à l'arrière-garde avec le 23ᵉ de ligne. Le 25, dès six heures, toute la cavalerie de l'émir, forte de 5 à 6,000 chevaux, vient se masser à l'arrière-garde et sur le flanc gauche. Le 2ᵉ léger s'engage vivement avec elle, quelques tirailleurs ennemis sont chargés par nous à la baïonnette et laissent en notre pouvoir des armes et des chevaux. Les masses arabes, pour les protéger s'étant tenues à petite distance, furent rompues par les obus, qui tombèrent au centre d'un groupe de 3,000 chevaux au milieu duquel flottaient les étendards de l'émir. Le 26, nous étions de nouveau au pied du Nador. Le maréchal, avec le reste de l'armée, quitta aussitôt Médéah et vint nous rejoindre, à quatre heures du soir tout le corps expéditionnaire était au bois des Oliviers. Après une halte d'une heure, le convoi se dirige vers le col sous l'escorte de la 2ᵉ division. Le 2ᵉ léger forme l'extrême arrière-garde de l'armée. Un caisson d'artillerie ayant roulé au fond d'un ravin, la marche fut très-lente. Ce ne fut qu'au point du jour que nous pûmes continuer notre mouvement. L'ennemi ne parut pas. Le 27, le général Blanquefort va chercher un convoi à Bélidah.

Le 30, le général d'Houdetot, avec la 1re division, se rendit à Médéah pour conduire ce nouveau convoi; quelques Kabaïles se montrèrent sur notre flanc gauche. Le 1ᵉʳ juillet nous avions rejoint au col le maréchal et la 2e division ; les Arabes ne s'étaient montrés sur aucun point. Le colonel Changarnier, du 2e léger, passe la nuit au pic de Mouzaïa avec cinq bataillons ; et le lendemain, au point du jour, pendant que l'armée fait son mouvement de retraite sur la ferme, le corps expéditionnaire descend par les crêtes sur le territoire des Mouzaïa. On dévaste tout, on tue les Kabaïles qui veulent résister; et à midi le 2e léger, chargé de butin et amenant 2,000 têtes de bétail, descend par la coupure de Chiffa. Toutes les moissons des Hadjoutes que les chevaux n'avaient pas encore mangées furent brûlées, et le corps expéditionnaire rentra dans Bélidah vers les quatre heures.

Avant de terminer la série des opérations le maréchal Vallée voulut ouvrir une route nouvelle destinée à conduire à Médéah, et qui devait traverser le pays de la tribu kabaïle de Béni-Salah.

Le 4 juillet, quatre colonnes pénétrèrent sur leur territoire ; cette tribu n'opposa aucune résistance. La colonne du centre, conduite par le maréchal en personne, et dont le 2e léger forme l'avant-garde, arrive à midi au point le plus élevé, d'où l'on découvrait le Nador et les approches de Médéah. L'emplacement d'un camp et d'un télégraphe fut fixé, et le général Changarnier eut le commandement des troupes qui durent exécuter et protéger ces travaux.

Jusqu'à la fin de juin, le 2ᵉ léger et le 24ᵉ de ligne élevèrent les retranchements, poussèrent au loin des reconnaissances, eurent presque chaque jour des engagements avec les Béni Salah, dont ils brûlèrent toutes les tribus et qu'ils forcèrent à aller s'établir au loin, et ne prirent à Bélidah qu'un mois de repos avant de se rejeter dans les dangers et dans les fatigues accoutumés.

Le 26, le général Changarnier, d'après les ordres de M. le maréchal, quitta le camp d'Aïn-Talazed et prit la route directe de Bélidah à Médéah. Son petit corps de troupes se composait des chasseurs du 2ᵉ léger, du 24ᵉ de ligne, de 100 chevaux, de 200 mineurs et d'une batterie de montagne.

Le 27, le 2ᵉ léger formant l'avant-garde, l'on pénètre dans un pays effroyable, coupé de ravins énormes, où l'on est arrêté à chaque pas par des obstacles presque insurmontables. L'on s'attendait à chaque instant à voir déboucher les bataillons réguliers; et ils auraient eu beau jeu dans ces contrées à nous inconnues, et dont une poignée d'hommes aurait pu nous barrer le passage. A l'arrière-garde, le 24ᵉ de ligne était engagé assez vivement avec les Kabaïles ; il n'arriva au bivouac qu'à dix heures du soir, après avoir eu une trentaine d'hommes hors de combat.

Le 28, les Béni-Salah s'étaient rassemblés en assez grand nombre ; le 2ᵉ léger, dont le second bataillon était à l'extrême arrière-garde, entra en ligne avec eux en quittant le bivouac. Les Kabaïles devenaient de plus en plus hardis ; plusieurs fois l'on s'élança sur eux à la baïonnette en poussant des hourras. La retraite s'effectua par échelons en fort bon ordre et dirigée par M. le commandant Bisson. Enfin, après une lutte de six heures, harassée de soif et de fatigue, l'arrière-garde aperçoit Médéah, maintient au loin les Kabaïles qui s'étaient aventurés en plaine, et rejoint la colonne expéditionnaire déjà établie sous le canon de la place.

Le général Changarnier, prévenu que les bataillons réguliers sont dans les environs de Médéah, et que probablement il sera attaqué par eux à son retour, se décide à revenir par le col de Mouzaïa, et ne veut pas s'aventurer dans les montagnes des

Béni-Salah. La colonne expéditionnaire quitte Médéah le 29, à quatre heures du matin, et arrive au bois des Oliviers sans avoir été attaquée ; mais, en remontant le revers sud du col, nous voyons deux bataillons réguliers déboucher du Nador et se diriger sur nous le plus vite possible ; leur avant-garde s'engage bientôt avec les chasseurs tirailleurs qui étaient à l'arrière-garde et n'avaient pas encore quitté le bois. Le général Changarnier laisse l'ennemi approcher, et, voyant son convoi rendu au col sous l'escorte du 24e, il ordonne de mettre les sacs à terre, fait sonner la charge, et lance sur les réguliers le 2e léger et les chasseurs. L'ennemi, abordé avec la plus grande vigueur, se sauve aussitôt à toutes jambes ; nous le poursuivons au loin sur la gauche : quelques Arabes veulent résister, ils sont culbutés ; M. le lieutenant Destez, 2e léger, reçoit une balle à travers le corps ; M. le lieutenant Devoize a la main droite traversée ; après quoi nous montons au col sans tirer un coup de fusil. Après une halte d'une heure ou deux, le général Changarnier prescrit au colonel Drolenvaux, du 2e léger, de gravir les hauteurs de droite, d'arriver au pic et de descendre dans la

Mitidja par les tribus des Mouzaïa ; pour lui, il suit avec le convoi la route du col.

Un demi-bataillon du 2ᵉ léger à l'arrière-garde tiraille avec quelques Kabaïles, dont le nombre devient de plus en plus considérable. L'on se bat de fort près : M. le lieutenant Blanvilain, de ce corps, est tué, et M. le capitaine de Polhès blessé légèrement. Les Arabes ne cessent leur poursuite que quand nous sommes en plaine. Il était nuit, et l'arrière-garde n'arrive au bivouac de la Chiffa qu'à onze heures du soir : le colonel Drolenvaux ne rejoignit qu'à une heure du matin. Les Mouzaïa n'avaient fait aucune résistance.

Pendant la nuit on eut une fausse alerte : cependant l'ordre se rétablit promptement ; et le lendemain, à neuf heures du matin, la colonne expéditionnaire rentra triomphante à Alger.

Pendant les ravitaillements de Médéah et de Miliānah, le 2ᵉ léger occupa et garantit le Sahel et les approches d'Alger. Vers la mi-novembre, on reçut l'avis que les tribus amies de la Maison-Carrée étaient attaquées. Le premier bataillon courut aussitôt à leur secours : deux compagnies, commandées par le capitaine de La Charrière, abordèrent l'ennemi au pas de course, lui tuèrent une trentaine de cavaliers, prirent plusieurs chevaux, et refoulèrent au loin les Arabes de l'est, qui ne reparurent plus de ce côté.

Quant au second bataillon, resté sous les ordres du commandant Bisson, il empêchait, par des reconnaissances journalières habilement dirigées, les Hadjoutes de tenter aucun coup de main sur les 2 ou 3,000 bœufs confiés à sa garde. Plusieurs maraudeurs, surpris par lui, furent faits prisonniers, et, grâce à son active surveillance, la plaine de Staoueli et les établissements européens jouirent pendant tout ce temps d'une parfaite sécurité.

Ce fut alors que le régiment reçut l'ordre de revenir en France pour faire partie de la pompe militaire qui devait accompagner les restes de Napoléon aux Invalides : c'était en effet une belle et noble idée d'ombrager le cercueil du vainqueur des Pyramides et d'Aboukir avec le drapeau de Constantine, des Portes-de-Fer et de Mouzaïa.

En conséquence, au mois de novembre, le colonel Drolenvaux, le drapeau, les deux compagnies de carabiniers et une section de voltigeurs s'embarquèrent vers sept heures du soir, accompagnés jusqu'au débarcadère par la majeure partie de la population d'Alger, habituée à voir dans les braves du 2e léger ses plus constants et ses plus infatigables défenseurs.

Malheureusement, quelque diligence que fit le 2e léger, il arriva trop tard pour prendre part à la grande pompe napoléonienne du 15 décembre, et au commencement de janvier 1841 les deux bataillons de guerre et son dépôt étaient réunis à Montpellier.

Depuis cette époque, le 2e léger est en France, n'attendant qu'un signe du roi pour repasser les mers, et aller de nouveau effrayer les Arabes par la vue de ce vieux drapeau qu'ils connaissent si bien.

NOMS

DES COLONELS DU 2ᵉ LÉGER,

DEPUIS SA CRÉATION JUSQU'A NOS JOURS.

Sous le nom de chasseurs royaux du Dauphiné.

De Lesser.	1788—1792
Nazelles de Goulot.	„ 1792
Martemprey de Romécourt.	1792—1794

2ᵉ Demi-brigade légère. — Chefs de brigade.

Dapremont.	1794—1796
Desnoyers (*a*).	1796—1800
Schramm.	1800—1803

2ᵉ léger. — Colonels.

Schramm.	1804—1805
Brayer.	1805—1809
Merle (*b*).	1809—1810
Rameaux (*c*).	1810—1813
Verdun.	1813—1814

(*a*) Desnoyers, mort au champ d'honneur à Lisbeck (Egypte), le 1ᵉʳ novembre 1799.
(*b*) Merle, mort à la suite de blessures reçues au combat de Busaco en Espagne (28 septembre 1810).
(*c*) Rameaux, mort à Vittoria (1813).

Régiment de la Reine.

Dorsenne.	1814—1815
Maigrot (100 *jours*).	1815— »

2ᵉ légion d'infanterie légère.

Marquis de Crillon.	1815—1820

2ᵉ léger actuel.

Duc de Crillon.	1820—1823
Bosquillon de Frescheville (*a*).	1823—1830
Woilard.	1830—1833
Menne.	1833—1839
Changarnier.	1839—1840
Drolenvaux.	1840—

(*a*) Frescheville, mort en Afrique (1830).

LISTE

PAR ORDRE ALPHABÉTIQUE
DES OFFICIERS ET SOLDATS
DU RÉGIMENT CITÉS A L'ORDRE DU JOUR.

A

AUBRY, sergent-major, cité à l'ordre du jour comme s'étant distingué au combat de Lisbeth (Égypte, 1798).

ARMAND, chef de bataillon, a été mis à l'ordre du jour pour sa belle conduite sous les murs de Dantzick (1807).

ASTRUC, lieutenant, assassiné par les Arabes, le lendemain de la bataille de Sidi-Ferruch. Emporté par son ardeur, ce brave officier s'était élancé imprudemment à la poursuite des ennemis.

B

BALASON, chef du 2e bataillon de chasseurs, arrête, avec dix hommes, l'avant-garde des Piémontais aux défilés du mont Genèvre (1794.)

Breuvet, caporal, s'est distingué au combat de Lisbeth (Égypte, 1798).

Bourgard, tambour, de même.

Blot, chasseur, a enlevé un drapeau à l'ennemi au combat de Lisbeth (Égypte, 1798).

Bruisse, chasseur, a enlevé un drapeau à l'ennemi au combat de Lisbeth (Égypte, 1798).

Berton, sous-lieutenant, distingué par le maréchal Lefebvre à Dantzick.

Boucher, sergent, distingué par le maréchal Lefebvre à Dantzick.

Bérard, capitaine, cité pour son intrépidité au siége de Castro (Espagne).

Bèche, capitaine, cité par son courage à l'enlèvement du col de Mouzaïa.

de Bray, sous-lieutenant, de même.

Bessières, caporal, de même.

Bonel, sapeur, de même.

C

Chavignac, sous-lieutenant, cité à l'ordre du jour pour sa belle conduite au combat de Lisbeth.

Chauvatto, lieutenant, a enlevé un drapeau à l'ennemi au combat de Lisbeth.

Chevot, carabinier, de même.

Collin, sergent, cité pour sa belle conduite à Dantzick (1807).

Chaila, capitaine au 2e léger, cité à l'ordre du jour pour sa belle conduite à la bataille de Vilches (Espagne, 1823). — Blessé en Afrique, en 1830.

Callotine, capitaine, de même.

Clarc, sergent, de même.

Changarnier, chef de bataillon du 2e léger, sauve l'armée française, pendant la retraite de Constantine, en arrêtant, avec 300 hommes, la nombreuse cavalerie des Arabes.

Chapsoul, capitaine, donne l'exemple du plus beau dévouement au combat de Boudouaou.

Choisy, adjudant, blessé grièvement à Mouzaïa.

Costamagna, lieutenant, se distingue au bois des Oliviers (Afrique).

D

Desnoyers, chef de brigade de la 2e légère, est blessé mortellement au combat de

Lisbeth, au moment où il donnait l'exemple du plus rare courage.

Dufour, lieutenant, signalé pour le même combat.

Dubois, caporal, de même.

Duteaux, chasseur, de même.

Darbonne, sergent au 2e léger, tue un commandant russe à l'affaire de Wolin (siége de Dantzick).

Drolenvaux, lieutenant-colonel du 2e léger, cité à l'ordre du jour pour l'affaire de l'Oued-Kébir. — Cité en outre dans le rapport du maréchal Vallée, comme s'étant particulièrement distingué à l'enlèvement du col.

Destez, lieutenant, se distingue au combat du bois des Oliviers.

Devoize, lieutenant, de même.

E

Esmien, sergent-major, cité pour sa belle conduite à l'enlèvement du col.

F

Fortunat, chasseur au 2e léger, s'immortalise au siége de Dantzick par un trait de dévouement qui rappelle celui de d'Assas. S'étant porté en avant pour éclairer la route, il tomba au milieu d'un parti russe. *Ne tirez pas,* lui crie l'officier ennemi, *nous sommes Français!* Mais, à peine est-il dans les rangs des Russes que trente baïonnettes menacent sa poitrine. Le silence lui est ordonné sous peine de mort. Fortunat s'écrie sans hésiter : *Tirez, mon capitaine, ce sont les Russes.* Et il tombe mort!

FRESCHEVILLE, colonel, blessé à la bataille de Staoueli, et assassiné quelques jours après par les Arabes.

FRÉSAC, tué à Mouzaïa.

G

GEITHER, chef de bataillon, désigné pour sa belle conduite à Lisbeth.

GOYOT, lieutenant, de même.

GODIN, adjudant sous-officier, de même.

GIRARD, carabinier, a enlevé un drapeau à l'ennemi au combat de Lisbeth.

GODIN, chef de bataillon, se distingue au combat de *San Vincente de la Barqueira* (1809, Espagne); le même officier est cité à l'ordre du jour pour le siége de Castro (Espagne, 1813). Dans cette affaire, on voit cet intrépide officier monter le premier à l'assaut, et du haut des murailles exciter l'ardeur des soldats.

GRAUCHETTE, sous-lieutenant, se distingue pendant la retraite de Constantine; il se distingue encore à Mouzaïa.

GIBON, lieutenant, blessé grièvement à Mouzaïa.

GOYON, lieutenant, de même.

GUILLEM, sergent-major, cité à l'ordre du jour pour l'affaire du col de la Mouzaïa.

H

HENRI, tambour-major, cité pour le combat de Lisbeth.

HULOT, sergent, de même.

HALSTORFER, capitaine, cité à l'ordre de l'armée pour sa belle conduite devant Dantzick.

HENRI, lieutenant, blessé à Mouzaïa (1836).

J

JANEIRA, sergent de la 2e demi-brigade légère, délivre seul 23 Français prisonniers des Piémontais (1794).

K

Kessen, caporal, porté à l'ordre pour le combat de Lisbeth.

L

Lacoste, capitaine des carabiniers, cité à l'ordre du jour pour le combat de Lisbeth.

Lebas, sergent, de même.

Labaume, caporal, de même.

Létang, caporal, a enlevé un drapeau à l'ennemi au même combat.

Lavergne, lieutenant, est cité à l'ordre du jour pour sa belle conduite au combat de l'île de Noyat (siége de Dantzick, 1807).

Lagneau, lieutenant, cité pour sa belle conduite à Dantzick.

Leflot, capitaine, cité pour sa belle conduite à l'assaut de Constantine.

Levaillant, chef de bataillon, cité pour sa belle conduite à l'enlèvement du col de Mouzaïa.

Lusy, chef de bataillon, de même.

Leflot, capitaine, de même.

M

MAILLARD, carabinier de la 2e légère, délivre seul plusieurs soldats français que les mamelucks allaient égorger au village de Bothoun (expédition d'Égypte).

MARTEL, carabinier, s'est distingué à Lisbeth.

MOREAU, tambour, de même.

MICHEL, sous-lieutenant, a enlevé un drapeau à l'ennemi au même combat.

MILLET, chasseur, de même.

MAINGARNAUD, capitaine au 2e léger, à la tête de 100 chevaux et d'une compagnie d'élite du régiment, arrête un corps nombreux de Prussiens, débarqués à Pillau (Prusse), les force à se rembarquer, après avoir perdu 100 hommes tués et 300 prisonniers.

MULLER, sous-lieutenant au 2e léger, cité à l'ordre du jour pour sa belle conduite sous les murs de Dantzick.

MICHEL, sous-lieutenant, cité à l'ordre du jour pendant le même siége.

MERLE, colonel au 2e léger, blessé mortellement à Busaco (septembre 1810, Espagne).

Mattreau, tambour, se conduit vaillamment à Logrono (Espagne, 1823). — Se cramponnant à l'angle d'une porte de la ville et battant la charge de l'autre main, il ouvre cette porte sous une grêle de balles.

Montredon, capitaine, blessé à Mouzaïa.

Mourauble, carabinier, se présente volontairement pour porter des dépêches au général de Rigny, pendant la première expédition de Constantine. Il traverse à la nage, par un froid extrême, le Runal, que la crue a rendu torrentueux; parvient à l'autre bord sous le feu de la place, et arrive sans accident au quartier du général de Rigny.

Massol, lieutenant, cité pour son courage à l'enlèvement du col de Mouzaïa.

Michel, clairon, frappé d'une balle à la tête, à l'enlèvement du col, attache son mouchoir autour de sa tête pour arrêter le sang, et continue à sonner la charge. Le soir, on fut obligé de le trépaner.

N

Négrier, chef de bataillon (aujourd'hui lieutenant-général), se distingue à Méry

(France, 1814), et est cité dans les bulletins de la grande-armée. Le même officier est cité une seconde fois à l'ordre du jour, et nommé grand-officier de la Légion-d'Honneur pour sa brillante conduite à l'affaire de Craône (1814).

P

Pary, adjudant-major, s'est distingué au siége de Dantzick.

Porion, lieutenant, cité pour sa belle conduite à l'enlèvement du col.

Pierre, sergent, de même.

Parisot, de même.

Polhès, capitaine, se distingue au combat des Oliviers.

R

Rameaux, colonel du régiment, tué à Vittoria au moment où il donnait l'exemple du plus beau dévouement (1813).

Rigondit, capitaine, cité à l'ordre du jour pour sa belle conduite à l'assaut de Constantine.

S.

Schramm, colonel du 2e léger, nommé général de brigade à Austerlitz.

Stager, sergent, mis à l'ordre du jour à la bataille de Vilches (Espagne, 1823).

Sérigny, chef de bataillon, se distingue à la prise de Constantine.

Sontoul, capitaine, cité pour sa belle conduite à l'enlèvement du col de Mouzaia.

T

Thomas, chasseur, s'est distingué à Lisbeth (Égypte, 1798).

Thomas, chasseur, se distingue au col de Mouzaïa (1840).

V

Varingot, sapeur, a enlevé un drapeau à l'ennemi au combat de Lisbeth (1798).

Verlanges, capitaine, mis à l'ordre du jour pour traits de courage à la bataille de Vilches (Espagne, 1823).

TABLE DES MATIÈRES.

	PAGES.
Création des chasseurs à pied	1
Nouvelle organisation de ce corps	2
Chasseurs royaux de Provence (2e)	id.
Conquêtes de la Savoie et du Piémont	5
Prise des abîmes du Mians	6
Le 2e bataillon des chasseurs au mont Genèvre	10
Prise du mont Blanc	12
Escalade du mont Cenis	15
Le 2e bataillon de chasseurs forme la 2e demi-brigade légère	16
Armée de Sambre et Meuse	17
Mort de Marceau	18
La 2e légère à l'armée d'Italie	23
Elle fait partie de la division Masséna	26
La 2e légère à Feltre	id.
Id. à Bellune	27
Passage du Tagliamento	id.
Chiusa (5,000 prisonniers)	28
La 2e légère à l'avant-garde	id.
Combat de Tarvis	29

PAGES.

Lettre du général Bonaparte à l'archiduc.................................... 30
Combat de Neudeck............... 31
Id. Hundsmarck................ 32
Préliminaires de Léoben............ id.
Traité de Campo-Formio............ 33
La 2ᵉ demi-brigade légère est désignée pour faire partie de l'armée d'Orient. 35

Chapitre II.

Armée expéditionnaire d'Égypte..... 36
La 2ᵉ légère fait partie de la division Kléber............................ 39
L'armée française aborde en Égypte. 40
Kléber à Alexandrie................ 47
La 2ᵉ légère monte à l'assaut........ 48
Marche dans le désert............. 49
Bataille des Pyramides............. 53
Duga prend le commandement de la division Kléber................. id.
Entrée des Français au Caire........ 63

Chapitre III.

Administration du Caire............ 66
Dévouement du carabinier Maillard de la 2ᵉ légère.................... 67
Politique de Bonaparte avec la Porte et la Syrie.................... 68
Expédition de la Syrie............. 71
Kléber reprend le commandement de sa division.................... 72

	PAGES.
La 2e légère à El-Arick............	74
La 2e légère fait partie de l'avant-garde...............	75
La division Kléber égarée dans les déserts de la Palestine.............	id.
Combat de Gaza................	78
Prise de Jaffa.................	81
Investissement de Saint-Jean-d'Acre..	87
La 2e légère monte plusieurs fois à l'assaut.................	93

CHAPITRE IV.

Marche de Junot vers Nazareth avec la 2e légère................	99
Combat de Loubé; la 2e légère y prend une part glorieuse.........	100
Junot tue en duel un des principaux agas...................	104
Combat de Séid-Jerra............	108
Kléber à Fouli	109
Bataille du mont Tabor...........	112
Siége de Saint-Jean-d'Acre........	115
Mort de Caffarelli..............	id.
Levée du siége de Saint-Jean-d'Acre.	118
Départ de Bonaparte pour la France..	id.
Combat de Ménoudéah...........	id.
Combat de Lisbeck..............	119
Mort de Kléber................	120
Supplice de *Soleyman*............	122

Chapitre V.

	PAGES.
Menou succède à Kléber	124
Désorganisation de l'armée	126
Arrivée d'une flotte anglaise	128
Bataille d'Aboukir	130
Bataille d'Alexandrie	134
La 2e légère fait partie du centre de l'armée commandée par le général Rampon	136
Belle conduite de ce corps d'armée	142
Capitulation de Menou	148
Retour en France	149

Chapitre VI.

Napoléon empereur	150
Création de douze maréchaux	151
Institution de la Légion-d'Honneur	id.
Camp de Boulogne	152
Campagne d'Autriche	153
Le 2e léger fait partie du corps d'armée du maréchal Lannes	id.
Combat de Wertingen	155
Napoléon témoigne sa satisfaction au 2e léger	156
Elchingen	157
Ulm	158
Proclamation de l'Empereur	160
Combat d'Amstetten	163

	PAGES.
Le 2e léger à Vienne	165
Austerlitz	166
Paix de Presbourg	175

CHAPITRE VII.

La Prusse déclare la guerre à la France	177
L'Empereur dicte à Berthier son plan de campagne	178
Disposition et marche de l'armée française	179
Le 2e léger part du camp de Meudon	180
Siége de Hameln	id.
Occupation des îles sur l'Oder	181
Glorieux fait d'armes de trois compagnies du 2e léger	id.
Siége de Dantzick	183
Attaque de l'île de Noyat	184
Le lieutenant Lavergne du 2e léger s'y distingue	id.
Bataille sous les murs de Dantzick	192
Capitulation de ce boulevard de l'Allemagne	196
Le 2e léger fait partie du corps du maréchal Lannes	197
Combat d'Heilsberg	198
Bataille de Friedland	205
Proclamation	214
Paix de Tilsit	216

Chapitre VIII.

	PAGES.
L'empire français après Tilsit........	218
Invasion de la Péninsule...........	220
Le 2e léger fait partie de la 2e division.	ib.
Insurrection de Burgos........·....	221
Bataille del Rio-Secco............	222
Entrée de Napoléon en Espagne.....	224
Le duc de Dalmatie prend le commandement du 2e corps............	225
Combat de Gamonal..............	226
Le 2e léger y prend une part glorieuse.	id.
Combat de San Vicente de la Barqueira.	229
Combat de Calcabellos............	234
Mort de Colbert.................	235
Le 2e léger à la prise de Lugo.......	237
Bataille de la Corogne............	242
Invasion du Portugal.............	245
Bataille d'Oporto................	252
Belle retraite du maréchal Soult.....	258
Seconde invasion du Portugal par Masséna ; le 2e léger fait encore partie de cette expédition...........	265
Bataille d'Alcoba................	266
L'armée française sous les murs de Lisbonne....................	270
Le 2e léger à Sabugal.............	272
Bataille des Arapèles.............	274

PAGES.

Le chef de bataillon Godin à l'assaut
   de Castro...................... 276
Bataille de Vittoria............... 278
Rentrée en France du 2e léger...... 282

CHAPITRE IX.

Le 2e léger fait partie du 7e corps... 284
Bataille de Montereau............. id.
Combat de Méry.................. 287
Belle conduite du chef de bataillon
   Négrier....................... 288
Troyes........................... 289
Craonne.......................... 290
Capitulation de Paris.............. 291
Retour des Bourbons............... 292
Débarquement de Napoléon au port
   Juan.......................... id.
Entrée à Paris.................... 293
Réorganisation de l'armée.......... 297
Le 2e léger fait partie du 2e corps... 298
Entrée en campagne............... 299
Combat de Ligny.................. 300
Bataille de Waterloo............... 304
Napoléon sur le Bellérophon. 314

CHAPITRE X.

Suppression des régiments.......... 316
Formation des légions............. id.
Rétablissement des régiments...... 317

PAGES.

Le 2e léger reprend son numéro..... 317
Campagne d'Espagne............. id.
Le 2e léger fait partie de l'expédition. id.
Prise de Logrono................ 320
Le 2e léger entre le premier dans la ville 321
Le 2e léger à Madrid............. 323
Il marche vers l'Andalousie........ id.
Combat de Visillo................ 324
Combat de Wilches. — Le 2e léger s'y distingue..................... 325
Siége de Cadix................... id.
Retour en France................ 326
Garnison........................ 327

CHAPITRE XI.

Régence d'Alger.................. 328
Expédition de Charles-Quint....... 329
Bombardement d'Alger par Duquesne. 330
Défaite du général espagnol Orelly... 331
Lord Exmouth.................... 332
Hussein-Pacha................... 333
Insulte faite au consul français...... 334
Blocus d'Alger................... id.
Expédition...................... 335
Le 2e léger à l'enlèvement des batteries algériennes de Sidi-Ferruch...... 342
Staoueli 346
Sidi-Kalef....................... 348
Delhi-Ibrahim................... 350

	PAGES.
Investissement et prise d'Alger	352
Premier retour en France	356
Garnison	357

Chapitre XII.

Expédition de Mascara	358
Le 2ᵉ léger à la première brigade	359
Arrivée de monseigneur le duc d'Orléans	id.
Combat et siége de l'Habrah de Sidi-Embarck	364
Entrée à Mascara	379
Le 2ᵉ léger à l'arrière-garde au retour de l'expédition	id.
Expédition de Tlemcen	380
Expédition de Médéah	ib.
Enlèvement du col de Mouzaïa par le 2ᵉ léger et les zouaves	381
Combats sur l'Atlas	383
Travaux de routes par le 2ᵉ léger. Bouffarick	384
Première expédition de Constantine	id.
Dévouement d'un soldat du 2ᵉ léger pendant cette expédition	390
Changarnier et 300 hommes du 2ᵉ léger sauvent l'armée française pendant la retraite	392
Combat de Boudouaou	398
Seconde expédition de Constantine	405
Le 2ᵉ léger à l'avant-garde	406

	PAGES.
Mort du comte Danrémont	409
Assaut de Constantine	411

CHAPITRE XIII.

Expédition des Bibans	420
Entrée triomphale de monseigneur le duc d'Orléans à Alger	428
Combat de Bélidah	438
Combat d'Oued-Lalleg	439
Marche du régiment sur Cherchell	442
Monseigneur le duc d'Orléans revient en Afrique avec son frère le duc d'Aumale	446
Combats de l'Afroum, de l'Oued-Jer	448
Combat de l'Oued-el-Hachem ; le 2e léger s'y distingue sous les yeux du duc d'Orléans	451
Enlèvement des redoutes de Mouzaïa par le 2e léger	453
Le 2e léger à Médéah	462
Id. à Miliana	465
Id. au bois des Oliviers	466
Nouveau combat des Oliviers	476
Retour en France	478

FIN DE LA TABLE DES MATIÈRES.

France. Armée
Histoire du 2e régiment

www.ingramcontent.com/pod-product-compliance
Lightning Source LLC
Chambersburg PA
CBHW071713230426
43670CB00008B/995